KECHENG SIZHENG SANJIN
YOUXIU JIAOXUE SHEJI ANLI

课程思政“三金”优秀教学设计案例

（第二辑）

张启鸿　姚光业 ◎ 主编
北京电子科技职业学院 ◎ 编

首都经济贸易大学出版社
Capital University of Economics and Business Press
·北 京·

图书在版编目（CIP）数据

课程思政"三金"优秀教学设计案例．第二辑/张启鸿，姚光业主编．--北京：首都经济贸易大学出版社，2021.9

ISBN 978-7-5638-3253-8

Ⅰ.①课… Ⅱ.①张… ②姚… Ⅲ.①思想政治教育—教学设计—高等职业教育 Ⅳ.①G711

中国版本图书馆 CIP 数据核字（2021）第 151097 号

课程思政"三金"优秀教学设计案例（第二辑）
张启鸿 姚光业 主编
北京电子科技职业学院 编

责任编辑 晓 地
封面设计 砚祥志远·激光照排 TEL: 010-65976003
出版发行 首都经济贸易大学出版社
地　　址 北京市朝阳区红庙（邮编 100026）
电　　话（010）65976483 65065761 65071505（传真）
网　　址 http://www.sjmcb.com
E-mail publish@cueb.edu.cn
经　　销 全国新华书店
照　　排 北京砚祥志远激光照排技术有限公司
印　　刷 北京市泰锐印刷有限责任公司
成品尺寸 170 毫米×240 毫米 1/16
字　　数 367 千字
印　　张 20.5
版　　次 2021 年 9 月第 1 版 2022 年 10 月第 3 次印刷
书　　号 ISBN 978-7-5638-3253-8
定　　价 65.00 元

参编人员

主　编：张启鸿　姚光业

参　编：周国烛　韩　伟　严霄蕙　张景黎　张丽荣

左文燕　张　娜　林惠莉　宋建桐　刘新萍

朱晓萌　赵堂春　胡　昊　高　岩　薛宏娇

于　然　刘晓煜　仇小萌　刘丽红　张宏武

张春晓　张　萍　韩晓坤　李　勇　周澄宇

张莉莉　赵　丹　王　莹　庄　严　曲鸣飞

赵　静　刘丽华　成　林　陈　楠　武若克

张　华　叶少敏　邱利军　杜　鹃　刘　静

张　彤　张春辉　彭　爽　汪　洋　苏　丹

边海宁　杨秀清　芮静敏　唐　伟　张　晖

黄敦华　管小清　张　强

前　言

习近平总书记在全国高校思想政治工作会议上强调，要用好课堂教学这个主渠道，各类课程都要与思想政治理论课同向同行，形成协同效应。高校的育人方向是德字当头，怎样全面做好立德树人工作是我们每位人民教师应该思考的问题，尤其是教师在授课的过程中怎样把思政元素融入课堂，既可以活跃课堂气氛、增强教学的趣味性，又达到育人的目的，需要我们深入思考每一节课、每一门学科所蕴含的丰富的思想政治教育素材。课程思政不是一门课，而是一种教育理念，就是把思想政治教育元素和思想政治教育功能融入课堂教学各环节，打通全员育人的“最后一公里”，巧妙地进行价值引领与知识传授的融通，实现立德树人润物无声，是一种“接地气”的思想政治教育形式。

北京电子科技职业学院作为全国职业教育先进单位、国家高职示范校、国家高等职业教育综合改革试验区建设单位、全国首批百所现代学徒制试点院校之一，同时荣膺教育部全国职业院校实习管理50强、教学管理50强、学生管理50强三项50强的全国7所高职院校之一，特别是2019年又成功进入教育部中国特色高水平高职学校和专业建设计划项目（“双高”）全国A类院校前十行列，长期以来始终坚持以党建为引领，以立德树人为根本，以教育教学为中心，走内涵发展的办学路线。进入新时代，学校党委认真贯彻落实习近平总书记关于教育的重要论述和关于职业教育的重要指示精神，坚持把立德树人作为根本任务，遵循职业教育发展规律，围绕高职人才培养模式，持续推动课程思政改革，让所有教师、所有课程都承担好育人责任，整体构建了党委统一领导、党政齐抓共管、相关部门联动的课程思政建设工作格局。学校结合不同课程的特点，深入挖掘各类课程所蕴含的思政教育资源，将思政元素有机融入专业课程教学，推动“课程教学”向“课程思政”转化、“专业教育”向“专业育人”转化。自2019年起，学校系统开展了“金扣子、金种子、金点子”课程思政“三金”教学案例评选活动，参加教师近300多名，共收集案例282件，涉及232门课程，实现了学校专业全覆盖，其中“食品微生物检测技术”和“动力电池及其管理系统”两门课程入选教育部课程思政示范项目。

学校各教学单位是教育教学的主阵地，承担着培养人才的主要任务。各单位结合专业和学科特点，考虑学生不同成长阶段的接受能力，围绕高校课程思政总体部署，出台了相应的制度和举措，把课程思政建设落细、落小、落实，引导教师实现观念与行动的双重转变。同时，为持续提高我校课程思政质量和水平，常态化推进课程思政建设，学校将“三金”教学案例评选活动中的优秀课程思政案例汇集成册，使各专业课程与思想政治理论课程同向同行，形成协同效应，实现“知识传授”和“价值引领”有机统一，提高了教师课程思政育人能力，促进了学校课程思政教育体系建设。同时，也为各高职院校课程思政建设工作提供参考、借鉴。

张启鸿　姚光业

2021年9月于北京

目　录

上篇　“金点子”课程思政优秀教学设计案例

中篇　“金种子”课程思政优秀教学设计案例

下篇　“金扣子”课程思政优秀教学设计案例

附　录

上篇

“金点子”课程思政优秀教学设计案例

财务管理：投资

教师信息：张晖　**职称**：副教授　**学历**：本科
研究方向：会计、财务管理
授课专业：会计
课程类别：专业课程
课程性质：必修课

第一部分　设计思路

一、本次课设计的课程思政目标

本次课旨在让学生能够全面理解马克思主义辩证思维方法中的法治思维和底线思维理念。本课通过企业筹资方法的具体讲解，全面解读筹资对于企业发展、推动经济发展的意义；深刻理解遵守法制、守住底线的重要作用，培养学生新时代“五位一体”的新发展理念。

二、课程思政教学设计内容

1. 课前：课程思政引入

课前教师将《法治思维是运用法治的一种思维方式》发布于网络平台上，督促学生通读全文，旨在引导学生初步了解法治思维理念。

2. 课中：课程思政贯穿教学全程

本课采取“理论与实践相结合”的教学思路，在学习筹资方法的同时，培养学生正确的辩证思维方法。教师在讲解筹资助力企业和社会经济发展的过程中，通过穿插讲解新发展理念，明确企业的目标应该与社会发展的目标相一致，并结合专业课程的具体案例实践演练，让学生理解新发展理念，建立和强化法治思维和底线思维意识。

3. 课末：课程思政总结反思

教师引导学生进行课后小结，总结筹集资金，特别是长期资金对企业的意义；同时，教师应引导学生重温法治思维、底线思维的意义。在技能培养方面，强调遵守《民法典》《会计法》，遵循会计准则，做到不做假账；重申培养创新型人才的重要性，人才培养要重视道德建设，不能突破法制与道德底线。

第二部分　案例描述

长期筹资　企业发展　社会繁荣

【思政导入】

导入 1　瑞幸咖啡被强制退市

luckin coffee（瑞幸咖啡）（Nasdaq：LK）总部位于厦门，由神州优车集团原 COO 钱治亚创建，是中国最大的连锁咖啡品牌。瑞幸咖啡以“从咖啡开始，让瑞幸成为人们日常生活的一部分”为愿景，通过充分利用移动互联网和大数据技术的新零售模式，与各领域顶级供应商深度合作，致力于为客户提供高品质、高性价比、高便利性的产品。瑞幸咖啡的咖啡豆连续两年在 IIAC 国际咖啡品鉴大赛上斩获金奖。

2020 年 4 月 2 日，因虚假交易 22 亿元，瑞幸咖啡盘前暴跌 85%。中国证监会高度关注瑞幸咖啡财务造假事件，4 月 3 日，对该公司财务造假行为表示强烈的谴责。4 月 5 日，瑞幸咖啡发布道歉声明。4 月 27 日，证监会调查组入驻瑞幸咖啡。5 月 19 日，瑞幸咖啡被要求从纳斯达克退市，申请举行听证会。6 月 29 日，瑞幸咖啡正式停牌，并进行退市备案。

思考问题一：瑞幸咖啡在纳斯达克采取的是什么筹资方式？

思考问题二：财务造假对瑞幸咖啡及其他方面有哪些影响？

导入 2　强化底线思维　防范化解重大风险

党的十八大以来，习近平总书记多次提及坚持底线思维，防范化解重大风险。在 2020 年 6 月 2 日主持召开专家学者座谈会时，习近平总书记再次强调，“要强化底线思维，增强忧患意识”。底线思维是中国共产党人治国理政的重要思维方法，面对波谲云诡的国际形势、复杂敏感的周边环境、艰巨繁重的改革发展稳定任务，我们要始终坚持底线思维，增强忧患意识，提高防控能力，做到在各种风险挑战面前“不畏浮云遮望眼”“乱云飞渡仍从容”。

思考问题一：怎么理解底线思维？

思考问题二：财务人员、企业管理人员的底线是什么？

一、剖析概念、掌握知识

1. 筹资

筹资指企业根据生产经营现状和未来发展要求，经过预测，选择合适的筹资渠道和筹资方式以取得一定额度资金的过程。

2. 长期筹资

长期筹资指企业筹集的，使用期超过一年的资金。

二、掌握方法、培养技能

1. 筹资的目的

（1）新建性筹资动机。

（2）扩张性筹资动机。

（3）调整性筹资动机。

（4）混合性筹资动机。

（5）临时性筹资动机。

（6）偿债性筹资动机。

【思政贯穿】

瑞幸咖啡的筹资动机是什么？以“圈钱”为筹资动机会有什么社会后果？

2. 长期筹资的种类

（1）按资金来源渠道的不同划分。

①权益资金：企业依法筹集并长期拥有的自主支配的资金，如发行股票、吸收直接投资、内部积累等。

②负债筹资：企业依法筹措并依约使用、按期偿还的资金，如发行债券、向银行或非银行金融机构借款、融资租赁。

（2）按所筹资金使用期限的长短划分。

①长期资金筹资：指需用期在 1 年以上的资金，主要满足购建固定资产、取得无形资产、对外长期投资。主要通过吸收直接投资、发行股票、发行债券、长期借款等方式筹集。

②短期资金筹资：指需用期在 1 年以内的资金。筹集方式有短期借款、商业信用等。特点是占用期限短、对短期经营影响大、成本低。

【思政贯穿】

瑞幸咖啡筹集的是哪种资金？列举股权筹资造假案例：银广夏事件。

3. 筹资渠道

（1）国家财政资金——主要资金来源渠道。

（2）银行信贷资金——最为重要的资金来源，包括商业信贷和政策性信贷。

（3）非银行金融机构资金——各种金融服务。

（4）其他企业资金——部分暂时闲置的资金。

（5）居民个人资金——节余货币，为中小企业提供渠道。

（6）企业自留资金——企业内部资金，自动形成。

（7）外商资金——外商投资企业重要的资金来源渠道。

（8）国际资本市场——国外上市、发债。

【思政贯穿】

瑞幸咖啡对中国企业形象及海外筹资有什么影响？

4. 筹资的原则

（1）规模适度原则——合理确定筹资规模。

（2）筹措及时原则——熟知资金时间价值原理。

（3）结构合理原则——资本结构，指权益资本和借入资金的比例关系。

（4）方式经济原则——筹资决策追求的是低资本成本。

【总结反思】

筹资是企业经营的重要环节，随着中国经济的发展，企业的经营规模不断扩大，筹资需求不断提高。企业在筹资的过程中，必须遵守法律法规，遵守职业道德、商业道德、社会道德，守住底线。国际筹资中的违法犯罪行为不仅影响企业自身的发展，也有损中国企业的国际形象。课程思政在设计时，既要符合课程内容的需要，也要采用学生熟悉、容易理解和接受的案例，达到自然融入，以取得更好的教育教学效果。

工业机器人编程与调试：示教编程——工业机器人搬运工件

教师信息： 黄敦华　**职称：** 教授　**学历：** 本科
研究方向： 机器人系统集成
授课专业： 机电一体化技术
课程类别： 理实一体化课程
课程性质： 职业技术技能课

第一部分　设计思路

一、本次设计的课程思政目标

本次课的思政目标是让学生全面了解马克思主义系统思维方法，基本具备马克思主义系统思维方式，提升学生正确看待问题和处理问题的能力。

问题导向贯穿本次课全过程，侧重于方法论层面，在课程教学过程中加强对学生马克思主义系统思维方法的理解，主要内容包括“金点子”中系统思维的整体法、结构法、要素法和功能法。

二、课程思政教学设计内容

1. 课前：课程思政引入

抽查学生课前自主学习情况，融入系统思维的整体法，让学生认识到课前、课中和课后学习构成了学习过程的整体，同时机器人、场合、动作和人机互动构成了学习对象的全局；对于当代大学生，看待问题和处理问题从全局和整体出发非常重要。

2. 课中：课程思政贯穿授课过程

在教师讲解专业课程内容及要求的过程中，通过贯穿讲解马克思主义系统思维方式的形成过程和核心理念，结合专业课程的具体任务实践学习，让学生清楚意识到具备系统思维的重要性，注重培养自己的马克思主义系统思维方法。

3. 课后：课程思政总结反思

要求学生对本次课积极总结反思，认真完成课后综合和拓展作业，引导学生把握系统思维的立体性和整体性，在今后的学习和生活中努力践行马克思主义系统思维方式，进一步提升自己正确看待问题和处理问题的能力。

第二部分　案例描述

示教编程——工业机器人搬运工件

教学过程如图 1 所示。

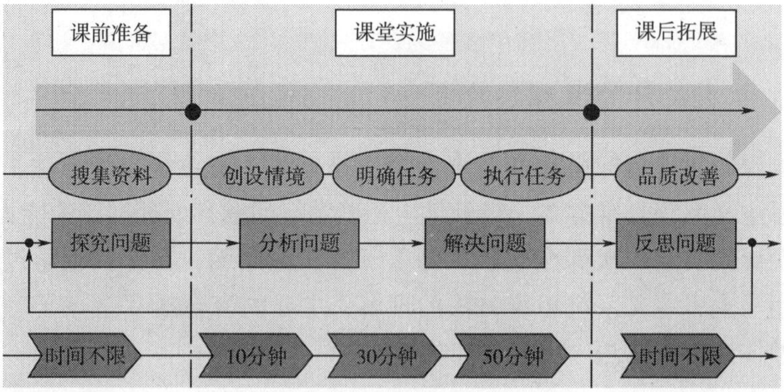

图 1　教学过程

【思政导入】

课前交流。

教学活动：探究问题“①搬运机器人用在哪些场合？②机器人搬运时有哪些动作？”抽查学生课前自主学习（搜集资料）情况。思政点融入“系统思维的方法——整体法”：其一，让学生认识到课前、课中和课后学习构成了学习过程的整体。其二，让学生意识到机器人、应用场合、搬运动作乃至人机协作各个部分构成了学习对象的全局。看待问题和处理问题从全局和整体出发非常重要。

【思政贯穿】

一、创设情境

教学活动：分析“机器人搬运过程中做了哪些动作？”观看《工业生产现场——MOTOMAN 机器人搬运工件》视频。思政点融入“系统思维的方法——功能法”，让学生认识到机器人做动作是为了实现搬运工件的功能，动作可分解为末端执行器工具中心点（TCP）位置改变和开爪/闭爪。

二、明确任务

教学活动 1：分析问题“MOTOMAN-HP3 机器人做了哪些动作？”观看《校内教学——MOTOMAN-HP3 机器人搬运工件》视频。思政点融入“系统思维的方法——功能法”，让学生意识到教学从工业生产中来和到工业生产中去，以坚持目标一致性和功能一致性为前提，把企业实际生产活动转化为校内教学任务。

教学活动 2：将 MOTOMAN-HP3 机器人搬运工件过程拆分为两个典型工作任务，引导学生观看《开爪/闭爪》和《TCP 位置改变》视频。思政点融入“系统思维的方法——结构法”，让学生意识到要搬运工件，机器人开爪或闭爪、TCP 位置改变这些基本动作与动作之间的搭配一定要合理，如果搭配不好的话会对系统造成很大影响甚至造成安全事故。因此，这些基本动作虽简单，但是彼此之间要形成有机的联系，同时要贯彻落实“机器人系统集成”职业技能等级证书中的相关标准，学习时要始终保持安全、认真、严谨、规范、精细、协作。

三、执行任务

教学活动 1：致力于解决问题 1——“怎样实现机器人开爪或闭爪？”展示视频《气爪回路工作原理》，提供中国大学 MOOC、校本教材和工作活页等资料，为学生讲解 INFORM 程序语句和 NOP、END、DOUT、TIMER 指令。思政点融入“系统思维的方法——要素法”，让学生体验编写程序能控制机器人开爪或闭爪动作，程序由语句构成，语句又离不开指令。因此，指令、语句和程序是实现机器人动作的要素，要使整个机器人正常运转并发挥最大的作用或处于最佳状态，必须对各要素考察周全，并充分发挥各要素的作用。

教学活动 2：致力于解决问题 2——“怎样实现 TCP 位置改变？”展示视频《特征点与程序点》，提供蓝墨云教材和工作活页等资料，教师授课和小组交流相结合，学习插补方式、特征点、程序点和 MOVJ、MOVL 指令。思政点融入“系统思维的方法——功能法”，让学生充分意识到为了使机器人呈现最佳状态，与特征点相对应的程序点应当且有必要不断调整优化，即从大局出发调整或改变系统内部各部分的功能与作用。

教学活动 3：致力于解决问题 3——“通过示教编程器操作编程”，播放视频《示教编程器的操作编程》。思政点融入“系统思维的方法——结构法”，让学生体验到手握电源开关、机器人工作模式旋钮、伺服电源按键、急停键、轴操作键等构成了示教编程器，编程操作时要协调运用，从基础做起。

教学活动 4：执行任务 1——“示教编程实现开爪 2s 后闭爪”，为学生提供云教材、学习评价考核表、视频等，小组轮流训练与教师现场指导相结合。思政点融入“系统思维的方法——要素法”，让学生体验到通过整合各种资源（素材）开展知识共享学习的乐趣，同时认识到自己是小组和班级构成的要素，要有所为和有所不为。

教学活动 5：执行任务 2 与 3——“示教编程实现机器人动作”，动作分为 TCP 位置改变、TCP 位置改变+开爪/闭爪，为学生提供云教材、学习评价考核表、视频等，小组轮流训练与教师现场指导相结合。思政点融入“系统思维的方法——结构法”，让学生通过亲自操作体验机器人的动作既可以分解也可以合成，在实际生产生活中要善于运用系统科学的结构理论作为思维方式的指导，既能删繁就简、化整为零，又能以一当十、举一反三。

【总结反思】

教学活动 1：反思问题 1——“安全与工艺，通过示教编程器编程操作，实现机器人搬运工件”，播放视频，提供工作活页和职业技能等级标准等，布置课后综合作业。思政点融入“系统思维的立体性”，引导学生在认识系统时要注意纵向层次和横向要素的有机耦合，时间和空间的辩证统一，在思维中把握系统的立体层次、立体结构和总体功能。

教学活动 2：反思问题 2——“安全与工艺，完成生产现场机器人示教编程”，播放视频，提供职业技能等级标准和国家智能制造标准体系建设指南等，完成课后拓展作业。思政点融入“系统思维的整体性”，引导学生把整体作为认识的出发点和归宿，任何一个系统都是由若干要素构成的，系统之外还有更大的系统，要把校内的学习训练和企业的生产实践结合起来。

跨文化商务沟通：
Unit3　Individualism vs Collectivism

教师信息：唐伟　**职称**：副教授　**学历**：博士研究生
研究方向：商务英语教学
授课专业：商务英语
课程类别：专业课程
课程性质：必修课

第一部分　设计思路

一、本次设计的课程思政目标

本次课主要讲解霍夫斯泰德（Hofstede）跨文化理论中的个人主义（individualism）和集体主义（collectivism）维度，以及这两种文化维度在社会生活、商务活动、公司文化中的表现。教师通过引入中美两国政府和民众在新冠肺炎疫情中截然不同的表现，引导学生认识这种现象背后的文化因素和社会制度优劣，力求有效提升学生的文化自信、制度自信和道路自信。本次教学通过真实案例的讲解，帮助学生切实加强四个自信，提升对社会主义制度的优越性、党的领导、人民利益至上等内容的深刻认识和体会，认识和热爱优秀的传统文化，学会用事实有理有据地反击对中国社会制度和发展道路的污蔑和诽谤。

本教学案例融入了"金扣子"（中华优秀传统文化、社会主义道德）和"金种子"（"人民为中心"的价值观、四个自信）的思政育人目标。

二、课程思政教学设计内容

1. 课前：课程思政引入

要求学生查找关于个人主义和集体主义的资料，特别是这两种文化背景下的社会生活、商业文化、公司管理风格等；同时要求学生关注媒体关于美国新冠肺炎疫情的新闻报道。

2. 课中：课程思政贯穿授课过程

步骤一，课程导入。

学生观看一段新闻媒体关于美国大学生疫情之下仍然拒绝戴口罩、举行狂欢聚会的视频，结合学生课前对问题的思考，组织学生讨论，引出个人主义和集体主义的思想根源：新教伦理、儒家思想。

步骤二，重难点讲解和案例分析。

（1）寻根溯源：客观分析个人主义和集体主义的文化根源，以及对社会、文化、商业等诸多方面所产生的深远影响。

（2）事实胜于雄辩：结合这次疫情，深入分析个人主义在商业化社会背景下的扭曲与异化，分析这种扭曲所产生的消极影响，提升学生理论方面的认识。

（3）真相大白：教师指导学生共同进行案例分析，探讨中美两国不同应对方式背后的深层原因，探究资本主义政治体制与社会主义政治体制中人民生命的地位。

3. 课末：课程思政总结反思

带领学生回顾、总结本次课程的教学内容，要求学生继续跟踪美国疫情发展，对照中国的社会状况，从理论高度思考问题产生的深刻背景。

第二部分　案例描述

个人主义与集体主义

【思政导入】

很多学生都听说过个人主义、集体主义，在霍夫斯泰德的跨文化理论中，这是重要的维度之一。一般而言，美国被视为个人主义的典范，中国被视为集体主义国家。现在有些人（不仅仅是西方人，还包括一些中国人）认为，个人主义就意味着自由、个性、民主，集体主义就是独裁、专制。这次疫情给了我们一个客观比较、分析这两种文化维度的机会。

【思政贯穿】

一、课程导入

让学生介绍课前预习的成果后，对个人主义和集体主义的定义、表现进行总结，分析这两种文化维度在社会文化中的体现，以及它们对于商业文化、公司文化的影响。然后用一个新闻案例引出学生对于个人主义与个性、个体自由；集体主义对于共性、集体利益的思考。

观看新闻视频（见图 1）。

图 1　新闻视频与图片

对比中美，引入对个人主义和集体主义的探讨，让学生思考：

——美国年轻人的这种做法是为了维护所谓的个人自由和民主吗？

——个人主义是否意味着自由、民主？

——集体主义是否意味着专制、独裁？

二、重点难点讲解和案例分析

1. 寻根溯源

系统阐述两种文化在商业、社会生活等方面的影响和具体体现形式（见图 2），分析课本中关于美国公司经理在中国的困扰并体验背后的文化因素。

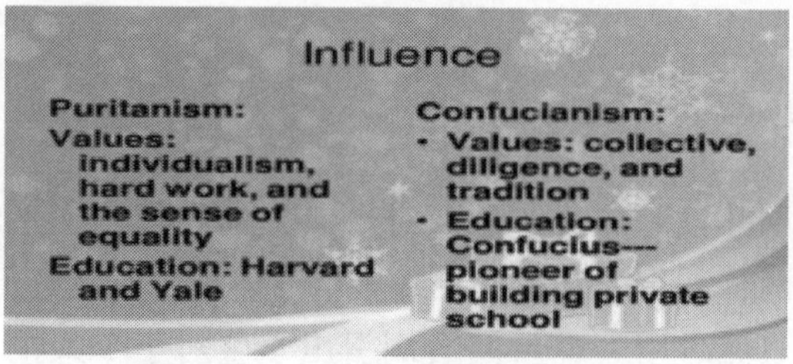

图 2　个人主义和集体主义的影响

剖析个人主义、集体主义的根源：新教伦理和儒家思想。

引导学生思考：为什么强调个体自由、独立自主的个人主义在美国演变成了这种极端自私自利的行为？

2. 事实胜于雄辩

对比中美两国应对新冠肺炎疫情的事实，让学生分析美国青年不顾疫情举行聚会的心理因素，引导学生思考个人主义为什么演变成为自私自利，集体主义又是如何升华为牺牲奉献的。

3. 真相大白

教师指导学生共同进行分析和探讨：最大的人权——生命权。

资本主义社会制度——党派利益、个人野心，把人民的生命作为斗争的筹码（见图 3）。

社会主义社会制度——人民至上、大公无私，为了人民安全勇于牺牲奉献（见图 4）。

图 3　美国——利益至上

图 4　中国——人民至上

【总结反思】

带领学生回顾、总结本次课程的教学内容，引导学生从不同的文化角度看待问题，一方面尊重理解不同文化系统的价值观与行为方式；另一方面深刻认识个人主义在美国社会中的变异，以及这种变异所带来的自私自利等错误行为和影响。通过对比，坚定学生对中华优秀传统文化和价值观的认同感与自信心，深刻认识中国共产党的正确领导和社会主义道德的熏陶对于中国社会精神面貌所产生的深远影响，加深学生对四个自信的认识与领悟。

中篇

“金种子”课程思政优秀教学设计案例

个人理财规划：智选教育理财工具

教师信息：张春辉　**职称**：副教授　**学历**：硕士研究生
研究方向：金融
授课专业：国际金融
课程类别：理实一体化课程
课程性质：职业技术技能课

第一部分　设计思路

一、本次设计的课程思政目标

本次课的课程思政目标是培养学生运用马克思主义辩证思维方法，分析教育理财工具收益与风险的关系，避免片面化、绝对化，为客户智选合适的教育理财工具；通过2020年抗疫特别国债发行和我国疫情防控巨大成就，结合金融科技在金融产品中的最新应用，激发学生的民族自信心和自豪感，坚定四个自信。本案例属于“金种子”与“金点子”相结合的教学案例。

二、课程思政教学设计内容

1. 课前：课程思政引入

基于学生具备较强的收集、判断和处理信息的能力，能浏览专业财经网站，并能将检索到的信息进行适当的整理或加工，但规则意识不强，喜欢借助现代化手段的学习特点，课前准备我国2020年抗疫特别国债的视频以及财经专业信息平台的网址链接，结合抗疫特别国债发行、我国疫情防控巨大成就，鼓励学生主动作为的奉献精神，提升学生的社会责任感，激发学生的民族自信心和自豪感，坚定四个自信。

2. 课中：课程思政贯穿授课过程

坚持以学生为主体，以教师为主导，充分发挥学生的积极主动性，为适应金融理财规划师岗位做好准备。将职业素养与技能培养融为一体，体现德才并重，以德为先。培养学生积极体会并践行马克思主义辩证思维方法，分析教育理财工具收益与风险的关系，避免片面化、绝对化，强化风险防控意识，引导客户科学理财；结合金融理财工具的选择方法，充分了解金融科技在金融产品的最新应用和发展，激发学生的民族自信心和自豪感，坚定四个自信。

3. 课末：课程思政总结反思

教学过程把"育人"放在首位，德育教育贯穿始终，培育学生运用马克思主义辩证思维方法，分析教育理财工具的风险、收益特征；将辩证思维、风险意识、责任意识、四个自信与理财规划师岗位需求有机融合，把立德树人落到实处。

第二部分　案例描述

智选教育理财工具

【思政导入】

国债是理财工具之一。在第十三届全国人大会议上，李克强总理明确表示，2020 年我国将发行 10 000 亿元的抗疫特别国债，首批抗疫特别国债将于 6 月 18 日招标发行。通过视频案例（见图 1），引出问题。

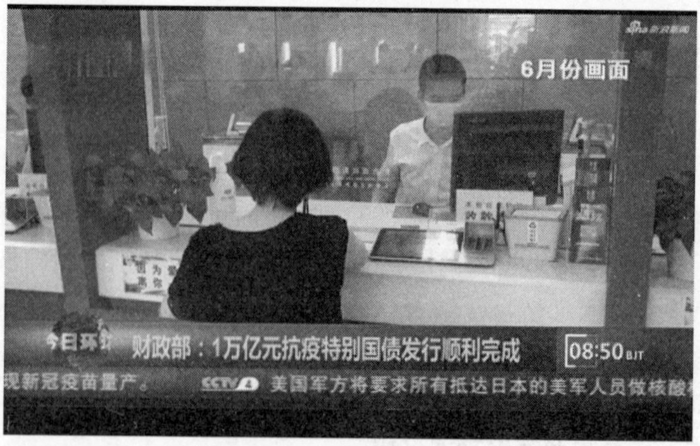

图 1　抗疫特别国债发行

问题1：这个抗疫特别国债到底有什么特别？

特别国债之所以特别，是由于发行次数极少，在此之前，我国历史上只发行过两次特别国债：第一次是在1998年，发行了总规模2 700亿元的特别国债，主要是为了改善银行资本金不足问题；第二次是在2007年，财政部发行1.5万亿元特别国债，为即将成立的国家外汇投资公司筹措资本金。此次发行抗疫特别国债，是为了应对疫情造成的相关影响，会对我国经济增长、稳定就业发挥重大作用。

问题2：个人投资者能不能买？

个人投资者通常有两种常见的购买方式：方式一，在可承销特别国债的证券公司进行认购；方式二，到可承办柜台债券业务的商业银行购买。

问题3：个人投资者为什么买？

抗疫特别国债具有安全性极高、流动性较好、收益率一般的特点，同时可以支持国家的疫情防控和经济社会发展。

问题4：抗疫特别国债适合作为教育理财工具吗？

教育理财最重要的原则是稳健性，抗疫特别国债符合这一原则，因此适合作为教育理财工具。

问题5：金融市场上还有哪些理财产品适合作为教育理财工具？

通过问题导向，引导学生进入本次课的学习探究。

通过视频案例导入，深入分析抗疫特别国债的收益与风险特征和购买方式，同时结合我国疫情防控的伟大成就，引导学生支持疫情防控和经济社会发展的社会责任感，以及民族自信心和自豪感，坚定四个自信。

【思政贯穿】

本次课引入企业真实任务，坚持以学生为主体，以教师为主导，充分发挥学生的积极主动性，为适应中国邮政理财规划师岗位做好准备，将职业素养与技能培养融为一体，以“培养学生辩证思维方法与激发学生民族自信心、自豪感和责任感，坚定四个自信”为主线，体现德才并重，以德为先，德技双修。

一、任务发布

中国邮政储蓄银行的企业导师推荐教育理财产品及发布教学任务，企业导师介绍了两种适合教育理财的产品——教育保险和基金定投；引导学生明确本次课的任务：能够根据客户风险属性，为客户智选教育理财工具，引导学生学习和掌握最新的企业产品和技术（见图2）。

图 2　中国邮储银行企业专家引入企业金融产品

二、任务解析

教师讲解在为客户选择理财产品时，要遵循风险、收益匹配原则和稳健性原则，而理财产品的风险与收益成正比，运用马克思主义辩证思维方法进行风险收益分析，引导学生学习和掌握扎实过硬的专业技能（见图 3）。

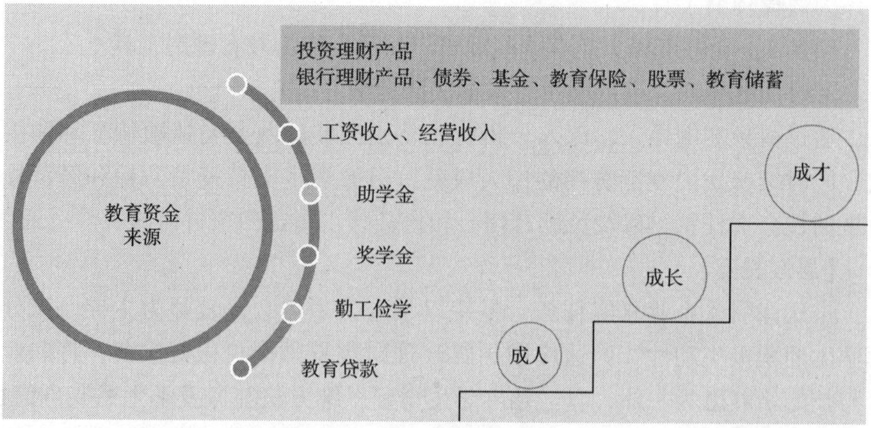

图 3　教育理财工具

三、任务实施

1. 小组探索

依据客户、理财产品的风险属性，将学生划分为银行理财组、基金理财组、债券理财组、保险理财组、股票理财组、教育储蓄理财组六个项目小组，分别为客户选择符合收益与风险匹配的理财产品（见表 1）。在师生互动过程中，将课程思政与专业教学相融合，“润物无声”地将立德树人落到实处。

表1 项目小组教学活动设计

项目小组	学生活动	教师活动	思政贯穿
银行理财组	通过银行理财产品的主要类型，运用辩证思维方法分析银行理财产品的收益、风险特征	引导学生深入分析：银行理财采用的金融科技和不同类型理财产品的风险、收益特征	我国的远程银行、金一站式理财等领域都处于世界领先地位，从而培养学生的道路自信和制度自信，以及辩证分析风险和收益特征（“四个自信”与辩证思维）
基金理财组	依据基金的不同类别和投资方法，运用辩证思维方法分析基金的收益和风险特征以及投资方法	引导学生深入分析：不同类型基金的风险、收益水平，特别提示利用智能投顾服务，选择对标指数进行倍数投资，获得更高的投资收益率	充分认识AI技术在金融产品中的应用，激发学生对于我国科技领先的民族自信心和自豪感，树立坚持走中国特色社会主义道路的自信心（“四个自信”与辩证思维）
债券理财组	学生在分析抗疫特别国债的投资特点和投资意义的基础上，通过钱龙证券服务平台分析债券分类和风险、收益的特征	引导学生深入分析：不同类型债券的风险与收益，侧重于债券的信用评级	在分析国债、金融债、企业债三类债券的基础上，运用辩证思维方法认识不同类型债券的风险、收益特征，为客户进行合理配置（辩证思维）
保险理财组	保险产品保障性高，还有专门适合教育理财的产品，这类产品是否优势更强	引导学生深入分析：教育理财最重要的原则是稳健性原则，即客户风险、收益相匹配的原则	由于保险具有保障的功能，依据以客户为中心的原则，适合作为教育理财工具（以客户为中心的职业精神）
股票理财组	股票是金融市场价格波动幅度比较大的投资产品，通过专业的钱龙证券服务平台，分析不同行业股票的价格走势	引导学生深入分析：金融行业数据库，为客户提供专业、便捷的理财投资信息。强调风险、收益成正比，教育理财只适合配置较低比例的股票	充分认识AI技术在金融产品中的应用，依据风险收益成正比的特点，为客户推荐合适的理财产品（辩证思维）

续表

项目小组	学生活动	教师活动	思政贯穿
教育储蓄理财组	教育储蓄是一种特殊的零存整取定期储蓄存款，享受优惠利率，更可获取额度内利息免税的优惠	引导学生认识：教育储蓄的风险、收益特征——无投资风险，利率比普通存款高	教育储蓄无风险，有利率优惠，依据以客户为中心的原则，适合作为教育理财工具（以客户为中心的职业精神）

2. 仿真训练

在小组探究的基础上，利用仿真实训平台，完成智选理财工具的方案（见图4），要求每个小组至少完成两组方案，培养学生动手实践的劳动精神和精益求精的工匠精神。（实践思维）

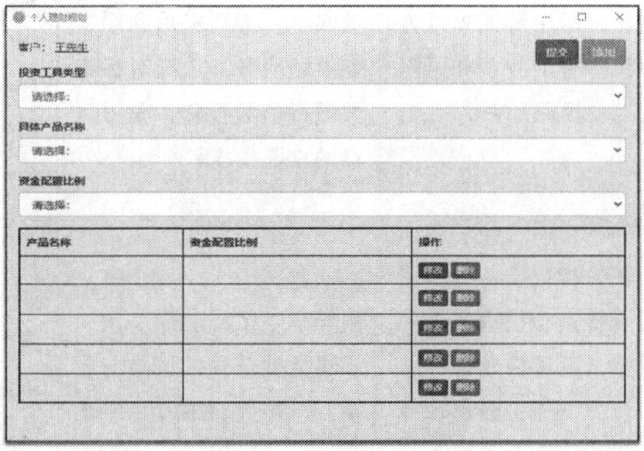

图4　仿真训练任务

四、汇报展示

各项目小组展示讲解智选的教育理财工具方案，说明方案的思路和建议（见图5），培育学生尊重他人、认真聆听、虚心学习、不断提高的优秀品质。（真善美教育）

五、考核评价

在学生的训练成果展示过程中，注重过程评价（见图6），课上考核包括专业能力与职业素养两方面，采用教师现场讲评与学生互评相结合，培育学生“实事求是”评价的唯物主义观。

图 5 学生代表汇报展示

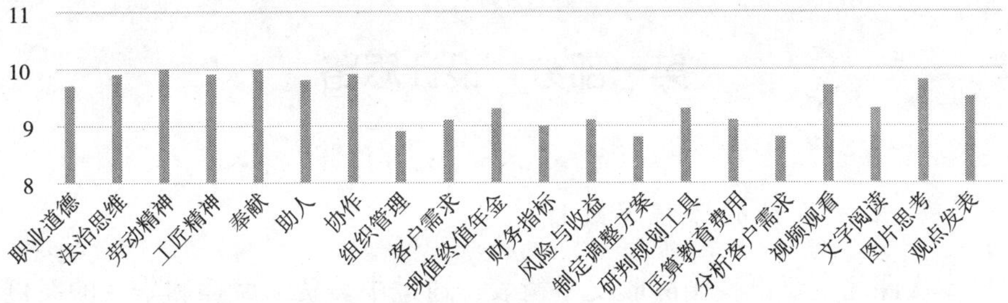

图 6 学习效果评价

【总结反思】

本次课的教学过程把“育人”放在首位，落实了课程思政，无缝融合思政要素，德育教育贯穿始终，“润物无声”地将立德树人落到实处。2020 年新冠肺炎疫情防控就是中国力量和制度优势的经典案例，本次课结合投资理财工具——抗疫特别国债的发行，使学生充分认识到我国在疫情防控、远程银行、AI 技术等领域的世界领先地位；培育学生运用辩证思维方法分析金融理财产品的风险、收益特征，为客户智选合适的教育理财工具的职业能力；培养勤勉尽责、专业胜任的职业素质和追求卓越、精益求精的工匠精神；实现“运用马克思主义辩证思维方法与坚定四个自信相结合”的课程思政教学目标。

国际金融实务：国际收支平衡表

教师信息：边海宁　**职称**：讲师　**学历**：硕士研究生
研究方向：国际金融
授课专业：国际金融
课程类别：专业课程
课程性质：职业技术技能课

第一部分　设计思路

一、本次设计的课程思政目标

本次课程主要讲授国际收支平衡表，通过中美贸易摩擦和华为的案例，引导学生全面认识贸易摩擦给两国经济带来的恶劣影响；只有合作才能共赢，进而引导学生深刻理解我国“对话而不对抗，结伴而不结盟”的外交政策和中国积极推动构建人类命运共同体的重要意义。我国已经很好地控制了疫情，在 2020 年上半年实现了国际收支基本平衡，我国稳外贸、稳外资等政策措施积极有效，我们对中国的未来充满信心。通过课程的学习，激发学生的民族自信心和自豪感，增强学生报效祖国的学习动力！

二、课程思政教学设计内容

1. 课前：课程思政引入

利用课前预习阶段，组织学生观看和学习中美贸易摩擦的案例材料和华为被美国制裁的案例资料，美方以对华贸易中存在巨额逆差为由，挑起中美贸易摩擦；这是否是中美贸易摩擦的真正原因呢？美国为何要扼杀华为？通过引导，帮助学生深入思考中美贸易摩擦的深层次原因，分析中美贸易摩擦的后果。

2. 课中：课程思政贯穿授课过程

结合国际收支平衡表内容及中美贸易数据，分析贸易战对中美两国的严重影响。美国对华贸易逆差只是一个借口，遏制中国的发展，遏制华为在5G领域的技术领先优势，继续保持美国技术领先，才是美国真正的目的。但是美国这样做的结果只能两败俱伤，只有合作才能共赢！中国坚持“对话而不对抗，结伴而不结盟”的外交政策，同世界各国广交朋友，积极推动构建人类命运共同体。

新冠肺炎疫情暴发以来，中国积极援助疫情区国家，体现了大国担当和世界一体的理念；我国推行稳外贸、稳外资等政策积极有效，国家经济迅速恢复，实现了2020年上半年国际收支基本平衡。“十一”假期中国旅游业迅速恢复，体现了中国自信，外资对中国的信心不变，国际金融机构对中国经济充满信心！作为中华儿女，我们充满了自豪感和自信心！鼓励学生为祖国的发展奉献一份力量，激发学生的爱国热情和学习动力！

3. 课末：课程思政总结反思

继续分析、研究中国国际收支平衡表近年来的数据，分小组研究中国国际收支经常账户、资本账户、金融账户和国际储备变化趋势，对比分析与“一带一路”沿线国家和地区的国际收支数据，深刻理解合作共赢理念和我国构建人类命运共同体的伟大历史意义；鼓励学生刻苦努力，用实际行动践行爱国誓言。

第二部分　案例描述

国际收支平衡表

【思政导入】

中美贸易摩擦给中美贸易带来了严重影响，直接影响了两国人民的福祉，并不像美国政客鼓吹的是为了美国人民的利益。这种损人不利己的行为就是为了遏制中国的发展，因为中国正在以西方害怕的发展速度在国际舞台上扮演着越来越重要的角色，甚至在某些高科技领域已经掌控了话语权。华为5G技术的突破让美国惊恐，联合西方国家对华为进行围堵，想扼杀华为！

中美关系从贸易摩擦到科技战，从香港到台湾再到南海，从新疆到西藏，从军事挑衅到边界争端，到再次发动的政治战和金融战，中美没有开战的领域已经不多了。“孟晚舟事件”充分反映了加拿大扮演美国帮凶，成为中加关系的主要障碍。在中英关系中，2020 年 1 月，英国刚刚宣布华为参与 5G 网络建设；7 月中旬，面对美国的威胁，英国政府表示将禁止华为参与本国 5G 网络建设。在中澳关系中，2020 年澳大利亚国防部公布《2020 年国防战略修订》和《2020 年部队结构计划》，将矛头直指中国。鉴于中澳外交关系紧张恶化，华为宣布停止赞助澳橄榄球队。2018 年 9 月，澳大利亚政府禁止中国通信企业华为参与澳大利亚 5G 建设。2020 年 5 月中印边境冲突以来，印度祭出多项制裁中国的政策；受中印紧张关系影响，华为印度公司将 2020 年的营收目标削减 50%，并将裁员 60%至 70%的印度员工。从华为案例就可以窥探出美国扼杀华为、遏制中国的真正意图。

但是，美国政客的阴谋一定不能得逞！

一、国际收支平衡表

1. 国际收支平衡表的概念

国际收支平衡表（Balance of Payment Statement，BOPs）是系统记录一个国家（地区）在某一特定时期内，对外发生的全部经济交易的统计报表。

【思政贯穿】

国际收支平衡表一般都是以国家为单位进行编制的；由于历史原因，中国香港、台湾和澳门地区，也编制自己的国际收支平衡表；这三个地区是我国不可分割的一部分，我们在任何时候都要维护国家领土的完整性。现在一些西方政客插手香港问题，就是赤裸裸地干涉中国内政，我们坚决不同意！作为中华儿女，我们在任何时候、任何地点都有责任维护祖国统一，加强对学生的爱国主义教育。

2. 国际收支平衡表的内容

见图 1。

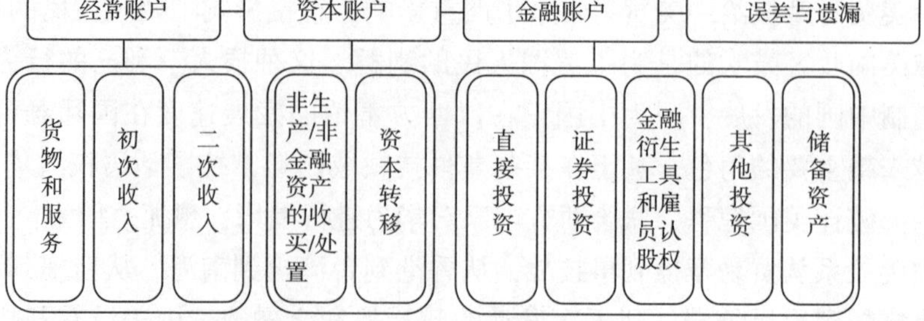

图 1　国际收支平衡表的内容

（1）经常账户（Current Account）。经常项目是指经常发生的交易，在国际收支平衡表中是最基本、最重要的项目，包括货物和服务、初次收入和二次收入三部分。

【思政贯穿】

讲解货物和服务内容时，结合中美贸易数据，对学生提交的中美贸易摩擦案例进行点评，进而分析中美贸易摩擦爆发的原因与影响。美国对华贸易逆差，只是一个借口，在我国积极配合美方改善贸易逆差的情况下，中美贸易摩擦依然爆发了，而且愈演愈烈，遏制中国的发展才是美国真正的目的！中美贸易摩擦严重影响了中美之间的贸易额，直接影响了两国人民的福祉，对世界经济也产生极其不利的影响，并不像美国政客所鼓吹的是为了美国人民利益。中美两国合作发展才是正确选择。中国坚持“对话而不对抗，结伴而不结盟”的外交政策，志同道合是伙伴，求同存异也是伙伴，“大家一起发展才是真发展”。中国目前已同138个国家和30个国际组织签署了200份共建“一带一路”合作文件，中国的朋友圈不断扩大，中国向各国共享发展机遇，共创人类美好未来！

中国的发展不是几个国家就能阻止的！中国已经强大，任人宰割的时代已经一去不复返了。我们不断发展壮大，不断实现中华民族伟大复兴；作为中华民族的一分子，我们要理性爱国。最大的爱国就是要为祖国的发展奉献一份力量，激发学生的爱国热情和学习动力。

二次收入主要包括政府与民间相互捐赠等。引入中国对其他国家的捐赠，比如，随着新冠肺炎疫情在全球范围肆虐，中国已向30多个国家派出医疗专家组，向150多个国家及国际组织提供280多批抗疫援助，这些抗疫援助都属于二次收入范畴。岁寒知松柏，患难见真情，这些援助充分显示了中国的大国担当，也是我们推动构建人类命运共同体理念的最好见证。

（2）资本和金融账户（Capital Account）。资本项目是与经常项目相对应的对外资产（本国资本）与对外负债（外国资本）增减的交易，即对外资产增减的交易。金融账户反映的是居民与非居民之间投资与借贷的增减变化。

【思政贯穿】

讲解资本和金融项目时，强化学生的风险意识。通过亚洲金融危机案例，帮助学生牢固树立底线思维意识，理解国家打好外汇领域防范化解重大金融风险攻坚战的重大意义，理解维护外汇市场稳定和国家经济金融安全的重要性；强化学生牢固树立金融风险防护意识的职业素养和职业要求。

（3）净误差与遗漏（Errors and Omissions）。按照复式记账原则，国际收支账户的借方总额和贷方总额应该相等，借贷双方的净差额应为零，但在实际中并非如此。由于不同账户的统计资料来源不一、记录时间不同以及一些人为因素（如虚报出口）等原因，会造成国际收支账户出现净的借方或贷方余额，这就需要人为设立一个平衡账户——错误和遗漏账户，在数量上与该余额相等而方向相反、相抵消。

二、分析中国国际收支平衡表

观看视频《外汇局：上半年（2020 年）我国国际收支保持基本平衡》，同时提供学习材料——国家外汇管理局 2020 年 9 月 25 日发布的《2020 年上半年中国国际收支报告》，组织学生对中国的国际收支状况进行深入研究。

组织学生访问国家外汇管理局官网，下载中国国际收支平衡表数据，进行中国国际收支具体项目分析。

【思政贯穿】

通过中国国际收支状况分析，提升学生学以致用的能力，同时培养学生尊重事实、用数据分析说话的能力。新冠肺炎疫情全球蔓延，严重冲击全球经济和国际贸易，而我国疫情得到有效控制。通过数据分析，我国国际收支总体呈现经常账户小幅顺差、非储备性质的金融账户小幅逆差的平衡格局；外汇储备规模保持基本稳定，储备余额维持在 3 万亿美元以上，再次验证了中国稳外贸、稳外资等政策措施积极有效。国庆节中国旅游业复苏，彰显了中国的自信；外资对中国市场信心未变；我们对中国的未来充满信心，我们可以期待更加繁荣富强的祖国屹立于世界民族之林！

【总结反思】

通过国际收支平衡表内容的学习，结合中美贸易摩擦对中美两国产生的恶劣影响，深化学生对我国“对话而不对抗，结伴而不结盟”外交政策的理解。中国已经很好地控制住疫情，实现了 2020 年上半年国际收支基本平衡，我们的外交政策积极有效，中国经济迅速恢复。通过本课程的学习，强化学生的民族自信心和自豪感！鼓励学生学好本领，练好技能，今后在自己的岗位上尽职尽责，为祖国的发展贡献力量！

全球商业环境分析：认知经济全球化

教师信息：张彤　**职称**：教授　**学历**：硕士研究生
研究方向：跨境物流与供应链管理
授课专业：国际商务
课程类别：理论课
课程性质：专业群技术基础课

第一部分　设计思路

一、本次设计的课程思政目标

本次课的教学主题："经济全球化"。

本次课的教学主线：内涵—表现形式—驱动力量—影响。

本次课的思政元素：核心元素——开放、合作、互利、共赢；人类命运共同体。拓展元素——辩证思维方法、历史思维方法、系统思维方法、创新思维方法（思维方式）；民族自豪感和强国意识；大国责任与担当（家国情怀）。

本次课的思政主线：以开放为导向，以合作为基础，以互利为动力，以共赢为目标，构建人类命运共同体（习近平中国特色大国外交思想和中国特色社会主义思想的重要组成部分）。

通过本次课的学习，使学生：

（1）具有全球化的视野，从全球的视角看中国经济，从中国的视角看全球经济，将中国经济与全球经济融合，充分认识中国在经济全球化进程中的角色和贡献。

（2）以"开放、合作、互利、共赢"的价值观认识和践行经济全球化。

（3）增强大国责任意识和担当精神。充分认识习近平提出的构建人类命运共同体的战略思想，体现了大国担当精神，中国在经济全球化进程中发挥着负责任大国的作用。

（4）用马克思主义的辩证思维方法、历史思维方法、系统思维方法、创新思维方法看待贸易自由化和贸易保护主义、全球化和逆全球化的问题。

构建人类命运共同体是习近平外交思想的精髓和核心，是习近平新时代中国特色社会主义思想的有机组成部分。通过对经济全球化的教学，将习近平中国特色大国外交思想和中国特色社会主义思想融入专业课程教学中，在学生内心深处播下习近平新时代中国特色社会主义思想的“种子”。

二、课程思政教学设计内容

1. 课前：课程思政引入

经济全球化是当今世界经济发展不可逆转的大趋势，其本质是生产要素全球范围内的优化配置。通过“福特汽车生产全球化”与“C919 飞机生产全球化”两个案例，将“开放、合作、互利、共赢”的思政元素引入专业教学中，将习近平中国特色大国外交思想和中国特色社会主义思想带入课堂。通过两个案例的对比分析，引导学生思考中国在经济全球化进程中角色的转变，“中国制造”在全球价值链分工体系中从低端走向高端，从而激发学生的民族自豪感和强国意识。

2. 课中：课程思政贯穿授课过程

本次课按照“什么是经济全球化—经济全球化的表现是什么—什么力量驱动经济全球化—经济全球化如何影响全球经济”的逻辑主线展开教学活动，通过教师讲授、案例分析、数据解读、小组辩论等活动，将“开放、合作、互利、共赢、人类命运共同体”的价值观和马克思主义哲学思想以及家国情怀等思政理念贯穿于教学中。通过课后任务进一步巩固和内化思政理念，塑造具有世界眼光和辩证思维的国际商务人才。

3. 课末：课程思政总结反思

在经济全球化中始终如一地贯穿着“开放、合作、互利、共赢”的主旋律。中国作为世界第二大经济体，一方面对世界经济发展做出了巨大贡献；另一方面坚决维护和捍卫经济全球化，反对各种形式的贸易保护主义和逆全球化思潮，与世界各国进行合作，在合作中互利共赢，不断推动经济全球化朝着更加开放、包容、普惠、平衡、共赢的方向发展，积极构建人类命运共同体，为实现人类共同繁荣、发展提供富有东方智慧的中国方案。

第二部分 案例描述

认知经济全球化

经济全球化是人类社会历史发展到一定阶段的产物，是生产力发展的历史必然，其本质是生产要素全球范围内的优化配置。纵观人类历史，经济全球化进程不可逆转，但并非一帆风顺。当前，引发国际金融危机的深层矛盾尚未解决，加之新冠肺炎疫情的影响，世界经济复苏乏力，贸易保护主义、孤立主义、单边主义抬头，“逆全球化”思潮暗流涌动。于是“经济全球化应该向何处去”的“世界之问”摆在了世人面前。在这种背景下，我们应该如何全面地认识经济全球化？中国在经济全球化的进程中发挥什么样的作用？本次课我们学习的主题是“经济全球化”。

【思政导入】

一、课前自主学习

为了培养学生自主学习与合作学习的能力，课前教师在学习通平台发布学习任务：第一，要求学生学习经济全球化的基本含义，学生通过教学平台上提供的学习资源完成自主学习，并进行测试，教师根据测试结果有针对性地进行指导。第二，要求学生分组准备两个辩论问题：贸易自由化与贸易保护主义、全球化与逆全球化，学生分成正反观点辩论小组，根据辩论观点搜集和整理资料，形成辩论的论据，教师对学生在论据形成过程中的问题进行答疑解惑。

通过学习“经济全球化的基本含义”和搜集辩论资料，学生从中可以思考：在当今的世界经济环境下，各国寻求发展的正确选择是什么？尤其是对辩论资料的准备，更能感受到贸易保护主义和全球化是把“双刃剑”，意识到“开放、合作、互利、共赢”在经济全球化中的价值。

二、课前案例导入

案例：福特汽车的全球化生产和 C919 飞机的生产全球化，如图 1 和图 2 所示。

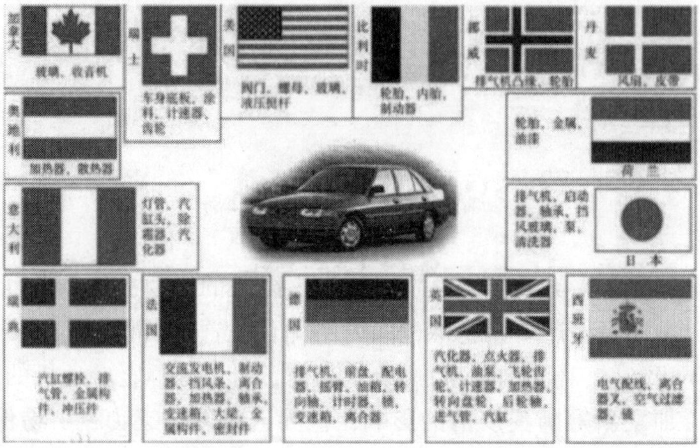

图 1　福特汽车的全球化生产

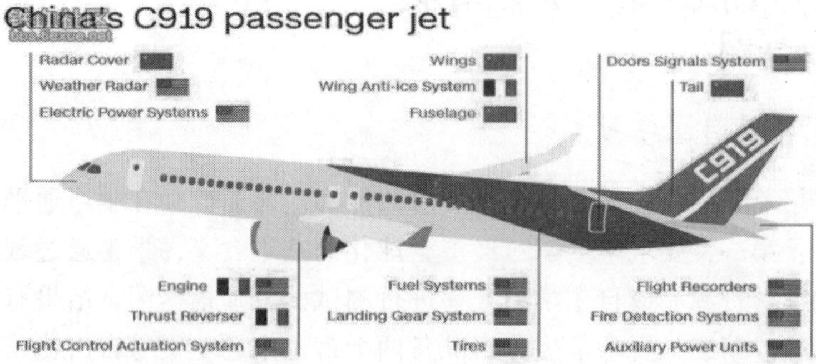

图 2　C919 飞机的生产全球化

讨论：（1）为什么福特汽车不由美国全部生产，C919 飞机不由中国全部生产，而是要由世界多国共同生产？

（2）在福特汽车和 C919 飞机的全球化生产中，中国企业的地位发生了哪些变化？

通过以上讨论，学生认识到跨国公司为了最大限度地降低生产成本，提高产品质量，在全球范围内寻找优势资源，进行全球化生产。这种全球化生产是各个国家开放与合作的结果，各国在开放与合作中实现了互利共赢。

通过对比两个案例，学生可以清楚地看到在福特汽车的全球化生产中，我国企业仅仅供应少量的辅助配件，只是一个参与者。而在 C919 飞机的全球化生产中，我国自主完成了飞机的整体设计，拥有C919的自主知识产权，并且进行飞机总装，我国企业成为主角。通过企业角色的转变，证明“中国制造”在全球价值链的分工体系中已经从低端走向高端，在全球经济中的地位不断提升，激发学生的民族自豪感和强国意识。

【思政贯穿】

一、经济全球化的表现形式

教学设计：本内容采用案例教学法，对经济全球化三种表现形式分别选取中外案例，通过案例教学，总结经济全球化三种表现形式的基本特征以及国内外企业的行为特征。

经济全球化是指商品、资本、服务、人员、技术、信息等生产要素超越国界流动，使世界经济成为相互联系、相互依赖的有机整体。其表现形式主要有生产全球化、市场全球化和贸易全球化。

1. 生产全球化

案例1：波音飞机的全球化生产。

案例2：海尔电器的全球化生产。

2. 市场全球化

案例1：星巴克市场全球化。

案例2：中国玩具市场全球化。

3. 贸易全球化

案例1：解读1970—2018年国际贸易增长。

案例2：阿里巴巴“买全球”与“卖全球”。

课程思政：通过案例教学，培养学生的全球化视野，从全球的视角看中国经济，从中国的视角看经济全球化，将中国经济与全球经济相融合。

观点交锋：贸易自由化与贸易保护主义。

教学设计：采取小组辩论法，由两组学生分别阐述观点。

课程思政：通过辩论，引导学生用马克思主义的辩证思维方法、历史思维方法、系统思维方法看待贸易自由化和贸易保护主义，明确中国的立场——主张对外开放，支持贸易自由化。

课后任务：从商务部网站搜集近十年我国进出口统计数据，分析我国进出口贸易的变化情况。要求完成一份分析报告：我国近十年进出口情况分析。

课程思政：通过网络调研数据，使学生切实感受到中国对世界经济发展做出的贡献，充分认识中国在经济全球化进程中的角色和作用。

二、经济全球化的驱动力量（线上学习）

经济全球化是人类社会历史发展到一定阶段的产物，国际政治格局变迁、信息革命推动、国际贸易和投资自由化、企业经营国际化、全球产业转移等因素是推动经济全球化不断发展的重要条件和动力。

经济全球化是当今世界经济发展不可逆转的大趋势，随着世界外部环境的变化，经济全球化面临着机遇和挑战，同时也赋予了新的内涵。

教学设计：采取线上学习的方式，学生根据学习通平台上提供的学习资料进行学习，做学习笔记，同时要完成思考题。

学习资料：①习近平关于经济全球化新内涵的重要论述解析；②疫情冲击下经济全球化的重塑和中国路径的选择。

思考题：①21 世纪经济全球化呈现出什么特点？②学习习近平的重要论述，对把握经济全球化的发展方向和中国经济融入全球经济有什么启发？③在疫情冲击下经济全球化推进举步维艰，全球经济格局如何重塑？④疫情影响下全球经济格局变动，给中国带来哪些机遇和挑战？

课程思政：以上问题设置的目的是引导学生思考在不同历史时期经济全球化的发展变化，教育学生用马克思主义历史思维方法、系统思维方法、创新思维方法看待经济全球化，明确经济全球化是不可逆转的历史发展趋势。

三、经济全球化对全球经济的影响

教学设计：本内容的重点是经济全球化对发展中国家的影响，从积极和消极两个方面来理解经济全球化对发展中国家的影响，并以中国为例，探讨实施经济全球化给中国经济带来的变化。

（1）经济全球化对发达国家的影响。

（2）经济全球化对发展中国家的影响（以中国为例）。

观点交锋：全球化与逆全球化。

课堂讲授：逆全球化的两个典型案例——英国脱欧、美国退群。

教学设计：采取小组辩论法，由两组学生分别阐述观点，教师对辩手的观点进行点评。以讲故事的形式，讲授逆全球化的两个典型案例。

课程思政：通过小组辩论和案例学习，培养学生用“开放、合作、互利、共赢”的价值观，践行经济全球化。

课后学习：①习近平关于经济全球化的理论阐述与重大部署。②习近平关于构建人类命运共同体的战略思考。③构建人类命运共同体，推进经济全球化进入新时代。

中国立场：坚持以合作共赢为指导，构建人类命运共同体。

中国方案：建设“一带一路”、建立自由贸易区、举办进口博览会。

课程思政：通过学习，使学生充分认识习近平提出的构建人类命运共同体的战略思想体现了大国担当精神，为实现人类共同繁荣发展提供了富有东方智慧的中国方案，由此增强大国责任意识和担当精神。

【总结反思】

经济全球化是将各国经济转向一个更为一体化和相互依存的世界经济，其表现形式是生产全球化、市场全球化和贸易全球化。经济全球化是人类社会历史发展到一定阶段的产物。在经济全球化发展过程中，发达国家是经济全球化的主导者和受益者，但是受到全球金融危机的影响，发达国家掀起了“逆全球化”的思潮，经济全球化遭遇重重困境。如何突围和破局，中国当然不能缺席。2019 年 3 月 26 日，习近平在巴黎出席中法全球治理论坛闭幕式时指出：“面对严峻的全球性挑战，面对人类发展在十字路口何去何从的抉择，各国应该有以天下为己任的担当精神，积极做行动派、不做观望者，共同努力把人类前途命运掌握在自己手中。”

在新时代，面对经济全球化的机遇与挑战，我们要增强中国特色社会主义的“四个自信”，不断推动经济全球化朝着更加开放、包容、普惠、平衡、共赢的方向发展，积极构建人类命运共同体，实现中国人的使命和梦想。

物流概论：从功能要素角度看物流

教师信息：彭爽　**职称：**副教授　**学历：**硕士研究生
研究方向：国际商务，金融理财
授课专业：电子商务
课程类别：理论课
课程性质：专业群技术基础课

第一部分　设计思路

一、本次设计的课程思政目标

本次设计的课程思政目标侧重于认识观层面，推动习近平新时代中国特色社会主义思想进教材、进教案、进课堂、进师生头脑，属于“金种子”教学设计案例。

思政目标：①“以人民为中心”的价值观；②增强中国特色社会主义道路自信、理论自信、制度自信、文化自信；③认识社会主义现代化和中华民族伟大复兴的总任务；④全面深化改革的必要性。

二、课程思政教学设计内容

本次课为物流概论课程的项目二——从功能要素角度看物流：任务 1 运输认知，学习物流系统的中心功能要素——运输的含义、作用、运输管理的基本原则，全面了解并掌握各种运输方式的特点，运输合理化的途径，根据运输的需求选择合理的运输方式，培养学生分析问题、解决问题的能力。通过对现代物流运输的学习，使学生明晰社会主义现代化建设的重要意义，树立四个自信，理解全面深化改革的必要性，产生爱国主义的情感共鸣。

1. 课前：课程思政引入

通过在学习通发布学习资料和学习任务，引导学生课前自学运输的概念、分类和基本物流运输方式、特点，完成我国运输方式的发展和现状的话题讨论。此环节的思政目标为引导学生产生对我国社会主义现代化建设成果的认同感和自豪感。

2. 课中：课程思政贯穿授课过程

课堂教学中以运输知识认知为主线，以案例、视频资料为载体，通过教师讲解和探究研讨的方式实现教学目标，明晰思政主题。

课堂导入环节：结合电商专业特色，通过阿里巴巴全球采购医疗物资与全球运输的无缝对接支援国内抗疫的时事新闻，导入本节课的教学内容，实现思政目标：①“以人民为中心”的价值观；②增强中国特色社会主义道路自信、理论自信、制度自信、文化自信。

课堂教学环节：以企业案例“中铁快运物流”和航空运输新闻视频为载体，持续推进教学内容的实施，实现并夯实思政目标：①认识社会主义现代化和中华民族伟大复兴总任务；②全面深化改革的必要性。

3. 课末：课程思政总结反思

完成课后训练，反思讨论；结合专业特色和职业发展，发布讨论话题，引导学生思考，深化思政主题；引导学生将油然而生的自豪感和爱国主义共鸣细化落实到课业学习中，落实到自己的言行中。

第二部分　案例描述

运输认知

【思政导入】

抗疫新闻导入：阿里巴巴全球采购的医疗物资陆续集结，源源不断地运回中国。东方航空与阿里巴巴全面合作，在印度尼西亚、韩国、以色列、俄罗斯等 14 个国家形成医疗物资全球采购与全球运输的无缝对接。东航物流表示，将积极调配客机腹舱、全货机等资源，全力支持保障阿里巴巴的海外采购快速、安全地到达中国，支援疫区，最快当日达。以韩国援浙物资为例：菜鸟全球供应链在韩国接货后，装机时间从 8 小时压至 5 小时；东航取消原定装载的其他货物，留出仓位；菜鸟与货站提前交接，跳过中间环节，2 小时内完成清关；提货后菜鸟物流连夜运往指定地点。

教学内容：通过时事新闻，采取交流讨论和教师讲解的方式，分析物流运输的基本含义、运输的功能、运输在现代物流中的作用。

思政内容：在交流中，引导学生认识到党和政府以人民为中心的治国理政方针，在疫情暴发时果断决策，体现了生命权是最大的人权。（“以人民为中心”的价值观）同时引导学生认识到抗疫过程中党和政府政令畅通，全国人民众志成城，以街道和社区为基本单位的疫情管理体现了我国的制度优势和人文精神，坚定“四个自信”，并由此产生民族自豪感和爱国主义的共鸣。（增强中国特色社会主义道路自信、理论自信、制度自信、文化自信）

【思政贯穿】

一、企业案例“中铁快运物流”

中铁快运构建起以铁路运输为主，公路、航空多种运输方式组成的综合运力资源网络，形成铁路高铁动车组快递运输网、铁路行李车行包快运网、铁路特快班列和快速班列干线运输网、公路干支线运输网和航空运输网，凸显网络资源协同优势。

教学内容：学习运输方式种类和运输方式选择的基本原则。通过案例分析，查询高铁线路图，了解我国高铁发展的现状。

思政内容：通过对我国铁路从无到有的发展，从詹天佑修建第一条铁路到如今我国成为铁路线最发达的国家，从虚心学习引进高铁技术到如今我国成为高铁技术输出的主力国家，认识到社会主义现代化建设取得的重要成就和全面深化改革的必要性，产生爱国主义的情感共鸣。（认识社会主义现代化和中华民族伟大复兴总任务，全面深化改革的必要性）

二、视频案例

2020 年 2 月 13 日凌晨，我国空军出动运-20、伊尔-76、运-9 共 3 型 11 架运输机，分别从乌鲁木齐、沈阳、西宁、天津、张家口、成都、重庆 7 地机场起飞，向武汉紧急空运了近 1 000 名军队医疗队员和 74 吨医疗物资。运-20 是我国自主研制的新一代大型运输机，运-20 机身长 47 米，翼展 45 米，高 15 米，最大起飞重量达 220 吨，可在复杂气象条件下执行各种物资和人员的长距离航空运输任务。

教学内容：学习运输设施与设备，通过讨论的方式增进对五类运输方式及其设施设备的了解。

思政内容：通过带领学生回顾我国自主研发运-20、C919 大飞机的过程，了解中国取得的重要成果，再次强化思政目标，使学生认识到社会主义现代化建设取得的重要成就和全面深化改革的必要性，产生民族自豪感和爱国主义的情感共鸣。(认识社会主义现代化和中华民族伟大复兴总任务，全面深化改革的必要性)

三、训练任务

不合理运输及其表现形式，课后反思讨论。

教学内容：布置课后训练任务，完成自测题。

思政内容：发布讨论题，请学生思考：现代化物流运输取得巨大发展的根本原因是什么？作为未来电商物流行业的从业者，我们应该怎么做？

引导学生反思本次课的思政内容，深刻认识到社会主义现代化建设取得的重要成就和全面深化改革的必要性，坚定四个自信，产生爱国主义的情感共鸣，并将情感转化为行动，在学习、生活中有所体现。(“以人民为中心”的价值观，增强中国特色社会主义道路自信、理论自信、制度自信、文化自信，认识社会主义现代化和中华民族伟大复兴总任务，全面深化改革的必要性)

【总结反思】

本次课的思政设计采取课前铺垫、课中夯实、课后反思升华的理念，以“金种子”认识观层面为切入点，展开了①“以人民为中心”的价值观；②增强中国特色社会主义道路自信、理论自信、制度自信、文化自信；③认识社会主义现代化和中华民族伟大复兴总任务；④全面深化改革的必要性四个方面的教育。

课堂实施效果较好，学生容易取得思想共鸣。难点在于使学生取得思想意识的升华，将思想落实于行动并外化为良好的学习态度、课堂纪律、生活习惯。

微生物实用技术：微生物的分离纯化技术

教师信息： 汪洋　**职称：** 助教　**学历：** 硕士研究生
研究方向： 食品微生物技术
授课专业： 食品营养与检测
课程类别： 理实一体化课程
课程性质： 专业群技术基础课

第一部分　设计思路

一、本次设计的课程思政目标

目标 1：增强中国特色社会主义文化自信。
目标 2：弘扬工匠精神中爱岗敬业的职业精神和追求卓越的创新精神。
目标 3：增强保护文物的意识。
目标 4：宣传社会主义生态文明观，增强保护生态环境的意识。
目标 5：增强国家生物安全意识。
目标 6：弘扬严谨认真、实事求是的科学精神。

二、课程思政教学设计内容

1. 课前：课程思政引入

通过课前分组，培养协作共进的团队精神，发布任务清单，让各小组学生查阅相关文献，观看推荐视频，了解北京汉白玉文物的现状，收集修复石质文物的方法。让学生潜移默化地感受我国历史文化的灿烂和悠久，知晓石质文物保护对我们精神文明建设的重要性，增强中国特色社会主义文化自信，增强保护文物的意识。

教师课前批阅各小组提交的课前学习成果，进一步了解学情。

2. 课中：课程思政贯穿授课过程

课上开篇引入部分，展示石质文物的常见病害案例。结合各个小组的学习成果，引发学生讨论如何保护石质文物，指出传统的物理和化学方法修复方法的缺点，引出优势明显的生物修复方法，并立足当地的实际环境，提出本课任务：从土壤中分离纯化得到能够分解尿素的微生物。

从建设美丽中国和建设生态文明的角度，结合实际问题，让学生逐步学会理论联系实际，培养学生分析问题和解决问题的能力，体会科技创新对文化传承的重要作用，思考科技创新对环境保护的重要作用。

在讲解如何从土壤中分离能够分解尿素的微生物的过程中，强调各项操作的规范，同时要强调如何确保样品不受污染，并且通过严谨的态度确保实验结果的准确性，这里体现出科学研究需要有科学精神。讲解实际操作前向学生强调务必要全程规范操作，增强学生的国家生物安全意识。

在课程小结环节，对分离纯化得到能够分解尿素的微生物的主要实验过程进行总结，进一步强调选育出的微生物还需要做进一步的鉴定和检测，通过一系列可靠的实验验证，来判定该菌种是否可以用于石质文物修复，这里体现了把好生物安全关的重要性。鼓励学生认真学习本领，用自己的智慧和汗水，为建设美丽中国而不断奋斗，用所学习的微生物知识造福社会。

3. 课后：课程思政总结反思

在课后布置本课作业，要求学生对课上内容进行回顾和反思，并根据本节课学习的内容进行拓展，要求各个小组学生结合本节课所学习的知识，撰写微生物在文物保护方面的其他应用的综述论文。学生通过完成此项作业，可以进一步增强保护文物的意识，有利于本节课课程思政目标的再落实。

第二部分　案例描述

土壤中分解尿素的微生物的分离纯化技术

【思政导入】

一、展现石质文物的病害实例

主要通过展示四个实例，引出几种常见的石质文物病害类型和成因。

通过观看石质文物修复短视频和师生问答互动，强调石质文物在传承历史文化等方面的重要性，强调保护文物的重要性。

思政元素：增强中国特色社会主义文化自信和树立保护文物的意识。

二、讨论石质文物的传统修复加固方法的优缺点

师生讨论：传统上石质文物主要采用物理或者化学的方法进行修复，传统的物理和化学修复加固方法有什么优缺点呢？

对讨论结果进行总结，并且指出传统修复方法难以解决文物保护的诸多问题，还需要新技术。

思政元素：宣传社会主义生态文明观，增强保护生态环境的意识。

三、简介微生物技术在石质文物保护中的应用

简要介绍微生物诱导碳酸钙沉积技术，微生物诱导碳酸钙沉积技术可以用于石质文物的修复，该技术需要用到能够产生脲酶分解尿素的微生物①。通过对该技术原理的进一步介绍，让学生能够从利用微生物技术的角度，思考如何解决石质文物修复的实际问题。

通过展示该技术的诸多优势，让学生在了解技术原理和优势的同时，感受到解决文物保护难题和保护生态环境也要依靠科技创新。

思政元素：弘扬工匠精神中追求卓越的创新精神。

引出需要筛选出适合当地环境的能够分解尿素的微生物。提出任务：从土壤中分离出能够分解尿素的微生物。

四、前期准备

（1）确定菌种寻找的目标微生物所处的土壤特点。

（2）采样工具的准备。

（3）培养基的确定。

五、菌种的获得与筛选

（1）土壤取样。

（2）土壤样品处理。

---

① 何建宏，郭红仙，谭谦，等．微生物诱导碳酸钙修复汉白玉石梁裂缝试验研究［J］．文物保护与考古科学，2019，31（6）：46-53.

（3）采用稀释涂布法分离土壤中的微生物。

提醒学生注意在实际操作中，要严格遵守无菌操作的操作规范，确保实验结果准确，同时防止微生物造成危害。

（4）菌种进一步的纯化和鉴定。

（5）平板中微生物的处理。教学过程中，通过实例展示，强调规范灭菌的重要性，增强学生的国家生物安全意识。

思政元素：弘扬工匠精神中爱岗敬业的职业精神，增强国家生物安全意识。

六、本课小结

教师总结微生物培养和分离纯化的一般步骤，进一步强调选育出的微生物还需要做进一步的鉴定和检测，通过一系列可靠的实验验证，判定该菌种是否可以用于石质文物保护。通过展示石质材料的修复实例，让学生看到新技术应用的实际效果。

思政元素：弘扬严谨认真、实事求是的科学精神，增强国家生物安全意识。

【总结反思】

本节课通过课前的任务发布，学生能够在查阅文献的过程中，潜移默化地了解我国石质文物的现状和修复方式，并通过比对不同修复方法，找出传统修复方式中不利于保护文物长久保护和环境保护的缺点，让学生意识到使用新方法保护石质文物迫在眉睫，激发学生爱护文物的意识。

进一步结合微生物学的特点解决石质文物保护的问题，让学生意识到科技创新的重要性。

通过分析目标微生物的特点，制定相关的筛选方案。这其中体现了严谨认真，实事求是的科学精神。进一步通过规范的操作演示，让学生在学习的过程中不断加深对规范操作的重视，强化爱岗敬业的职业精神。

本节课在不同的教学环节有机融入课程思政元素，让学生在学习知识和技能的同时，潜移默化地向学生进行思政宣传教育。

大学物理1：火箭飞行原理

教师信息：苏丹　**职称**：讲师　**学历**：博士
研究方向：凝聚态物理
授课专业：机电专业群和电信专业群
课程类别：理论课程
课程性质：公共基础课

第一部分　设计思路

一、本次设计的课程思政目标

通过介绍中国古代及近现代的航天发展史和火箭飞行原理引导学生增强中国特色社会主义的道路自信及文化自信，增强民族凝聚力，提高民族认同感，在课堂教学中潜移默化地培养学生的爱国情怀。

二、课程思政教学设计内容

1. 课前：课程思政引入

提问：我们国家的“神舟”系列飞船是如何飞上太空的？

通过提问引起学生对火箭如何将航天飞行器送上太空的兴趣，引导学生增强中国特色社会主义的道路自信。

2. 课中：课程思政贯穿授课过程

（1）演示中国古代的航天发展史，引导学生了解中国古人的智慧，形成文化自信，提高民族认同感。

（2）通过讲解中国“东方红一号”卫星的研制过程，引导学生学习自力更生、创新的航天精神。

（3）通过讲解中国航天发展大记事，引导学生形成中国特色社会主义的道路自信，增强民族凝聚力。

3. 课末：课程思政总结反思

引导学生总结火箭飞行原理知识点，学习自力更生、创新的航天精神；并且点出能否牢固树立爱国主义情怀，坚持“四个自信”，直接关乎中国特色社会主义事业的生死存亡。

第二部分 案例描述

火箭飞行原理

【思政导入】

一、引入提问

课前问题：中国的“神舟”系列飞船是如何飞上太空的?

通过提问引起学生对火箭如何将航天飞行器送上太空的兴趣。

思政元素：通过讲解“神舟十号”由长征二号F运载火箭发射升空后(见图1)，与“天宫一号”对接，并在“天宫一号”中开展航天医学实验、技术实验及太空授课活动，使学生明白在中国共产党的领导下，我们走中国特色社会主义道路，大力发展航天事业，目前我国已成为世界上第三个拥有空间站的国家；引导学生增强中国特色社会主义的道路自信。(中国特色社会主义道路自信)

图1 “神舟十号”发射

【思政贯穿】

二、介绍中国古代航天发展史

（1）中国对于太空探索的历史最早可以追溯到公元 9 世纪，宋朝率先发明了一批以火药驱动的原始火箭。

（2）在 14 世纪，明朝的“一窝蜂”（如图 2 所示）实行多发齐射，火箭加翼，增加射击密度，迄今仍是提高无控火箭杀伤威力的基本途径。

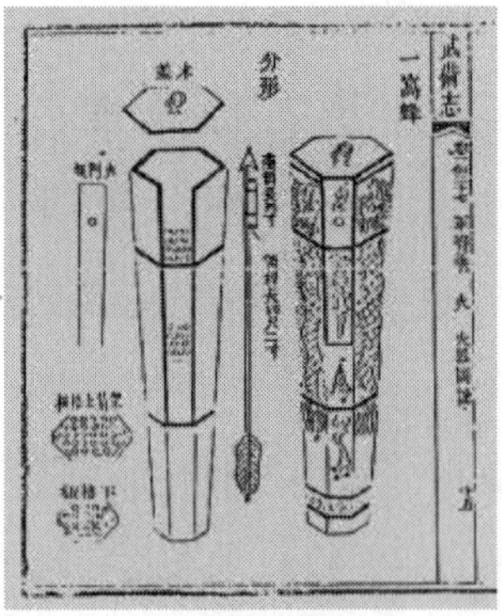

图 2　一窝蜂

（3）《火龙神器阵法》记载了一种名为“火龙出水”的火箭，如图 3 所示，这是最早见于史书记载的多级火箭。

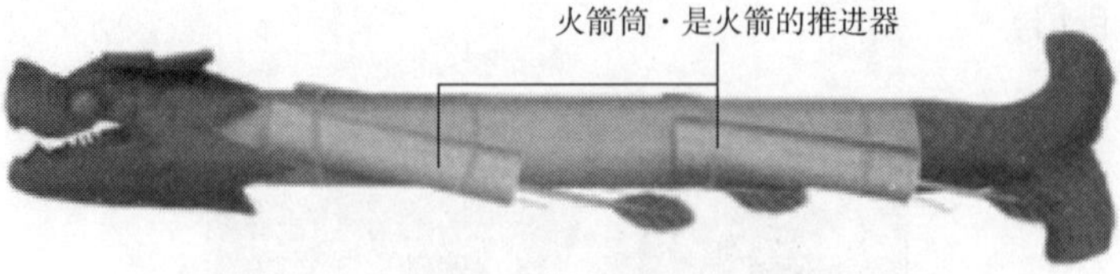

图 3　火龙出水

（4）北宋后期，民间流行能高飞的“流星”（或称“起火”，此名民间依然沿用），已利用火药燃气的反作用力。不迟于 12 世纪中叶，这一技术即已用于军事，出现了最早的军用火箭。

课程思政：演示中国古代航天发展史，引导学生了解中国古人的智慧，形成文化自信。

三、中国近现代的航天发展史

播放《航空六十年》，通过视频中陈士祥、丁恩丰等航天研究员的讲解，第一颗人造卫星“东方红一号”（见图4），在钱学森的带领下，研制过程几乎是从零开始，在没有上过天，不知天上情况，不知道什么是运载，什么是轨道，什么是倾角，缺乏专业队伍，缺乏基础学科支撑，面临国外的技术封锁，没有任何可供借鉴的模板等情况下，我国的科学家让卫星冲破重力，飞上了太空。引导学生学习自力更生、创新的航天精神。

图4 “东方红一号”及制造

在一代一代航天人的努力下，我们有了如表1所示的成就。

表1 航天大事记

时间	航天器	大事记
1970年	“东方红一号”	中国第一颗人造地球卫星发射成功
1999年	“神舟一号”	中国第一艘无人试验飞船
2003年	“神舟五号”	中国成功进行了第一次载人航天飞行，航天员杨利伟乘坐的“神舟五号”飞船升入太空
2007年	“嫦娥一号”	中国第一个月球探测器
2008年	“神舟七号”	中国成为世界上第三个掌握航天员空间出仓技术的国家
2011年	“天宫一号”与“神舟八号”	“天宫一号”与“神舟八号”交会对接成功
2020年	“天问一号”	我国首次火星探测任务“天问一号”探测器升空并在火星着陆

播放中国航天发展史视频《一分钟回顾中国载人飞船研制历程》，如图5所示，引导学生形成中国特色社会主义道路自信，提高认同感。

课程思政：通过讲解和播放中国航天发展史视频，引导学生学习自力更

图 5　一分钟回顾中国载人飞船研制历程

生、创新的航天精神，形成中国特色社会主义道路自信，提高民族凝聚力。

四、火箭飞行原理

这些航天器是由什么送上太空的呢？答案是我国的长征系列火箭。

(1) 对于单节火箭而言，其飞行原理如图 6 所示。

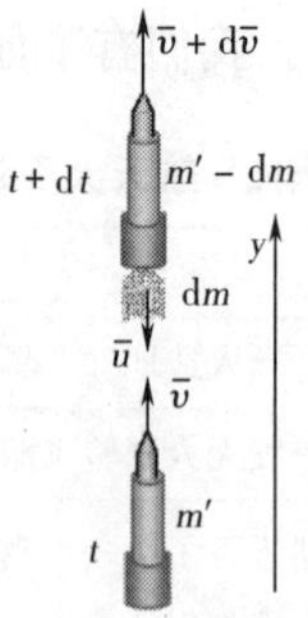

图 6　火箭飞行原理

以地为参考系，时刻 t 系统的动量为

$$p=m'v$$

时刻 $t+\mathrm{d}t$ 系统的动量为

$$p'=(m'-\mathrm{d}m)(v+\mathrm{d}v)+\mathrm{d}m(v+\mathrm{d}v-u)$$

略去重力，系统总动量守恒

$$p=p'$$

$$p=m'v$$

$$p'=(m'-\mathrm{d}m)(v+\mathrm{d}v)+\mathrm{d}m(v+\mathrm{d}v-u)$$

略去二阶微分量 dm、dv，整理得

$$m'\mathrm{d}v - u\mathrm{d}m = 0$$

$$\text{因为} -\mathrm{d}m' = \mathrm{d}m \quad \text{所以}\ \mathrm{d}v = -u\frac{\mathrm{d}m'}{m'}$$

$$\int_{v_0}^{v}\mathrm{d}v = \int_{m'_0}^{m'} -u\frac{\mathrm{d}m'}{m'}$$

得

$$v = v_0 + u\ln\frac{m'_0}{m'} = u\ln N$$

其中质量比

$$N = m'_0/m_0$$

（2）为了提高火箭的速度，通常采用多级火箭，采用如上述同样的原理，可以计算得到其飞行的最终速度为：

$$v_1 = u\ln N_1 v_2 = v_1 + u\ln N_2 v_3 = v_2 + u\ln N_3$$

$$v = \sum_i u\ln N_i = u\ln(N_1 N_2 N_3 \cdots)$$

课程思政：“神舟十一号”由长征二号 F 运载火箭送入太空，运载火箭由多级火箭构成，科学家仍采用火箭飞行原理来计算，不过考虑的因素更多更详细，需要更精准的计算才能安全地把神舟飞船送入太空，在此学习科学家的精益求精的工匠精神。

五、作业

如图 7 所示，假设“神舟十一号”的质量为m_1，速度为v_1，“天宫二号”的质量为m_2，速度为v_2，当“神舟十一号”与“天宫二号”对接后，速度变为多少？

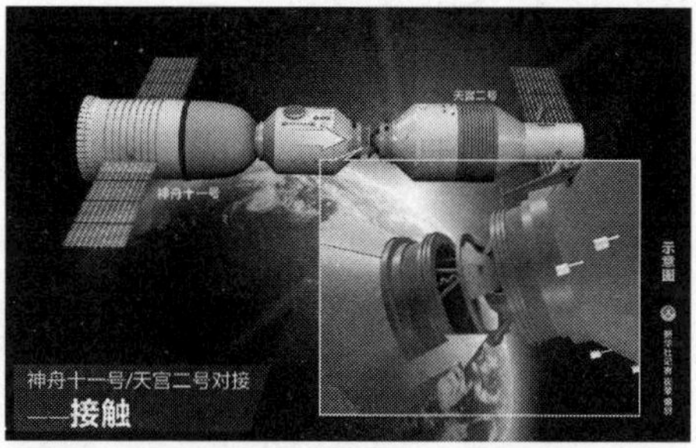

图 7　“神舟十一号”与“天宫二号”对接

【总结反思】

引导学生对这节课进行反思：通过总结火箭飞行原理知识点，引导学生学习自力更生、创新的航天精神；通过近现代航天发展史的总结，点出能否牢固树立爱国主义情怀，坚持“四个自信”，直接关乎中国特色社会主义事业的生死存亡。

教师对这节课的反思。

物理课程在早期就是哲学课程，我们有丰富的课程思政素材，比如，著名的科学家、古今中外成就、辩证唯物思想及物理与生活等，整体设计框架如图 8 所示。

教学内容	挖掘路径				思政元素（具有物理学科特点）
	辩证唯物主义及方法论	中、外物理科学家生平	中国古代、现代重大科技成就	物理与生活	
力学	√	√			· 社会主义核心价值观 · 科学思想 · 科学精神 · 科学方法 · 科学伦理
热学			√	√	
电磁学		√	√		
光学	√			√	
近代物理	√		√		

图 8　大学物理课程思政整体设计框架图

设计的系统化：不同专业类的课程思政侧重点应不同，同一门课程的课程思政不仅仅应该有单元设计，更应该有整体设计，找准关键，突出重点，形成系统。在润物细无声地引导学生学习课程思政的同时给学生形成一个系统的思政引导，同时避免一个思政案例重复讲授。

育人的好助手：课程思政更有利于我们的教学，使“坚硬”的科学知识“柔软”化，更能吸引学生的兴趣。

信号与系统：连续信号的频域分析

教师信息：杨秀清　**职称**：教授　**学历**：本科
研究方向：信号处理
授课专业：电子信息工程技术
课程类别：理实一体化课程
课程性质：职业技术技能课

第一部分　设计思路

一、本次设计的课程思政目标

本次课的思政目标是：不断增强青年学生对中国特色社会主义制度的获得感，深刻领会习近平新时代中国特色社会主义思想的真理魅力和实践品质，坚定中国特色社会主义道路自信、理论自信、制度自信、文化自信，用信仰指引人生方向，锻造过硬本领，把学习作为习惯、追求和责任，一点一滴积累，与时俱进提升。

二、课程思政教学设计内容

1. 课前：课程思政引入

在学习连续周期信号傅里叶级数分解时，教师指出虽然一些科学理论和技术不是中国人研究出来的，但在新中国成立以后，特别是改革开放以来，我国科技进步巨大，我们不仅和世界文明接轨，而且在科学技术方面进行了创新应用和发明，当前，我国科学技术水平在很多方面已经走在世界前列，我们取得了一系列新的历史性成就，为树立制度自信提供了最有力、最直接的证明。

坚持用历史的变化、现实的成就、国际的比较教育学生，不断深化教育内涵，创新教育方式，增强教育效果，从而使学生进一步坚定对中国特色社会主义的制度自信。

2. 课中：课程思政贯穿授课过程

教师在讲解连续周期信号傅里叶级数分解应用过程中，指出我们应用傅里叶理论在信号传输与处理方面取得了成绩，在电子学与通信技术领域取得了技术创新和应用创新成果，达到了世界领先水平。在教学中不断增强青年学生对中国特色社会主义制度的获得感，引导学生坚定“四个自信”，以更加自信的心态、更加宽广的胸怀，广泛参与世界文明对话，大胆借鉴吸收人类文明成果，创新性发展科学技术和先进文化，将爱国之情、强国之志、报国之行融入中国特色社会主义事业、建设社会主义现代化强国、实现中华民族伟大复兴的奋斗之中。

3. 课末：课程思政总结反思

要求学生总结本次课学习的收获，完善学习笔记，进一步思考今后学习中如何以更加自信的心态、宽阔的胸怀，勇于博采众长，大胆借鉴吸收人类文明成果，以自强不息的奋斗精神，提升自己科学文化的学习能力和科技创新创业的实践能力。

第二部分　案例描述

信号傅里叶级数分解与应用

【思政导入】

我们今天学习信号傅里叶级数分解。傅里叶是法国著名数学家、物理学家，他在19世纪出版了专著《热的解析理论》，这部经典著作提出了三角级数（傅里叶级数）、傅里叶分析等理论，将三角级数方法发展成内容丰富的一般理论，成为信号分析处理的重要基础理论，对19世纪分析严格化的进程与后来的数学和物理科学的发展产生了深远影响。

19世纪西欧与北美促成了技术与经济上的进步，各种自然科学学科，如物理、化学、生物学、地质学等皆逐渐成形，西方主要资本主义国家科学技术领域出现了研究、探索和发明的新热潮。19世纪的西方科学研究引发了实用发明的迅速喷发，科学技术飞快地前进。

而同时期的清朝统治者盲目自大，采取闭关锁国的政策，中国和世界的文化交流几近断绝，完全失去了吸收先进文化和科学技术的机会，这时的中国逐渐与世界脱轨，最后落得了近代被动挨打的局面，其根本原因就是清朝统治者缺乏自信。

新中国成立以后，人民当家作主。改革开放以来，我国科技进步巨大，特别是党的十八大以来，中国不仅与世界先进文化和科学技术接轨，而且我国科学技术水平在很多方面已经走到世界前列。我们取得一切成绩和进步的根本原因归结起来就是开辟了中国特色社会主义道路。习近平在建党 95 周年庆祝大会上指出：“当今世界，要说哪个政党、哪个国家、哪个民族能够自信的话，那中国共产党、中华人民共和国、中华民族是最有理由自信的。”坚定中国特色社会主义道路自信、理论自信、制度自信、文化自信，我们就能毫无畏惧面对一切困难和挑战，就能坚定不移开辟新天地、创造新奇迹。

一、连续周期信号傅里叶级数分解

1. 傅里叶原理

任何连续测量的时序或信号，都可以表示为不同频率的正弦波信号的无限叠加。说明任意周期信号 $f(t)$ 可分解为三角级数即进行傅里叶级数分解。

2. 连续周期信号 $f(t)$ 的三角级数表达式

$$f(t)=a_0+\sum_{n=1}^{\infty}(a_n\cos n\,\omega_1 t+b_n\sin n\,\omega_1 t)$$

$$=a_0+\sum_{n=1}^{\infty}A_n\cos(n\,\omega_l t+\varphi_n)$$

举例：对周期矩形波信号 $f(t)$ 进行傅里叶级数分解（如图 1 所示）。

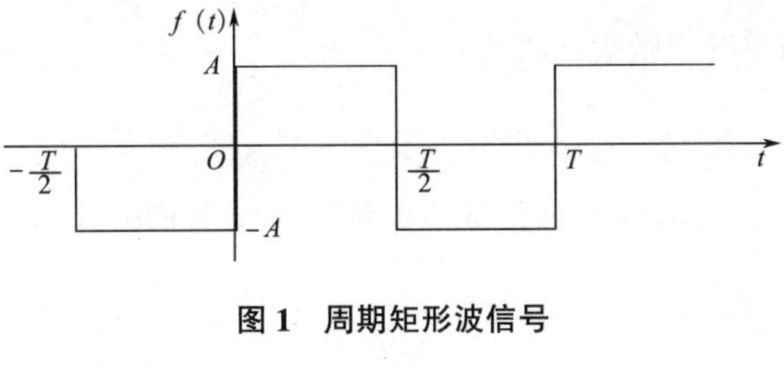

图 1　周期矩形波信号

$f(t)$ 的傅里叶级数表达式为：

$$f(t)=\frac{4A}{\pi}\left(\sin\omega_1 t+\frac{1}{3}\sin 3\omega_1 t+\frac{1}{5}\sin 5\omega_1 t+\cdots\right)。$$

结论：连续周期信号可以分解成一个直流信号和无穷多的正弦交流信号的叠加。其中，与信号周期相同的交流分量称之为信号的基波。其余的正弦交流分量称之为信号的谐波。谐波二字来源于其他信号的交流分量的频率都是基波的整数倍数。在音乐中，频率满足比例关系的曲调会显得非常和谐，所以称之为谐波。

二、连续周期信号傅里叶级数分解的应用

问题与思考：将周期信号分解为傅里叶级数表示，有何物理意义？

通过将周期信号分解为傅里叶级数，原来难以处理的时域信号就被转换成易于分析的频域信号（信号的频谱），就可以利用一些工具对这些频域信号进行处理、加工。最后还可以利用傅里叶反变换将这些频域信号转换成时域信号。

通过问题思考引导学生明白科学知识与技术的应用和创新与科学技术本身同等重要，以自信的心态，大胆借鉴吸收人类文明成果，发扬自强不息的中华民族奋斗精神，提升自己科学文化的学习能力和科技创新创业实践能力。

1. 信号的频谱概念

讲述信号的频谱概念：信号中不同频率分量的幅值、相位与频率的关系函数。

2. 周期信号的频谱图

振幅频谱图：周期信号 $f(t)$ 在分解为三角级数表达式后，若以角频率 ω 为横坐标，以各次谐波的振幅为纵坐标，可以画出周期信号谐波分量的振幅随频率变化的关系图，该图称为信号的振幅频谱图。

举例 1：画出周期矩形波信号 $f(t)$ 周期信号振幅频谱图。

依据周期矩形波信号 $f(t)$ 傅里叶级数表达式引导学生描绘周期信号振幅频谱图。

$f(t)$ 的傅里叶级数表达式为：

$$f(t)=\frac{4A}{\pi}\left(\sin\omega_1 t+\frac{1}{3}\sin 3\omega_1 t+\frac{1}{5}\sin 5\omega_1 t+\cdots\right)$$

画出周期矩形波信号谐波分量的振幅随频率变化的关系图，即振幅频谱图，如图 2 所示。

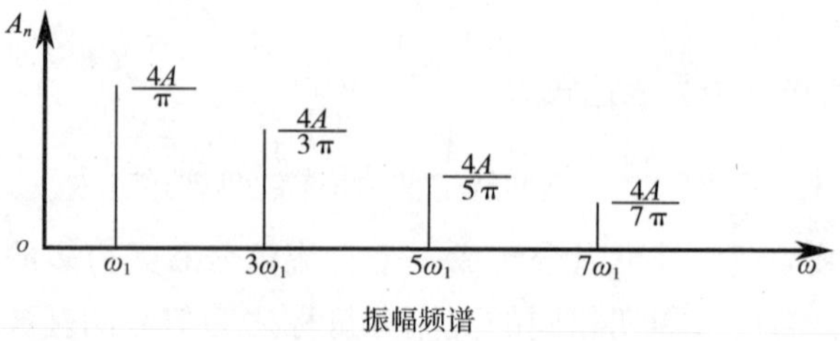

图 2　周期矩形波信号振幅频谱图

相位谱图：周期信号$f(t)$在分解为三角级数表达式后，若以角频率ω为横坐标，周期矩形波信号谐波分量的相位随频率变化的关系图，为信号的相位谱图。

举例2：画出周期矩形波信号$f(t)$周期信号相位谱图。

引导学生以ω为横坐标，画出周期矩形信号谐波分量的相位随频率变化的关系图，如图3所示。

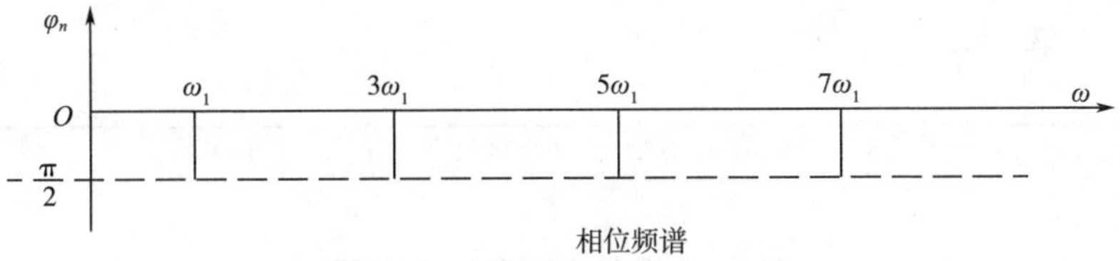

图3 周期矩形波信号相位谱图

【思政贯穿】

教师在讲解周期信号傅里叶级数分解应用过程时，阐明虽然傅里叶理论不是由中国人研究产生的，但改革开放以来，我国在科学技术的应用和创新方面取得了伟大的成绩，甚至在许多方面处于世界领先水平，应用傅里叶理论在信号传输与处理方面取得了成绩，例如，中国的5G技术水平已经走在世界前列，世界移动通信领域的话语权发生了根本性转变，中国替代了一直由欧美国家承担的角色，是世界通信史上的一次伟大变革。我们取得的一切成绩和进步其根本原因归结起来就是：开辟了中国特色社会主义道路，形成了中国特色社会主义理论体系，确立了中国特色社会主义制度，发展了中国特色社会主义文化。引导学生坚定“四个自信”，以更加自信的心态、更加宽广的胸怀，广泛参与世界文明对话，大胆借鉴吸收人类文明成果，博采众长，在此基础上创新运用，形成自己的科学技术和科学理论，创新性发展科学技术和先进文化。

三、利用信号的频谱解决噪声问题

已知条件：无噪声时音频信号时域图和加噪声时音频信号时域图，分别如图4、图5所示。

问题探究：如何去除音频信号中的噪声？

展开课堂讨论，引导学生明白去除噪声需要对信号进行进一步的分

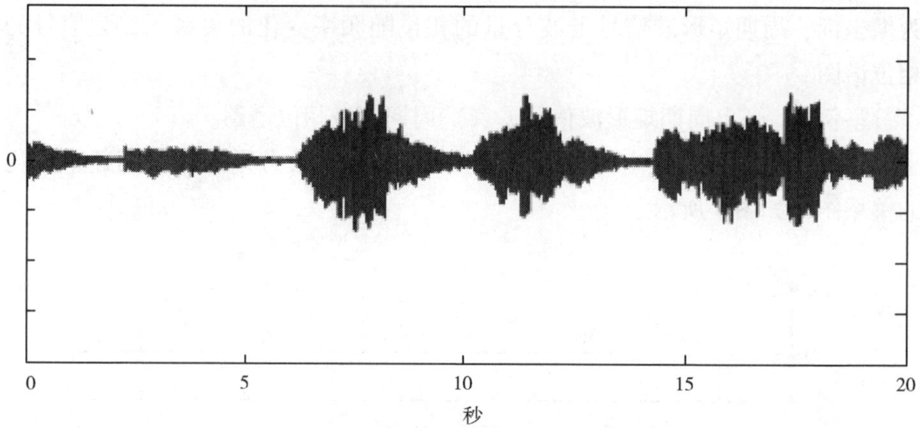

图 4　无噪声时音频信号时域图

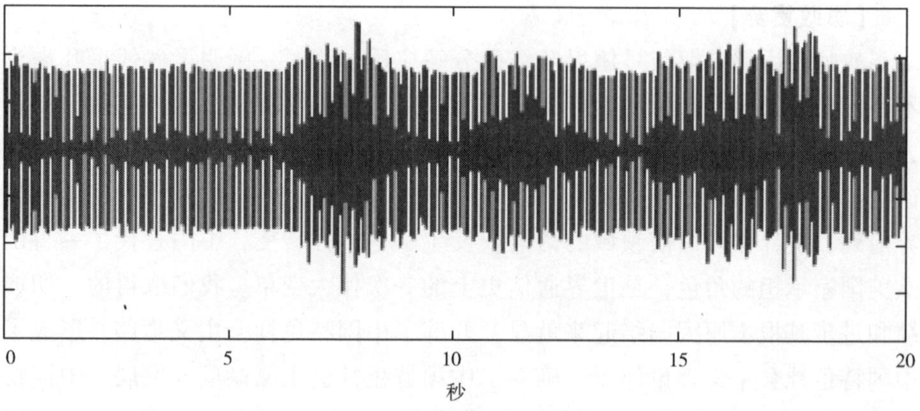

图 5　加噪声时音频信号时域图

析，需要了解信号的振幅频谱图，根据频谱图分析采用合理的滤波器滤出噪声。

在这里应用了上述所学过的知识：信号振幅频谱的概念和意义，引导学生明白科学合理地应用他人研究的科学成果需要有自信的心态、宽广的胸怀，传承“海纳百川，有容乃大”的中华智慧，对别人科学技术成果的创新性发展和应用正是我们对本民族文化充分自信的表现。

解决问题。

第一步：需要测试出无噪声时音频信号的振幅频谱图和加噪声时音频信

号振幅频谱图，分别如图 6、图 7 所示。引导学生分析无噪声时音频信号振幅频谱图与加噪声时音频信号振幅频谱图的不同之处。

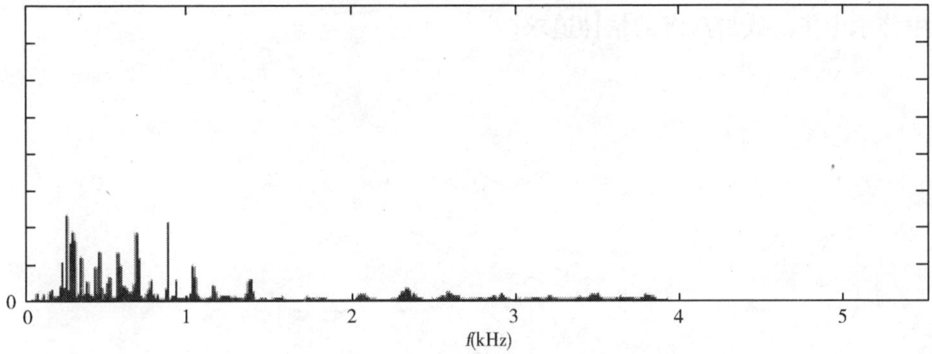

图 6　无噪声时音频信号振幅频谱图

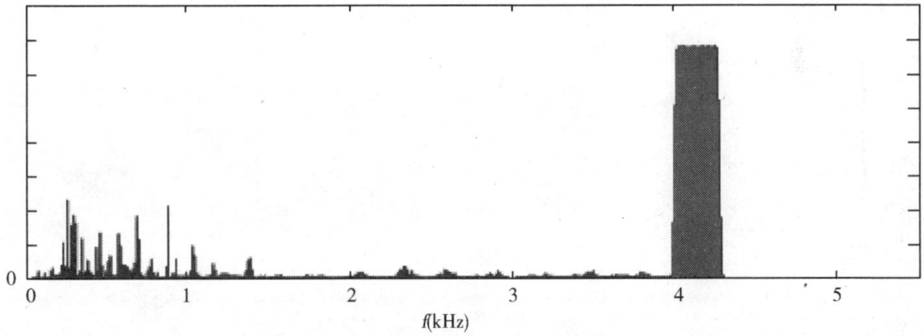

图 7　加噪声时音频信号振幅频谱图

第二步：通过频谱图分析，得出噪声信号的主要频谱范围大于 4kHZ，可通过低通滤波器，设置合理的截止频率，将噪声频率分量滤出，留下音频信号，从而达到信号去噪的处理目的。

【总结反思】

本次课学习了连续周期信号傅里叶级数分解，在此基础上学习了周期信号傅里叶级数分解和信号频谱的关系，最后，通过实例学习了如何利用信号的频谱分析滤出音频信号噪声干扰的问题，要求学生课后根据连续周期信号频谱分析，预习连续非周期信号频谱与傅氏变换的知识内容，引导学生明白我们对已有的科学文化知识的应用和创新，体现了自强不息的奋斗精神和中华民族的智慧；我们拥有宽阔的胸怀，勇于博采众长，这一切源于我们对本民族文化的充分自信。只有对自己的文化有坚定的信心，才能获得坚持坚守的从容，鼓起奋发进取的勇气，焕发创新创造的活力，进而在学习中、实践中传承中华民族最深沉的精神追求。

信息技术基础：字符和汉字的表示

教师信息：芮静敏　**职称**：讲师　**学历**：硕士研究生
研究方向：机械安全技术
授课专业：汽车制造与装配技术
课程类别：公共基础课程
课程性质：必修课程

第一部分　设计思路

一、本次设计的课程思政目标

本次课的思政目标是通过学习计算机中"字符和汉字的表示"增强学生爱国情怀和职业责任感，实现"爱国，敬业"的总体思政目标。爱国、敬业是社会主义核心价值观的重要价值要求，坚持弘扬社会主义核心价值观，才能树立持久的文化自信。

二、课程思政教学设计内容

1. 课前：课程思政引入

课前，学生针对老师提出的三个问题：根据计算机中对数字的编码，思考字符如何表示、汉字的发展、对国家标准的认识，通过网络文献检索等方式总结回答，准备课堂小组汇报。在查询及准备过程中，指导学生分工协作，提高学生协作解决问题的能力，同时体会汉字的博大精深，增强标准意识。

2. 课中：课程思政贯穿授课过程

教师采用问题引入、任务驱动、小组汇报等方式引导学生学习专业课程内容，通过教师穿插讲解、视频学习及实践练习，使学生清楚感受我国悠久历史和深厚文化根基，激发自豪感和爱国情感，同时，培养标准意识和"认真、严谨"的敬业精神。

课程思政设计逻辑框架如图 1 所示。

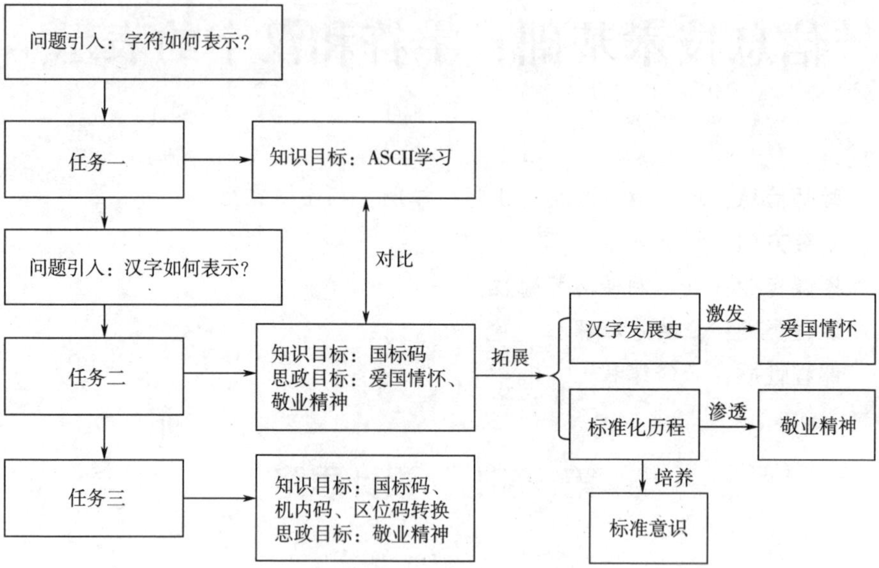

图 1　课程思政目标设计框架

3. 课末：课程思政总结反思

要求学生根据所学，回顾总结思政收获并反思。通过对本次课的学习，增强民族自豪感、激发爱国情怀，并思考如何在今后的学习中进一步提升标准意识，培养和践行“认真、严谨”的敬业精神。

第二部分　案例描述

字符和汉字的表示

【思政导入】

针对课前教师提出的三个问题：字符如何表示、汉字的发展、对国家标准的认识通过网络文献检索等方式梳理答案，指导学生形成总结列表，准备在课堂上汇报。学生在搜集资料形成答案的过程中，体会我国的悠久历史、优秀文化及标准化事业的迅猛发展。

【思政贯穿】

一、问题引入

教师引导：在计算机处理和交换信息的过程中，需要采用二进制或二进制编码的数字化编码形式对信息进行存储、加工和传送。根据已经学过的对数值的表示，结合课前的探索，小组讨论“对字符如何表示”后分组汇报。通过小组讨论、分组汇报的过程培养学生自主探索、总结归纳以及语言表达能力。教师点评后引出任务一：对 ASCII 码的学习。

二、任务驱动

任务一：对美国标准信息交换代码（ASCII 码）的学习。

通过教师导读、学生列举等方式学习 ASCII 码。ASCII 字符代码如图 2 所示。

高四位 / 低四位		ASCII非打印控制字符										ASCII 打印字符												
		0000					0001					0010		0011		0100		0101		0110		0111		
		0					1					2		3		4		5		6		7		
		十进制	字符	ctrl	代码	字符解释	十进制	字符	ctrl	代码	字符解释	十进制	字符	十进制	字符	十进制	字符	十进制	字符	十进制	字符	十进制	字符	ctrl
0000	0	0	BLANK NULL	^@	NUL	空	16	►	^P	DLE	数据链路转意	32		48	0	64	@	80	P	96	`	112	p	
0001	1	1	☺	^A	SOH	头标开始	17	◄	^Q	DC1	设备控制 1	33	!	49	1	65	A	81	Q	97	a	113	q	
0010	2	2	☻	^B	STX	正文开始	18	↕	^R	DC2	设备控制 2	34	"	50	2	66	B	82	R	98	b	114	r	
0011	3	3	♥	^C	ETX	正文结束	19	‼	^S	DC3	设备控制 3	35	#	51	3	67	C	83	S	99	c	115	s	
0100	4	4	♦	^D	EOT	传输结束	20	¶	^T	DC4	设备控制 4	36	$	52	4	68	D	84	T	100	d	116	t	
0101	5	5	♣	^E	ENQ	查询	21	§	^U	NAK	反确认	37	%	53	5	69	E	85	U	101	e	117	u	
0110	6	6	♠	^F	ACK	确认	22	■	^V	SYN	同步空闲	38	&	54	6	70	F	86	V	102	f	118	v	
0111	7	7	●	^G	BEL	震铃	23	↨	^W	ETB	传输块结束	39	'	55	7	71	G	87	W	103	g	119	w	
1000	8	8	◘	^H	BS	退格	24	↑	^X	CAN	取消	40	(	56	8	72	H	88	X	104	h	120	x	
1001	9	9	○	^I	TAB	水平制表符	25	↓	^Y	EM	媒体结束	41	)	57	9	73	I	89	Y	105	i	121	y	
1010	A	10	◙	^J	LF	换行/新行	26	→	^Z	SUB	替换	42	*	58	:	74	J	90	Z	106	j	122	z	
1011	B	11	♂	^K	VT	竖直制表符	27	←	^[	ESC	转意	43	+	59	;	75	K	91	[	107	k	123	{	
1100	C	12	♀	^L	FF	换页/新页	28	∟	^\	FS	文件分隔符	44	,	60	<	76	L	92	\	108	l	124	|	
1101	D	13	♪	^M	CR	回车	29	↔	^]	GS	组分隔符	45	-	61	=	77	M	93	]	109	m	125	}	
1110	E	14	♫	^N	SO	移出	30	▲	^6	RS	记录分隔符	46	.	62	>	78	N	94	^	110	n	126	~	
1111	F	15	☼	^O	SI	移入	31	▼	^-	US	单元分隔符	47	/	63	?	79	O	95	_	111	o	127	△	^Back space

图 2　ASCII 字符代码

SCII 码可以表示 128 种字符，而我国采用汉字作为通信语言文字，汉字数量庞大，对汉字的编码表示远远复杂于 ASCII 码对字符的表示，由此，提出问题“汉字如何表示”进而引出任务二：对 GB2312-80《信息交换用汉字编码字符集》（国标码）的学习。

任务二：对 GB2312-80《信息交换用汉字编码字符集》（国标码）的学习。

首先，小组代表汇报课前教师发布的任务“汉字的发展历史”，同时谈谈认识体会。国标码要对汉字进行编码，涉及汉字的数量，由此拓展对汉字发展史的了解。通过视频学习，认识到汉字博大精深，汉字的发展正是中华文化繁荣的具体体现，目前除了中国在使用汉字和汉语外，越来越多的国家开始学习汉字和汉语，这也是我国文化软实力的体现，由此向学生渗透我国民族文化的强大和包容性，增强学生对我国历史和优秀文化的自豪感，激发学生的爱国情怀。

其次，国标码是学生学习这门课程接触到的第一个国家标准，借此介绍我国标准化的发展历程，帮助学生理解国家标准的由来和要求，培养学生的标准意识。目前我国已经成为国际标准化组织常任理事国，在国家标准化组织核心议事层获得了充分的话语权。通过教师讲解、视频案例及数据，让学生了解我国标准化事业的建设、发展及在国际标准化中的地位和作用，提升学生对社会主义制度优越性的认识，增强自信心，进一步增强爱国情感。同时，标准不断废止和修订的过程，体现了严谨的行业精神和敬业精神，由此教育学生将来在各行各业都要有“认真、严谨、求真、务实”的敬业精神。

最后，在对汉字的发展和标准化有了一定认识后，通过视频和教师讲解学习 GB2312-80《信息交换用汉字编码字符集》，并分组讨论、总结编码方法。

任务三：国标码、机内码及区位码的相互转换

采用讲练结合的方式让学生掌握国标码、机内码及区位码的转换方法。学生通过练习感受到汉字编码的复杂及严谨，由此进一步教育学生在将来学习和工作中要努力践行“认真、严谨”的敬业精神。

【总结反思】

（1）通过对 ASCII 码和国标码的对比学习、对汉字演变发展的了解，学生可感受到我国民族文化的强大和包容性，由此增强对我国悠久历史和深厚文化的自豪感，激发爱国情怀。

（2）通过对国家标准化历程和现状的了解，培养学生的标准意识，提升对社会主义制度优越性的认识，增强自信心，进一步强化爱国情感。同时，了解标准不断废止和修订的过程，帮助学生树立“认真、严谨”的敬业精神。

（3）通过对国标码、机内码及区位码相互转换的学习，学生可感受到汉字编码的复杂和严谨，进一步体会“认真、严谨”的敬业精神。

通过本次课的思政设计，实现让学生掌握ASCII、国标码，国标码、机内码和区位码相互转换的知识目标，也落实了“爱国、敬业”的思政目标。在完成学习任务的过程中，提升学生自主探索、团结协作、语言表达等非专业能力及标准意识。思政元素的融入，更是激发学生对我国悠久历史和传统文化的兴趣，加深对知识点的理解。

下篇

“金扣子”课程思政优秀教学设计案例

商务沟通与礼仪：服饰礼仪

教师信息： 刘新萍　**职称：** 讲师　**学历：** 本科
研究方向： 商务沟通与礼仪
授课专业： 电子商务
课程类别： 理实一体化课程
课程性质： 通用技术课

第一部分　设计思路

一、本次设计的课程思政目标

本案例是“金扣子”课程思政案例，思政设计目标是让学生在学习服饰礼仪的过程中，认识中国优秀的传统服饰文化与社交礼仪的关系，深入理解中国传统艺术文化与传统美德在商务交往中的重要作用，提高审美艺术素养，增强文化自信，提升民族自信，以坚定的文化自信为精神支撑，实现中华民族伟大复兴的中国梦。

二、课程思政教学设计内容

1. 课前：课程思政引入

习近平指出：“坚定中国特色社会主义道路自信、理论自信、制度自信，说到底是要坚定文化自信。”本次课以马云、李嘉诚的着装案例为导入，让学生在学习服饰穿搭基本规则的基础上，深入领会“民族的就是世界的”这句话的含义，加深对于中国传统服饰礼仪文化的认识，从而在商务交往中，通过得体的服饰搭配，提升个人形象，展现民族自信心和自豪感。

2. 课中：课程思政贯穿授课过程

2014 年 10 月 15 日，习近平在文艺工作座谈会上的讲话中指出：“传承中华文化，绝不是简单复古，也不是盲目排外，而是古为今用、洋为中用，辩证取舍、推陈出新，摒弃消极因素，继承积极思想，‘以古人之规矩，开自己之生面’，实现中华文化的创造性转化和创新性发展。”因此，在讲解服饰运用的礼仪要求与技巧时，以“习近平和彭丽媛的‘外交情侣装’”为例，展示中国传统礼服在国际交往正式场合的重要作用，再将英国王妃凯特的礼服造型与彭丽媛的着装进行对比，分析彭丽媛着装风格入选《名利场》全球最佳着装的原因，让学生认识到，只要将中国传统服饰与现代时尚礼仪相结合，并敢于大胆创新，就能在世界各国赢得广泛的尊重，从而提升学生对于中国传统文化的自信心，激发学生的创造力。

3. 课末：课程思政总结反思

要求学生利用本次课上学习到的服饰礼仪知识，结合自身特点进行个人形象设计，鼓励学生借助网络、书籍等工具，进一步了解中国传统的服饰礼仪文化。在此基础上，结合现代职场着装要求，设计具有特色的个人职业形象，激发学生认识真善美、追求真善美、弘扬真善美的创新能力。

第二部分　案例描述

服饰礼仪

【思政导入】

2020 年 9 月 24 日，习近平在教育文化卫生体育领域专家代表座谈会上发表重要讲话，强调要坚定文化自信，推动中华优秀传统文化创造性转化、创新性发展。本次课的学习内容为“服饰礼仪”，我们在了解国际通行的服饰礼仪规则的同时，可以深入思考如何在服饰礼仪中展示中国特色，让中国元素在世界推广，展现中华审美风范。

一、问题引入

在职场中，你真的拼尽全力了吗？

思政元素——职业精神：无论在职场还是商界，要打造自身核心竞争力，学会如何着装至关重要，因为认真的穿着是对人、对事诚意的体现。

二、案例导入

案例 1：马云的着装——从被群嘲到滴水不漏。

案例2：李嘉诚的穿衣经——低调有品。

思政元素——价值观教育、艺术审美：衣着有品位不等于追求名牌，我们要根据自身特点，在服饰穿搭方面体现中华文化精髓，反映中国人的审美追求，传播当代中国价值观念，符合世界进步潮流，展示中国特色、中国风格和中国气派。

【思政贯穿】

三、着装的TPO原则

举例1：衣冠不整不弹琴。

举例2：《泰坦尼克号》片段。

总结：“TPO”原则是指人们的穿着打扮要兼顾时间（time）、地点（place）、场合（occasion），并与之相适应。

案例分析：有位女职员是财税专家，但是在着装方面存在明显问题，使得客户不重视她的服务建议。如何改变着装才能让客户相信她？

四、服饰运用的礼仪要求与技巧

1. 中、西方传统礼服

案例：习近平、彭丽媛的“外交情侣装”。

思政元素——中国优秀传统文化与美德教育：习近平和夫人彭丽媛是中国设计、中国品牌、中国梦在世界舞台最有力的代言人。我们作为传统文化的继承者，有责任和义务为推广中国优秀的传统文化，让其在世界舞台发扬光大贡献自己的力量。

（1）男士礼服

中国：西装、中山装

西方国家：西装、燕尾服

（2）女士礼服

旗袍：【案例】彭丽媛着装风格入选《名利场》全球最佳着装。

晨礼服；

小礼服；

大礼服。

【案例分析】英国王妃凯特与彭丽媛的着装对比。

思政元素——创新教育：“民族的就是世界的”，彭丽媛出席正式场合所穿的中式礼服既蕴含古典美，又充满了时尚感，是中式礼服的创新典范。我们要增强民族自信、文化自信，越是隆重的场合，越要在着装上体现民族特色。在此基础上还要敢于创新，将传统艺术与现代审美相结合，这样才能让中国优秀的传统文化不断发扬光大。

2. 男士西服的着装规范

（1）西装的选择与穿着。

（2）衬衫的选择与穿着。

（3）领带的选择与穿着。

教学示范及学生练习：领带的系法。

3. 女士套裙的着装规范

（1）套裙的类别。

（2）女性职业穿着的禁忌。

五、饰品的选择与佩戴礼仪

1. 鞋帽袜的穿戴礼仪

（1）鞋袜的穿着礼仪。

（2）帽子的选戴。

2. 装饰性饰物的佩戴礼仪

（1）项链的选择与佩戴。首先考虑经济实力，其次考虑自己的体型、脸型、脖子的长度以及衣服的颜色等。

（2）丝巾的选择与佩戴。

教学示范及学生练习：丝巾的系法。

思政元素——价值观教育：饰物的选择要考虑自身条件和经济实力，不盲目跟风，不一味地追求名牌，不攀比，应体现个人端庄大方优雅的气质。

六、服装的色彩与款式造型

1. 服装色彩，各有效应

服装的色彩在传达给人们视觉感受的同时，也表现出着装的个性、情感和意识。

2. 色彩搭配，注意效果

（1）同色搭配法。

（2）相似色搭配法。

（3）主辅色搭配法。

（4）对比色搭配法。

3. 根据肤色，选配色彩

按照肤色深浅及光泽度等，选配适合自己的服装色彩，注意个人的色彩禁忌。

4. 了解原始结构，讲究款式造型

举例：服装的色彩与款式造型。

思政元素——艺术审美：个人形象代表着企业形象。商务场合个人服装的色彩与款式造型要简洁大方、和谐统一，体现鲜明的职业特色和自身审美修养。

课后拓展：

(1) 借助网络、书籍等工具，进一步了解中国传统的服饰礼仪文化。

(2) 练习领带和丝巾的系法，每人至少掌握一种，搭配相应的服饰，结合现代职场着装要求，设计具有特色的个人职业形象，拍照提交作业。

【总结反思】

课程学习的过程是对礼仪规范和审美的训练，学生通过认识中国传统服饰在商务场合的重要作用，能增强大国的文化自信，提升民族自信。课后在设计自我形象的过程中，通过自评与互评，找到优点，发现问题，总结出个人在服饰穿搭方面的心得，激发学生的创造力，树立正确的价值观，塑造良好的职业形象。

互联网商业模式：B2C 平台商业模式

教师信息：刘静　**职称：**副教授　**学历：**硕士研究生
研究方向：电子商务
授课专业：电子商务
课程类别：专业课程
课程性质：专业模块化课

第一部分　设计思路

一、本次设计的课程思政目标

本次设计的思政目标侧重于价值观层面，注重学生社会主义核心价值观的引领，在教学过程中以“金扣子”中中国精神教育之创新教育和理想信念教育之中国梦为主线，辅以“金种子”中“以人民为中心”的价值观和中国特色社会主义道路自信、理论自信、制度自信、文化自信（“五位一体”总体布局与“四个全面”战略布局）等。同时在认识层面，推动习近平新时代中国特色社会主义思想进教材、进教案、进课堂、进师生头脑。

二、课程思政教学设计内容

1. 课前：课程思政引入

引入新时代创新人物马云，进而了解阿里巴巴集团、天猫、淘宝、支付宝等相关内容，树立中国精神教育之创新教育。

2. 课中：课程思政贯穿授课过程

在明晰 B2C 模式含义与 B2C 模式的典型代表企业后，以 B2C 平台商业模式之天猫商业运营为主线，介绍马云、阿里巴巴、淘宝、天猫的关系，天猫的发展历程、商业模式、盈利模式、社会物流、“双十一”、创新发展领域等，渗透中国精神教育之创新教育、理想信念教育之中国梦，以及以“人民为中心”的价值观和中国特色社会主义道路自信、理论自信、制度自信、文化自信。

3. 课末：课程思政总结反思

总结天猫等B2C平台商业模式，“双十一”销售额年年创新高，老百姓的日子好了，消费需求旺盛，人民日益增长的美好生活需要不断体现！中国的高铁、移动支付引领世界！

从新技术在B2C商业模式中的运用、新业态的推陈出新等多方位、多角度树立学生的中国精神教育之创新教育和理想信念教育之中国梦，“以人民为中心”的价值观和中国特色社会主义道路自信、理论自信、制度自信、文化自信等。

第二部分 案例描述

B2C平台商业模式之天猫

【思政导入】

一、时事新闻和创新人物

电子商务在中国发展了20多年，在电商蓬勃发展过程中“创新”处处可见。请学生以小组形式，对电商人物马云进行课前资料查找、整理，探索马云与电子商务B2C商业模式之间的联系。

2018年12月18日，中共中央、国务院授予马云改革先锋称号，称其为“数字经济的创新者”。

思政元素：中国精神教育之创新教育。

二、B2C平台商业模式

1. B2C模式的含义

B2C（business to consumer）即企业与消费者之间的电子商务，是企业和消费者之间通过网络通信手段缔结的商品或服务交易模式。

B2C型电子商务主要应用于商品的零售业，包括面向普通消费者的网上商品销售（网上购物）和网上电子银行业务（存款业务、取款业务和货币兑换业务等）。

思政元素：“以人民为中心”的价值观。

2. B2C 模式的典型代表企业

B2C 电子商务模式按服务主体分为平台型 B2C 和自营型 B2C 两种类型。

平台型 B2C 是指企业提供第三方交易平台，平台起到信誉保证和中间联系人的作用，并不负责销售相关环节，典型的运营代表企业是天猫商城。

自营型 B2C 是指与商品销售相关的各环节由运营商完成，最典型的运营代表企业是京东商城。

思政元素：理想信念教育之中国梦。

【思政贯穿】

三、网上零售传奇——天猫

1. 从淘宝商城到天猫

天猫的发展历程见图 1。

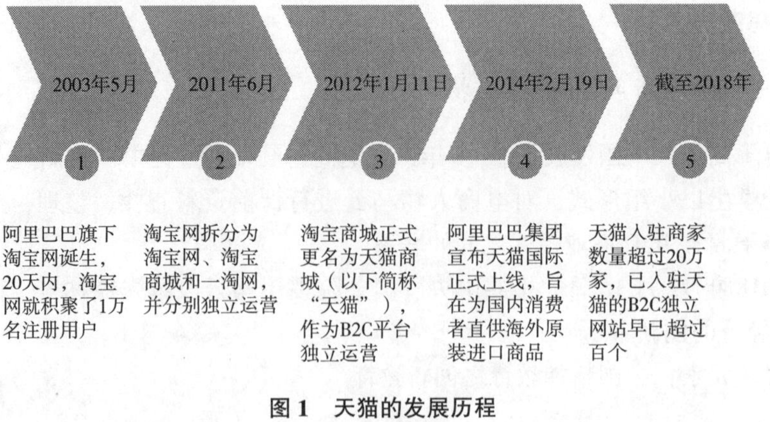

图 1　天猫的发展历程

思政元素：中国精神教育之创新教育。

2. 天猫商业模式创新

（1）天猫 B2C 经营模式。天猫提供网络销售平台，商家（B）入驻平台。按照平台的规则，商家提供产品，服务消费者（C）（见图 2）。

思政元素：中国精神教育之创新教育。

（2）天猫盈利模式。天猫平台上商品品类丰富，服务消费者（C）；消费

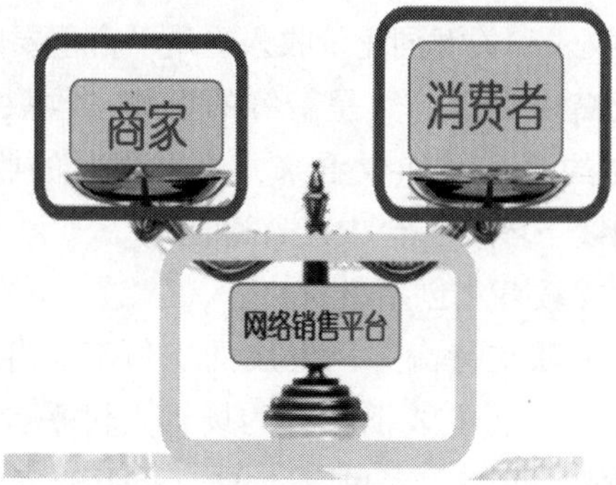

图 2 天猫 B2C 经营模式

者（C）可以通过 PC 端或移动端等方式便捷登录天猫平台，在天猫网络销售平台中为消费者提供琳琅满目的商品，满足人们多样化的生活需求，以及人民对美好生活的需要。天猫平台销售的商品从汽车、计算机到服装服饰、家居用品、珠宝饰品、化妆品、运动户外用品、手机数码、家用电器、家居建材、食品保健、母婴用品，以及文娱用品一应俱全。见图 3。

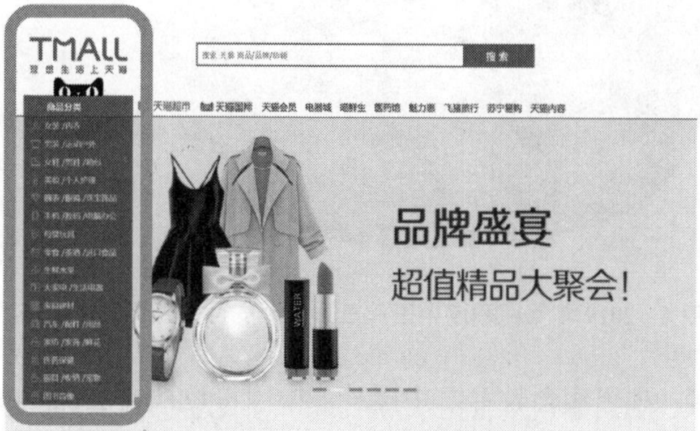

图 3 天猫平台商品品类

思政元素：“以人民为中心”的价值观。

天猫以市场份额和注册用户（B/C）为依托，在向商家（B）收取服务费的同时为商家（B）提供更好的经营条件，为商家提供数据披露、分析、诊断、建议、优化、预测等一站式数据商品服务，如生意参谋。目前，在月成交额 30

万元以上的商家中，有超过90%的商家在使用生意参谋。另外，天猫除了来自服务费的收入外，广告收入和关键词竞价收入也是平台重要的收益来源。

天猫初创时，线上交易市场仍然是新鲜的事物，收取服务费的行为是一个充满创新性、冒险性的举动。如今看来，天猫当时的收费策略是成功的，收费行为目前在线上和线下零售平台中已普遍使用。

思政元素：中国精神教育之创新教育。

支付宝最初是作为一款支持淘宝网发展的支付工具存在的，后来发展为“独立支付平台”，现在成为线上线下融合的场景支付平台。大批网购消费者（C）敢于并且乐于在网上购物；支付宝方便、经济的支付模式促进了企业（B）间交易互联网化。2017年支付宝用户数超过5亿人，移动支付占比超过80%。在互联网支付市场份额方面，支付宝保持领先地位。据相关数据显示，2019年第四季度支付宝以55.1%的市场占有率位列第一。见图4。

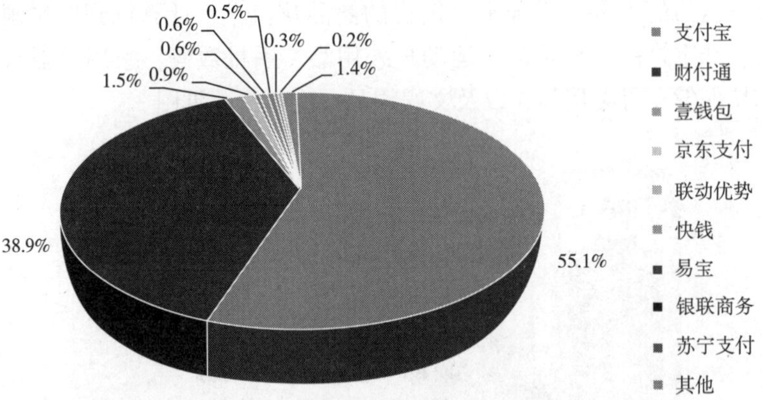

图4　2019年第四季度中国第三方移动支付交易规模市场份额

思政元素：理想信念教育之中国梦；中国特色社会主义道路自信、理论自信、制度自信、文化自信。

（3）天猫社会物流。菜鸟网络成立于2013年5月，由阿里巴巴集团牵头，联合三通一达（申通、圆通、中通、韵达），以及相关金融机构等共同组建，致力于打造社会化物流网络协同平台。快递公司业务量中的50%来自电商物流领域。

思政元素：理想信念教育之中国梦；中国特色社会主义道路自信、理论自信、制度自信、文化自信。

（4）“双十一”购物节。图5为2009—2018年天猫“双十一”成交额情况。

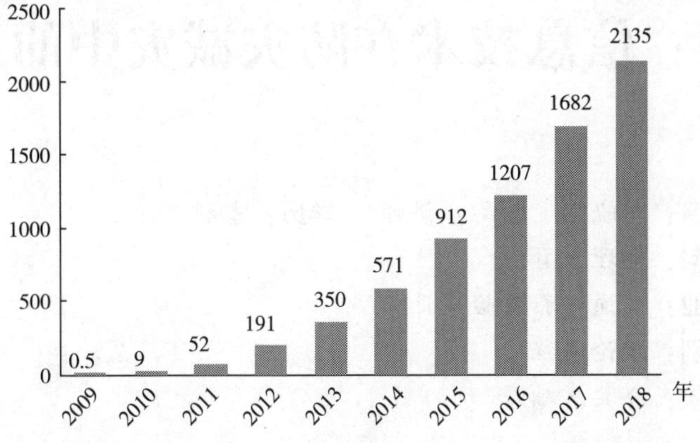

图 5 2009—2018 年天猫“双十一”成交额变化趋势图

思政元素：中国精神教育之创新教育；“以人民为中心”的价值观。

四、创新领域

2016 年马云提出“新零售”的概念，平台、企业进行各种“新零售”尝试，如智慧门店、沉浸式体验等。

思政元素：中国精神教育之创新教育；中国特色社会主义道路自信、理论自信、制度自信、文化自信。

五、助力抗疫

2020 年新冠肺炎疫情期间，天猫商城的网上商城服务不打烊，物流实施非接触配送，为消费者提供所需商品，保障人民生活和社会稳定。

思政元素：“以人民为中心”的价值观；中国特色社会主义道路自信、理论自信、制度自信、文化自信。

【总结反思】

“双十一”销售额年年创新高，老百姓的日子好了，消费需求旺盛，人民日益增长的美好生活需要不断体现！

中国的高铁、移动支付，引领世界！

思政元素：中国精神教育之创新教育；理想信念教育之中国梦；“以人民为中心”的价值观；中国特色社会主义道路自信、理论自信、制度自信、文化自信。

地理：信息技术在防灾减灾中的应用

教师信息：刘晓煜　**职称**：讲师　**学历**：本科
研究方向：地理教育
授课专业：贯通培养实验项目
课程类别：理论课程
课程性质：公共基础课

第一部分　设计思路

一、本次设计的课程思政目标

通过探究有关自然地理问题，结合新冠肺炎疫情，使学生了解地理信息技术的应用，意识到突破技术封锁，发展自主科技、科技兴国、科技强国的意义，增强学习科学、服务社会的信念。在强化人地协调观的基础上，形成关注地方、国家和全球地理问题的意识，认识到科技在服务全球、造福人类中的作用，进一步树立人类利用现代科技战胜灾害的坚定信心。

二、课程思政教学设计内容

本案例是“金扣子”课程思政案例。本节课教学总体上遵循“情境导入—案例分析—归纳总结—拓展应用”的思路展开，课程思政贯穿始终。

1. 课前：课程思政引入

2008年汶川地震发生后，由于交通、通信设施受到破坏，外界难以获知灾区灾情，此时北斗卫星导航系统及北斗用户机在地震救援中发挥了重要作用。北斗用户机是一种什么设备？它通过什么渠道传送灾情？这两个问题的提出除了引出本节课的重要内容外，也是教师引导学生意识到发展自主科技、科技兴国、科技强国重要意义的关键点。

2. 课中：课程思政贯穿授课过程

教师在讲授本节课时，通过探究有关自然地理问题，结合新冠肺炎疫情，使学生了解地理信息技术的应用，一方面增强学生学习科学、服务社会的信念，进一步树立人类战胜灾害的坚定信念；另一方面认识到我国作为人口大国突破技术封锁，发展自主科技、科技兴国、科技强国的意义。

3. 课末：课程思政总结反思

通过学习遥感技术、全球卫星导航系统、地理信息系统在防灾减灾中的应用，培养学生地理实践力，感悟自然环境对人类活动影响的方式、强度和后果，强化人地协调观，同时培养学生课下主动探究自然，注重时事，关注人地关系，关注科技发展的习惯，增强学生在新时代将民族发展、国家振兴视为己任的社会责任感，用科技服务全球，造福人类！

第二部分　案例描述

信息技术在防灾减灾中的应用

【思政导入】

“5・12”汶川地震摧毁了当地的交通、通信设施，地震灾区瞬间成为信息孤岛，外界无法及时得知受灾情况，这使得救援工作无法顺利开展。约 8 小时后，首批武警官兵到达地震重灾区，并使用北斗用户机（学生看教材第 114 页“图 6. 20 北斗用户机”的同时展示图 1）实时传递灾情，这是地震重灾区发出的第一束生命急救电波。

图 1　北斗用户机

学生讨论：北斗用户机是一种什么设备？它通过什么渠道传送灾情？

课程思政融入点一：就像许多灾害救援一样，“5·12”汶川地震救援离不开地理信息技术，对比唐山大地震救援时间点，可以看出现代科技给人类带来的巨大福祉。我们这次课重点介绍三种主要的地理信息技术，其中包括我国自主研发的北斗系统。通过本部分内容，使学生认识到科技的力量，增强学生的自豪感。

【思政贯穿】

一、遥感技术

1. 概念

用通俗的话语讲清楚遥感的概念。

2. 工作环节

利用教材图6.21，采用谈话法讲授卫星遥感技术原理（见图2）。

图2　卫星遥感技术原理

展示教材中的遥感图（教材图6.22、图6.23），探究利用遥感技术如何对台风“菲特”和汶川地震后北川县城的地震灾情进行监测。请学生分析以下问题：

第一，这两张遥感影像图片为什么能够展示较大的空间范围？这两张遥感图片是如何拍摄的？

第二，从这两张遥感影像图片中可以读出哪些信息？通过读出的信息可以知道遥感具有哪些优势？

这组问题将遥感技术的具体应用功能纳入真实的情境，可以加深学生对遥感技术在防灾减灾中工作原理和作用的理解，提升学生的地理实践力。教材中图6.22呈现不同时间点台风“菲特”的遥感影像图片，重在反映遥感的监测功能。遥感技术可以准确获取受台风影响的区域范围信息，为防灾及灾后重建提供决策依据。教材中图6.23的信息更为丰富，通过2008年5月14日四川北川县城的遥感影像图片，可以获得地震后不同地质灾害（滑坡、泥石流）的发生范围、对河流等造成的影响以及对当地生产、生活设施的破坏等多方面的信息。学生可以从时空角度对这些信息进行关联，进而理解遥感技术能为灾害成因分析、抢险救灾提供重要的地理信息支撑。

3. 特点

探测范围大，获取信息速度快、周期短、信息量大，受地面条件限制少，能够实现地物信息的实时、动态监测，如可以实时监测震后地表事物的动态变化。

4. 应用

（1）实时监测洪涝、台风等灾害的形成过程，进行准确预报、预警。

（2）快速识别地震等突发性自然灾害的影响范围，并对灾情统计、灾害救援等工作提供强有力的支持。

（3）遥感除了能够进行自然灾害防御与监测外，在资源普查、环境监测中也能够发挥重大作用。

二、全球卫星导航系统

播放北斗视频。提问：北斗属于什么地理信息技术？有什么作用？

1. 概念

目前全球卫星导航系统（GNSS）主要包括：美国的全球定位系统（GPS）、俄罗斯的全球卫星导航系统（GLONASS）、欧洲的伽利略卫星导航系统（GALLEO）、中国的北斗卫星导航系统（BDS）。（全球卫星导航系统在日常生活中的定位和导航功能与学生的生活联系较为紧密。教师需要强调全球卫星导航系统，特别是我国的北斗卫星导航系统在防灾减灾中的具体作用。）

2. 组成

主要由卫星星座（空间部分）、地面监控系统（地面控制部分）和信号接收系统（用户部分）三部分组成。

3. 特点

能够为用户提供精密的三维坐标、速度和时间，适用于陆地、海洋、航空和航天，具有全球性、全天候、连续性和实时性的特点。

4. 应用

（1）利用安装在手机、汽车、飞机、轮船等上的信号接收设备，可以进行精确定位。

（2）帮助用户在遭遇自然灾害或面临灾害风险时，发出求救信号，及时报告位置和受灾情况，有效缩短救援搜寻时间。

课程思政融入点二：在本部分内容的教学中，教师需要多介绍我国的北斗卫星导航系统，特别是其功能和原理，培养学生对我国技术发展的自豪感和自信心，强化国家认同。

2020年6月23日，我国北斗三号全球卫星导航系统最后一颗组网卫星发射升空。随着卫星顺利进入预定轨道，也正式宣告发射成功。至此，我国北斗卫星导航系统的35颗卫星全部发射入网。很长一段时间，在不少科技领域，中国处于跟跑甚至落后位置，处处被卡脖子、时时要看脸色。考虑到华为目前的处境，在全球化的今天，只有发展自主科技，才能突破技术封锁，科技兴国、科技强国对我国的发展意义重大！一个拥有自主创新能力的国家，才能傲立全球。“两弹一星”、“蛟龙”入海、“神舟”飞天、“嫦娥”奔月、“天眼”探空、“墨子”传信……中国科技在全方位突破，中国创新在奋力赶超。就像前不久珠峰测高，北斗高精度定位设备登上地球之巅，我们要攀登的何止是自然的高峰，更是科技的高峰！“北斗系统已成为中国实施改革开放40年来取得的重要成就之一”。预计2035年前，中国将建设更加广泛、更加融合、更加智能的综合时空体系，更好地服务全球、造福人类。

三、地理信息系统（GIS）

1. 概念

地理信息系统是对地理数据进行输入、处理、存储、管理、查询、分析、输出等的计算机信息系统。

“地理信息系统”是在“遥感技术”“全球卫星导航系统”之后呈现的内容，重点突出与前两者的关系。遥感主要是获取地理信息，全球卫星导航系统主要是空间定位与导航，而地理信息系统是集成平台，主要是存储、分析和处理信息。（读教材图6.25，图6.26，理解地理信息系统的空间查询与分析功能及图层叠加组合的工作原理。）

2. 功能

数据存储采用“分层”技术，即将地图中的不同地理要素存储在不同的“图层”中；将不同的“图层”要素进行重叠，就形成了不同主题的地图。

3. 应用

进行自然灾害动态监测、预报预警，快速确定受灾范围及受灾情况，为制定减灾预案、评估灾害损失和指导灾后重建等提供依据。

课程思政融入点三：（展示近期全球及北京新冠肺炎疫情图）地理信息系统和大数据在抗击疫情中发挥了重要作用。经过2020年这个特殊的年份，今天学生之所以有机会戴着口罩坐在教室里听课，教师戴着口罩站在讲台上讲课，就是因为有国家各级政府部门及时采取的各种有针对性的举措，有以白衣天使为代表的无数的一线英雄在替我们负重前行。当然，疫情期间，我们在家里上网课，尽量不出门，如今我们戴着口罩在教室里各尽师生本分，我们也是抗击疫情大军中的一员。目前从全球情况看，抗击疫情要常态化，学生要养成戴口罩、勤洗手、不聚集的好习惯！

活动：利用地理信息技术判断舟曲泥石流灾害的影响（教材第119页活动）。

课程思政融入点四：通过读图，回答问题，提高读图能力，增强地理实践力，感悟自然环境对人类活动影响的方式、强度和后果，强化人地协调观。

【总结反思】

本次课程小结见图3、图4。

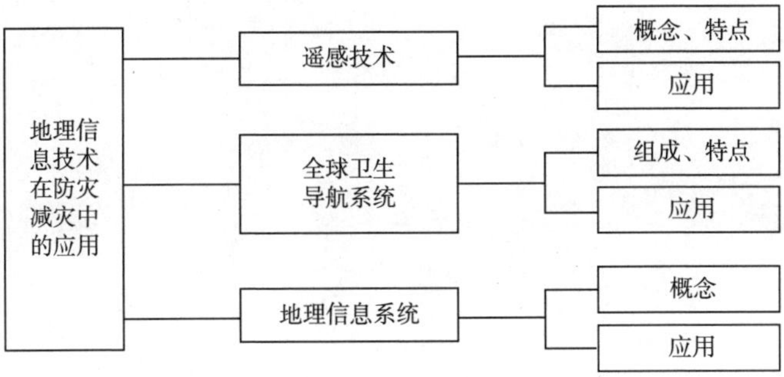

图3 地理信息技术在防灾减灾中的应用

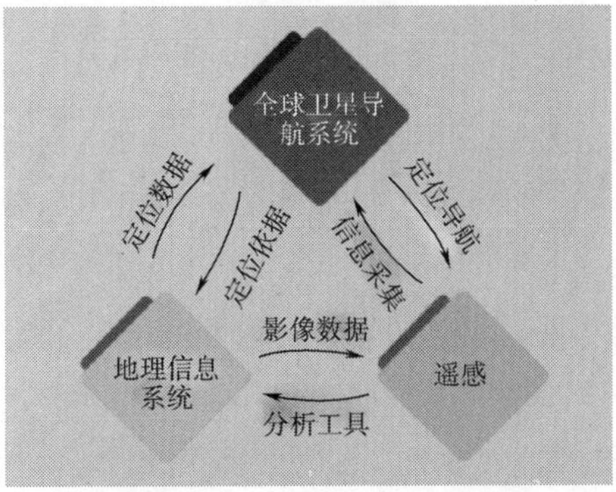

图4 地理信息技术间的区别和联系

通过学习遥感技术、全球卫星导航系统、地理信息系统在防灾减灾中的应用，学生在课下要主动探究生活于其中的这个大自然，养成注重时事、关注人地关系、关注科技发展的习惯。在新时代，学生要将民族发展、国家振兴视为己任，要有意识地增强自己的社会责任感。这个世界是属于你们的，你们要在应该学习的年龄努力学习，提升自己各方面的能力，长大后为社会、为世界、为人类造福。

梦在前方，路在脚下。当我们迷失在钢铁的森林，当我们在荒野中寻找生命的意义，当我们身处险境被孤独包围时，在这个星球的上空始终有“目光”注视着我们，为我们的梦想指引前行的方向，这一刻探索的步伐不再迷茫，所有的梦想都已起航……少年强则中国强，加油吧！少年们！

物流概论：企业物流认知

教师信息：严霄蕙　**职称**：副教授　　**学历**：博士研究生
研究方向：供应链管理、物流管理、运输管理
授课专业：国际商务、电子商务
课程类别：理实一体化课程
课程性质：专业群技术基础课

第一部分　设计思路

一、本次设计的课程思政目标

本次的课程思政属于“金扣子”教学设计，设计目标侧重于价值观层面，注重学生社会主义核心价值观引领，主要内容包括：

(1) 世界观、人生观和价值观教育；

(2) 注重真善美教育，培养学生的工匠精神和企业文化；

(3) 中国精神教育、创新教育。

二、课程思政教学设计内容

1. 课前：课程思政引入

引导案例：青岛啤酒。

思考：青岛啤酒为什么要进行企业物流运作体系优化？

通过问题让学生了解作为世界著名品牌和中国的行业龙头企业非常注重企业文化及公司品牌建设，为学生真善美的养成奠定良好的基础。

2. 课中：课程思政贯穿授课过程

在教学过程中通过对国内外物流企业的对比，强化学生的中国精神，进行爱国教育。

3. 课末：课程思政总结反思

中国的物流尽管起步较晚，但是中国工人具有的大工匠精神不服输，不断

改革创新，目前赶超世界先进，培养学生具有正确的世界观、人生观和价值观。

第二部分 案例描述

企业物流认知——从市场角度看物流

任务提出：

你认为青岛啤酒为什么要进行企业物流运作体系优化，“青岛啤酒模式”可以在哪一类型企业中进行推广？（5 分钟）

【思政导入】

你认为青岛啤酒之所以发展成为世界著名品牌和中国的行业龙头，关键在于什么？

思政元素：诚信、和谐、开放、创新——启发引导、头脑风暴、黑板总结。

通过问题让学生了解作为世界著名品牌和中国的行业龙头企业非常注重企业文化及公司品牌（见图 1），为学生真善美的养成奠定良好的基础，了解企业文化的意义。

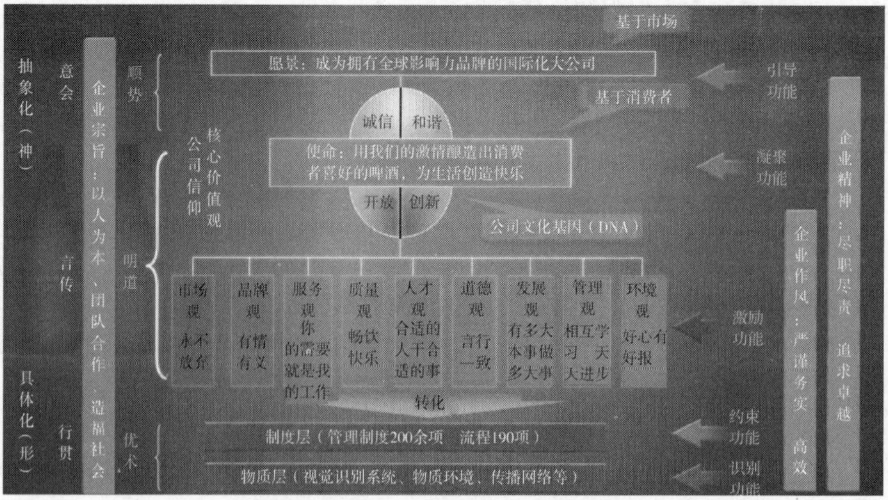

图 1 青岛啤酒企业文化及公司品牌

在讲授专业知识点的同时完成课程思政导入。

一、知识点导入

1. 企业物流的概念

企业物流是货主企业在生产经营活动中所发生的物流活动。

2. 企业物流的发展阶段

见图 2，课件演示、头脑风暴、自己作答。

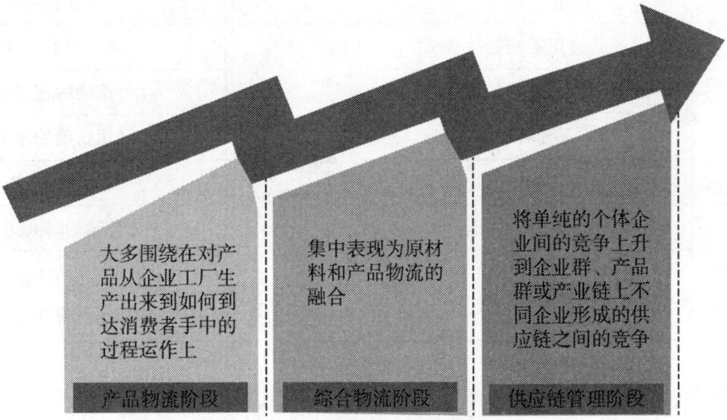

图 2 企业物流的发展阶段

3. 对点案例

太古集团：让供应链精确起来。（案例分析、图片展示、课件展示、头脑风暴）

【思政贯穿】

我们生活中的饮料你最熟悉的是哪一种，是哪个国家的？（启发引导、分析比较）

（举例——中国的知名企业：乐百氏）

乐百氏现有乳酸奶饮料系列、瓶装饮用水系列、功能性饮料等多个系列的优质产品（如 AD 钙奶饮料、健康快车、脉动、纯净水等）。

通过对国内外物流企业的对比，强化学生的中国精神，进行爱国教育。课程思政贯穿授课过程中。

二、新知识的学习

1. 企业物流的特点（课件演示、举例说明、头脑风暴）

（1）实现价值的特点。

（2）主要功能要素的特点。

（3）物流过程的特点。

（4）物流运行的特点。

2. 企业物流与社会物流比较（提出问题、启发引导、独立思考）

见表1。

表1　企业物流与社会物流比较

	企业物流		社会物流
物料空间和时间的变动	将正确的物品	流通成本和服务水平	将正确的产品
	以正确的数量		正确的数量
	正确的顺序		利用正确的条件
	正确的取向		以恰当的成本
	在正确的时间送到		在正确的时间送到
	正确的位置		正确的地点 正确的客户

3. 企业物流的主要环节（图片展示、环节讲解）

针对每个环节（见图3）给出情境资料，提出问题，引导学生做出回答，教师进行提炼概括。

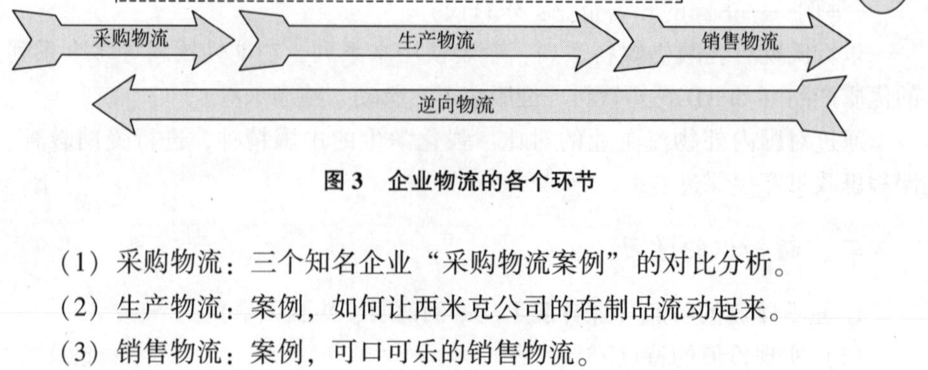

图3　企业物流的各个环节

（1）采购物流：三个知名企业“采购物流案例”的对比分析。

（2）生产物流：案例，如何让西米克公司的在制品流动起来。

（3）销售物流：案例，可口可乐的销售物流。

（4）逆向物流：宝钢变废为宝。

1 吨普通废钢相当于 3～4 吨铁矿石、1～1.5 吨焦炭，可见废钢的回收相当重要，而废钢物流是废钢回收中的关键。

废钢逆向物流属于重新制造和回收的逆向物流，做好逆向物流，可以节约大量的成本。

【总结反思】

物流时刻伴随在我们的身边，中国的物流尽管起步较晚，但是中国工人具有的大工匠精神，不服输，不断改革创新，目前赶超世界先进，我们具有正确的世界观、人生观和价值观，将所学应用于生活，让逆向物流使我们的生活环境变得更加美好。（在汇总知识点的同时完成课程思政反思）

大学英语 3：A True Friend（Listening）

教师信息：仇小萌　**职称**：讲师　**学历**：硕士研究生
研究方向：英语教学
授课专业：英语
课程类别：公共基础课程
课程性质：必修课程

第一部分　设计思路

一、本次设计的课程思政目标

（1）帮助学生了解友谊的内涵，进行社会主义道德教育，引导学生将友情和家国情怀联系起来，树立集体主义精神。

（2）鼓励学生积极参与学校和社区的志愿活动，在集体活动中相互学习、共同成长，树立为祖国奉献一生的远大志向。

二、课程思政教学设计内容

1. 课前：课程思政引入

向学生展示一些关于革命友谊的红色电影海报，如《闪闪的红星》《长征》等，引导学生展开讨论：

（1）电影《长征》中红军战士为什么能克服千难万险，取得长征的伟大胜利？

（2）电影《闪闪的红星》中，主人公潘冬子如何成长为一名思想上进、英勇无畏的少年英雄？

（3）真正的朋友需要有哪些品质？

（4）维护一段友谊需要做什么？

学生通过讨论，能够总结出友谊的真谛，即忠诚于党和国家、相互信任、互相帮助、共同进步等。

2. 课中：课程思政贯穿授课始终

（1）在讲授课文的过程中，引入社会主义核心价值观，借助退伍士兵和爱犬的友情故事引导学生积极思考真正的朋友所具备的品质，如忠诚、友善、充满正能量等。

（2）鼓励学生思考如何维护一段友谊，用英语讲述自己和朋友共同完成的一件事。

（3）让学生制订一个和朋友共同完成的志愿者活动计划，如参加防疫宣传和垃圾分类宣传工作等。

3. 课末：课程思政总结反思

学生了解到真正的友谊建立在对党、国家和民族的奉献情怀之上，维护一段持久的友谊不仅需要相互帮助、信任，更重要的是要有共同的理想和目标。只有将个人的友谊融入对祖国和人民的奉献之中，才有真正和永恒的意义。

第二部分 案例描述

A True Friend（Listening）

一、Warm-up（爱国主义，集体主义精神）

【思政导入】

1. Look at the five pictures from movies and answer the following questions

（1）Why could the soldiers overcome the difficulties and achieve the victory in *Long March*?

（2）In movie *Sparkling Red Star*, how did the protagonist turn into a loyal and courageous hero from an illiterate peasant?

2. Have a discussion on the qualities required for a true friend based on the movies

loyal, helpful, kind…

二、Presentation

【思政贯穿】

社会主义道德教育，忠于党、忠于国家和人民。

图 1

1. Let students learn some key words and expressions used for describing friendship

Friends
get on with sb. 与某人相处融洽
stand by someone 支持某人
stick up for someone 为某人辩护

Enemies
fall out with someone 与某人吵架
let someone down 让某人失望
tell on someone 告发某人

Finish the related exercises:

(1) let your friends down

a. hit　　b. disappoint

(2) get on well with

a. argue a lot　　b. have a good relationship

(3) stick up for your friend

a. support　　b. laugh at friend

(4) tell on your friend

a. talk to　　b. tell someone that your friend did something wrong

(5) stand by your friend

a. don't speak to　　b. be loyal

(6) fall out with your friend

a. stop being friend　　b. have a physical fight

2. Listening

(1) Listen to the passage and match the phrases with the pictures.

a. a man fighting in a war

b. someone coming out of a train station

c. someone patting a dog on the head

d. a dog barking

图 2

(2) Read the passage and have a discussion on the questions below.

a. Is dog Shep the real friend of the soldier?

b. What kind of qualities did Shep possess for being a true friend?

c. Could you list other qualities necessary for maintaining a friendship?

Ask the students to consider the qualities that the soldier and his dog both have for maintaining their friendship.

Loyalty is the basis, followed by trust and mutual help.

The soldier's loyalty was embodied in his fight for the country and his longing for the dog.

The dog's loyalty was reflected in its rescuing the master's life.

Therefore, a loyal friend must be a man loyal to his country at first.

3. Speaking

【思政反思】

树立为国家奉献的远大志向。

Divide the students into small group and ask each group to give a description of the work you and your friend finished together.

图 3

Shed light on the important role that doing something together and contributing to society play in maintaining our friendship.

三、Homework

（1）Finish the related exercises on workbook.

（2）Work out a plan to participate in volunteering work with your friend.

基础语文：百家争鸣

教师信息：杜鹃　**职称：**副教授　**学历：**本科
研究方向：语文教学
授课专业：贯通培养试验项目
课程类别：理论课程
课程性质：公共基础课

第一部分　设计思路

一、本次设计的课程思政目标

（1）引导学生通过分析《老子》第六十四章的思想内涵，理解老子思辨性的论说，感受先秦时期百家争鸣的盛况，自觉增强文化自信，弘扬中华优秀传统文化。

（2）引导学生通过朗诵和背诵，感受文化经典中蕴含的丰富的中国传统文化，激发对祖国语言文字的热爱之情，进而继承中国优秀传统文化。

二、课程思政教学设计内容

本案例是“金扣子”课程思政案例，将课程思政融入点与教学过程进行了一体化设计，穿插在教学环节中，贯穿整个教学过程，使课程思政教学时长有机融入整体教学时长。

1. 课前：课程思政引入

通过回顾复习老子的文学常识和前三章的主要内容，加深对道家以辩证思维揭示普遍存在于自然、社会的矛盾对立转化的规律，进而引导学生认识到道家与诸子百家一样，关注国家、民生、社会的诸多问题，为那个“礼崩乐坏”的时代提出自己的解决方案，从而对中国传统文化的形成和发展产生了重大影响。

2. 课中：课程思政贯穿授课过程

结合第六十四章的内容，在理解内容大意的基础上，从 5 个讨论话题入手，引导学生思考；结合古今事例，理解本章中所蕴含的防微杜渐、未雨绸缪、如始等处事治国之道，使学生理解老子所说的“无为”并非无所作为，而是要顺势而为，绝不可有不顾客观规律的妄为，要遵循万物之“道”，进而理解道家的思想核心，即“道”。

3. 课末：课程思政总结反思

通过共读习近平 2018 年新年贺词，明确其中所引用的《老子》第六十四章中的“九层之台，起于累土”一句，目的在于让学生感受到老子的智慧和语言仍然“活”在当下，激发学生对中国传统文化的认同感，热爱祖国的语言文字，自觉继承和发扬中华优秀传统文化。

第二部分　案例描述

《老子》四章

一、导入教学环节

首先，通过抢答，回顾复习老子及其主要思想。点出老子思想中的“道”是一个非常重要的哲学观念，是永恒存在的天地万物之源，运动不息而对立转化的规律和法则，是老子思想的根基所在。

其次，学生大声诵读并回顾《老子》第十一章、第二十四章、第三十三章的内容，并引出第六十四章的学习。

【思政贯穿】

“金扣子”中中国精神教育（中华优秀传统文化与美德教育）。

教师小结点评：同学们，我们通过回顾与复习，明确了第十一章中“有”“无”的依存与转化，第二十四章教人贵柔、谦退的修身原则，第三十三章告诉我们要审视自己，坚定自己，克制自己，并且矢志力行，才能进一步地开展精神生命与思想生命。而这些智慧都生发于老子“道”的思想，即道是世界万物生成的本原，只有顺应万事万物发展的规律，才能达到天人和谐的状态。这正是老子为那个“礼崩乐坏”的春秋战国时代所提出的解决方案，来自他对于国家、社会、民生、个体深刻的洞察，反映了他的社会良知与理论勇气，对后世产生了深远影响。我们将继续学习第六十四章，看看老子还会给我们带来哪些新的启迪。

二、研读《老子》第六十四章教学环节

原文：其安易持，其未兆易谋，其脆易泮（pàn），其微易散。为之于未有，治之于未乱。合抱之木，生于毫末；九层之台，起于累（léi）土；千里之行，始于足下。为者败之，执者失之。是以圣人无为，故无败；无执，故无失。民之从事，常于几（jī）成而败之。慎终如始，则无败事。是以圣人欲不欲，不贵难得之货，学不学，复众人之所过，以辅万物之自然而不敢为。

1. 朗读第六十四章

（1）教师示范朗读。

（2）学生诵读、学生自由诵读、指名学生朗读并点评。

（3）集体朗读。

2. 释义与翻译

（1）教师讲解释义。

其脆易泮：事物脆弱的时候容易分离。泮同“判”，分离。

其微易散：事物细微的时候容易散失。

为之于未有：在事情未发生的时候就做。

毫末：比喻极其细微的事物。

累土：一筐土。累同“蔂”，土筐。

为者败之：为，做。动手去做的就会坏事。

执者失之：有所把持的就会失去。

无为：指顺应自然，不求有所作为。

（2）学生翻译。

（3）参考译文（课件演示，此处略）。

3. 讨论解读

为了便于学生理解，将本章大致分为五个层次，每个层次设置一个讨论话题。

（1）学生讨论：学生根据 5 个话题进行自学讨论，解惑或存疑。

（2）师生讨论。

讨论话题 1：根据第一层的含义，试用成语加以概括。

讨论小结：第一层的含义是治事者要善于把握先兆、抓住苗头，因为凡

事在初始阶段都便于控制、利于解决。可以概括为“防微杜渐”“防患未然”“未雨绸缪”等成语。

讨论话题2：分析第二层的含义，并说说它的意思。

讨论小结：第二层举了三个现象，说明“大”是由“小”发展起来的，“高”是从“低”积累起来的，“长”是从“短”变化来的，因此要实现远大、宏伟的目标，必须重视细微之处。

教师引导学生结合我国抗击疫情的过程来理解前两层的深刻含义。

【思政贯穿】

“金扣子”中中国精神教育（中华优秀传统文化与美德教育）。

小结：我国在2020年疫情防控中对武汉实行了“封城”的举措，举全国之力，在较短的时间内遏制了疫情的进一步扩散；我们严格落实早发现、早报告、早隔离、早治疗要求，做好疫情监测、排查、预警等工作，依据疫情发展形势，适时调整防控策略，全面遏制了疫情的发展，这些都是善于把握先兆、未雨绸缪思维的体现。我们之所以取得今天的好形势，正是防微杜渐，一点一点积累而成的，只有这样才能使“危”转化为“机”，最大限度地保护人民生命安全和身体健康，这些都融入了抗疫精神，融入了中国精神之中。

讨论话题3：理解第三层的含义，如何理解“无为”的含义？

讨论小结：这一章老子所讲的重点恰恰是“为”，而且要早“为”，要“为”于事物的萌芽状态，要有预见、有提前地“为”，而且要“为”到底，不但慎始而且慎终。但老子的“为”是以“无为”为前提、为基础、为主心骨的，是说在“为”时更要想着“无为”的道理。

讨论话题4：举例说明第四层的含义。

讨论小结：第四层重在阐释百姓做事经常功败垂成的原因，强调必须从始至终保持谨慎，越到收官结尾处越要小心。

观看“2016年里约奥运会女排四分之一决赛——中国对巴西”的视频，分析“女排精神”。

【思政贯穿】

“金扣子”中中国精神教育（中华优秀传统文化与美德教育）。

小结：远大的事情必须有毅力和耐心，一点一滴去完成，心意稍有松懈，常会功亏一篑。此战堪称中国女排里约奥运征途的转折点，女排在里约奥运会小组赛中状态不佳，让外界对它在淘汰赛的前景感到担忧，但女排姑娘们始终没有放弃，想尽一切办法力拼对手，终于在一场实力、意志与智慧的较量中，苦战5局，战胜了强大的东道主巴西队。经过这场比赛的“洗礼”，年轻队员迅速成长，逐渐从低迷状态中走出来，为半决赛和决赛的胜利奠定了坚实的基础。这种始终如一、慎终如始的韧劲和拼劲正是女排精神的特质之一。

讨论话题5：圣人为什么要“欲不欲”“学不学”？

讨论小结：老子重申诸如上述这些处事有为是在“以辅万物之自然而不敢为”的前提下的处事有为。世人不知物之自然，总认为非为就不能成功，非执就不能持有，从而导致“有为”过分。

教师总结：任何事物都有形成的过程，萌芽生成大树，累土筑就高台，跬步积累千里。凡事只要事先谋划，有所准备，慎重对待，有始有终，就可以战胜困难。但这些都以追求“万物之自然”，即追求“道”的境界为根本，一切才会自然。

4. 总结归纳

（1）师生共读：在展望未来发展的美好蓝图时，习近平在2018年新年贺词中说，“九层之台，起于累土”，必须一步一个脚印干好工作。

（2）总结归纳。老子生活在春秋战国时期，与诸子百家一样，关注的都是天下、国家、社会、民生的诸多现实问题。《老子》表述含蓄隐讳，正言若反，以辩证思维解释了普遍存在于自然、社会、人事中对立的矛盾转化规律，他提出了道的哲学观念，阐发慈爱贵柔、俭啬收敛、谦下不争，主张无为而治，以达到贵生为我、韬晦自保、顺应自然的目的，建立了自己独特的道家理论体系。他的思想、智慧和语言仍然“活”在当下，成为中国人思想的重要组成部分，成为祖国语言文字的语料库，成为中国精神这棵大树的根基之一。

【思政贯穿】

“金扣子”中中国精神教育（中华优秀传统文化与美德教育）。

5. 学生背诵第六十四章

略。

【总结反思】

通过本课的学习，学生不仅要理解《老子》四章的思想内涵，还要有意识地进行古今对照，联系新时代，结合现实理解老子思想的当代价值，进而理解先秦诸子思想的魅力。学生在朗读背诵文化经典的同时，思考其思想学说对立德树人、修身养性的现实意义，从而提升对中华文化的认同感、自豪感，增强文化自信。

大学英语 3：Unit2　Eureka!

教师姓名：高岩　**职称：**讲师　**学历：**本科
研究方向：英语教学
授课专业：电子商务
课程类别：公共基础课程
课程性质：必修课

第一部分　设计思路

一、本次设计的课程思政目标

本次设计的课程思政目标是让学生深入了解中国对世界货币发展史的贡献，增强民族自豪感，对中国货币未来发展有自己的判断，增强文化自信，同时反思现状，找出当前人民币与“世界货币”的差距，激发其为人民币早日成为“世界货币”贡献力量。

二、课程思政教学设计内容

1. 课前：课程思政引入

从观看中国对世界货币发展史贡献的介绍短片引入，启发学生思考世界货币发展史可简要分为哪几个阶段，每个阶段中国有哪些贡献，指出中华优秀传统文化为推动人类文明的进步和发展做出了不可磨灭的历史贡献，使学生增强民族自豪感和文化自信。

2. 课中：课程思政贯穿授课过程

（1）小组活动 1——每组介绍世界货币发展史某一阶段中国的贡献，制作 PPT，配好解说词并在班上展示、解说。

课程思政：使学生在课文基础上深度挖掘世界货币发展史特定阶段中国的贡献，进一步增强民族自豪感和文化自信。

(2) 小组活动2——绘制未来中国货币图案，配好介绍词并在班上展示、介绍。

课程思政：引导学生展望未来中国货币的特点，启发学生思考未来货币发展趋势及如何提升中国货币的世界地位。

(3) 两人活动——讨论并草拟课后作文《人民币：我想对你说……》(*RMB*: *This is what I want to tell you*…) 的提纲；课程思政：启发学生思考当前人民币与世界货币的差距以及如何推动人民币早日成为真正意义上的世界货币，激发学生为助推人民币成为世界货币贡献自己的才智和力量。

3. 课末：课程思政总结反思

作为全课总结的点睛之笔，引用习近平讲话要点，概括中华优秀传统文化在货币发展史这一独特视角下的体现，回顾历史、直面现实、展望未来，号召学生为推动人民币早日成为世界货币贡献自己的力量。

第二部分 案例描述

Unit2 Eureka!

【思政导入】

习近平指出：“中华民族具有5000多年连绵不断的文明历史，创造了博大精深的中华文化，为人类文明进步做出了不可磨灭的贡献。”“文化自信是一个国家、一个民族发展中更基本、更深沉、更持久的力量。”

导入语：In the world monetary history, China has contributed a great deal at every stage. Do you know how many stages are there? And what specific contributions has China made at each stage? Let's find out by watching the following video. (在世界货币发展史上，中国在每一阶段都贡献良多。你知道分几个阶段吗？每个阶段中国有哪些贡献？看下面的视频并回答这些问题。)

一、看视频

要求学生观看视频，关注世界货币发展史分几个阶段及各阶段中国的贡献。

【思政贯穿】

习近平指出：“宣传阐释中国特色，要讲清楚每个国家和民族的历史传统、文化积淀、基本国情不同，其发展道路必然有着自己的特色；讲清楚中华文化积淀着中华民族最深沉的精神追求，是中华民族生生不息、发展壮大的丰厚滋养；讲清楚中华优秀传统文化是中华民族的突出优势，是我们最深厚的文化软实力；讲清楚中国特色社会主义植根于中华文化沃土、反映中国人民意愿、适应中国和时代发展进步要求，有着深厚历史渊源和广泛现实基础。”

二、小组活动 1

目的 1：使学生在课文基础上深度挖掘世界货币发展史特定阶段中国的贡献，提升阅读效率并强化信息检索能力，锻炼与他人讨论及向他人介绍的口语表达能力。

任务 1：每组选定世界货币发展史某一特定阶段，结合课文及查找资料，制作介绍该阶段中国贡献的 PPT 及解说词。

要求 1：解说词用到下列语言点。

（1）构词法：v. = n. + -ise；adj. =n. +ic/ical；

（2）句型：use sth. to pay for sth. / in the form of / originate in；

（3）体现中国文化特色；

（4）观点突出，论据有说服力。

任务 2：以小组为单位汇报，用拟好的解说词讲解 PPT。

要求 2：提出以下要求。

（1）展示者与观众有眼神交流；

（2）仪态得体大方；

（3）用眼神鼓励听众与教师互动；

（4）回答教师提问。

三、小组活动 2

目的 2：引导学生展望未来中国货币的特点，启发学生思考未来货币发展的趋势及如何提升中国货币的世界地位。

任务 3：绘制未来的中国货币图案并附介绍词。

要求 3：提出以下要求。

（1）用到任务 1 中列举的语言点；

（2）语句意思表达完整、连贯；

（3）体现对中国货币发展趋势的预测；

（4）体现中国文化特色。

任务4：以小组为单位汇报，用拟好的介绍词展望中国货币未来发展走向。

要求4：同任务2。

四、两人活动

目的3：使学生知道书面写作相较于口语是更严谨的表达方式，进一步增强学生的文化自信，启发学生反思。

任务5：作文提纲讨论。

要求5：学生课后在批改网上完成题为《人民币：我想对你说……》（*RMB：This is what I want to tell you…*）的作文，要求如下：

（1）用到任务1中列举的语言点，语句意思表达完整、连贯；

（2）至少分3段；

（3）全文不少于200个词。

课上两人一组讨论，为该作文拟订提纲。

【总结反思】

通过本课的学习，我们从三个时间维度了解了以下内容。

（1）回望历史：中华优秀传统文化对世界货币发展史的贡献。

（2）直面实现：人民币与世界货币还有一定的差距。

（3）展望未来：中国未来货币的主要特点、如何早日成为世界货币。

习近平指出：“中华民族创造了源远流长的中华文化，中华民族也一定能够创造出中华文化新的辉煌。独特的文化传统，独特的历史命运，独特的基本国情，注定了我们必然要走适合自己特点的发展道路。对我国传统文化，对国外的东西，要坚持古为今用、洋为中用，去粗取精、去伪存真，经过科学的扬弃后使之为我所用。”

同学们：中华民族五千年悠久灿烂、博大精深的文化，为世界货币发展做出了不朽的贡献！现在我们的人民币与真正意义上的世界货币还有一定的差距，但是我相信，经过所有中国人共同努力，人民币成为真正意义上的世界货币的那一天终将到来！

数据分析与机器学习算法：支持向量机

教师信息：韩伟　**职称：**副教授　**学历：**硕士研究生

研究方向：大数据技术与应用

授课专业：大数据技术与应用

课程类别：理实一体化课程

课程性质：职业技术技能课

第一部分　设计思路

一、本次设计的课程思政目标

通过中华优秀传统文化魅力的引导，在支持向量机课程的学习过程中，建立融入学生内心的爱国主义情怀，培养学生勤于思考、刻苦钻研、勇于创新的意识，逐步养成良好的职业习惯和高尚的道德品质。

二、课程思政教学设计内容

1. 课前：课程思政引入

通过中国传统棋类益智游戏象棋，引入这次课程要解决的问题——“二分类问题”，激发学生兴趣，引入授课内容，让学生感受中华博大精深的传统文化魅力，以及其蕴涵的深层哲理。

2. 课中：课程思政贯穿授课过程

引导学生在支持向量机三个阶段的学习过程中，实现三次知识和思想的提升：阶段一，勤于思考，深入理解基础理论知识；阶段二，刻苦钻研，用理论知识解决实际问题；阶段三，发扬创新精神，利用所学知识拓展思路，实现创新拓展。

3. 课末：课程思政总结反思

对本次课的课程思政进行总结与提升，引导学生卧薪尝胆、励精图治，通过不懈的努力奋斗，把自己培养成才，将国学智慧与现代智能科技相结合，让古老而现代的中国在世界的舞台上更加耀眼壮大。

第二部分 案例描述

支持向量机的应用

【思政导入】

“三金”元素：中国精神教育（中华优秀传统文化）。

以中国的传统棋类益智游戏——象棋为例，开始本次课程，弘扬中国优秀传统文化。

象棋是中华民族的文化瑰宝。象棋除了对弈之外，也体现了“和”的精神，战争的最高境界就是“和平”，而中国象棋最能体现中国传统的仁、义、礼、智、信、忠的精神，与学生共同感受中国优秀传统文化的魅力。

象棋中的楚河汉界，将楚、汉进行了分界，相当于做了二分类。以此引入本次课的学习内容：支持向量机，用支持向量机解决二分类问题。

【思政贯穿】

一、阶段一

专业学习培养——支持向量机原理学习；

思政精神培养——鼓励学生勤于思考，深入理解基础理论知识。

引入项目思维导图（见图 1），让学生对所学内容有整体认识。

引入职业标准和行业要求，帮助学生学习认识与本行业相关的职业精神、职业素质。

思政元素：真善美教育（职业精神、工匠精神、职业文化）。

引入中国古代劳动人民智慧的象征——鲁班，“轮匠执其规矩，以度天下之方圆”，鼓励学生树立职业精神、工匠精神，培养职业素质。

支持向量机原理学习：支持向量机是一种对数据进行二分类的模型，学习的入手点从研究如何划分平面上不同类型的点开始。

1. 举例

如图 2 所示，划分二维平面上的点，用一条直线把数据点划为两部分，

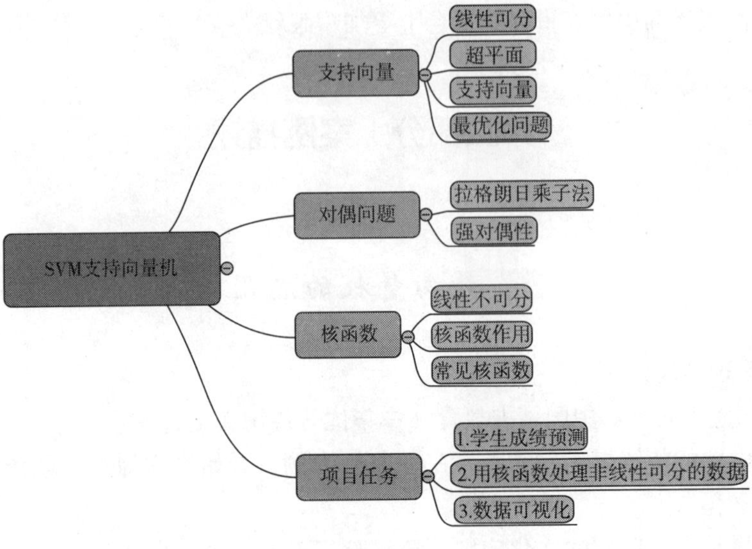

图 1　支持向量机思维导图

做二分类。

2. 扩展到三维空间的数据

如图 3 所示，可以用三维空间将这些数据分为两部分，做二分类。

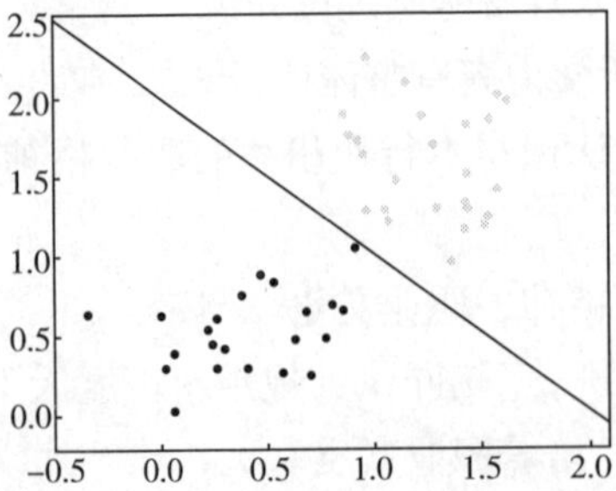

图 2　二维平面中的分类

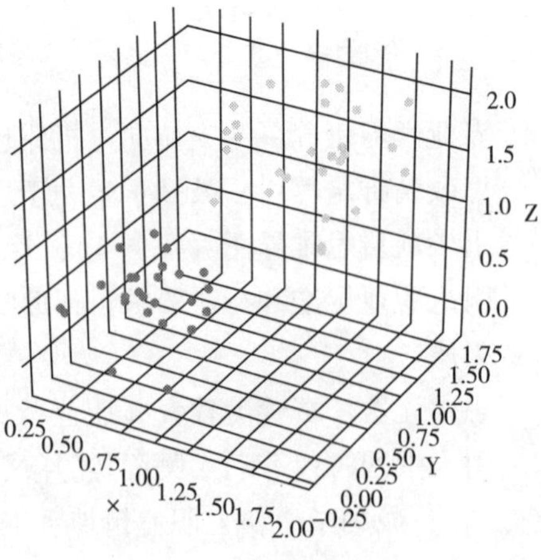

图 3　三维世界的分类

3. 再扩展

如图 4 所示，不能“平直”分隔的数据，可以采用变换直角坐标系为极坐标系的方式；又可以平直地分割，做二分类，如图 5 所示。

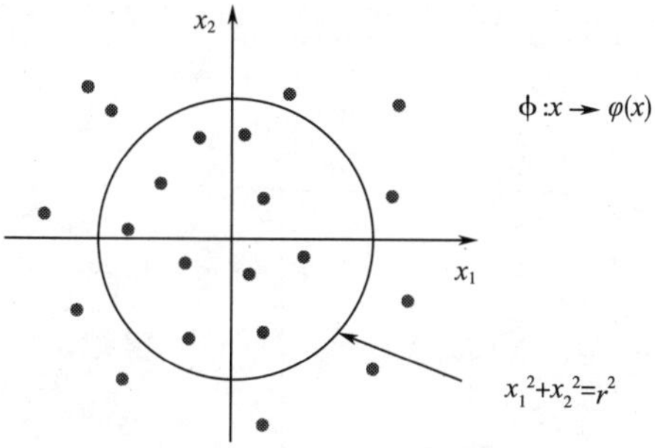

图 4 非平直数据分类

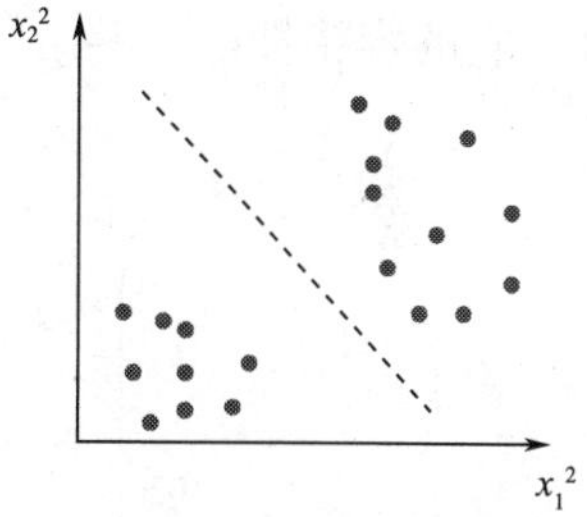

图 5 非平直数据处理后的分类

4. 再次扩展

如图 6 所示，如果出现这种混杂的数据，可以增加维度，构造一个特征 z，使 $z=x\times y$，那么数据在三维世界里的分布则如图 7 所示，显然又可以用一个平面将两部分数据分开，做二分类了。

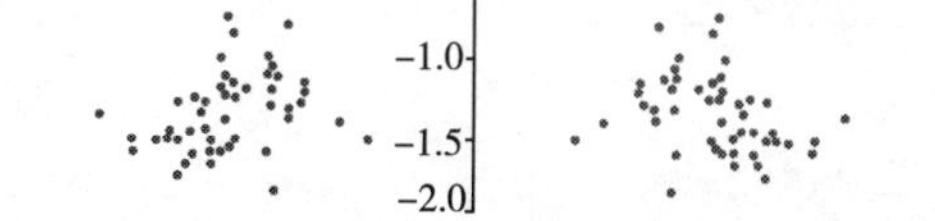

图 6 混杂数据分类

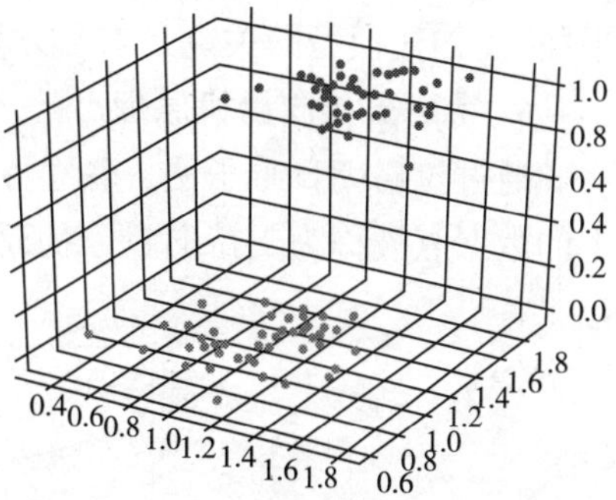

图 7 增加维度后混杂数据的分类

由此过程逐步递进，引导学生分析出二分类问题的本质就是寻找超平面，从而能将空间分成两部分做二分类。

思政元素：中国精神教育（美德教育）。

引入唐代诗人贾岛“推敲”的故事，鼓励学生在理论学习中勤于思考，认真推敲，打牢基础。

5. 学习寻找拥有最佳“冗余”超平面的方法

如图 8 所示，图中有虚线和实线两条线，作为划分区域的超平面（直线），相比较，哪条线更好呢？直观地看，我们感觉实线的划分比较好。

这是因为与虚线相比，实线在划分的边缘，特殊点少一些，有更均衡的冗余，它的容错性好一些。

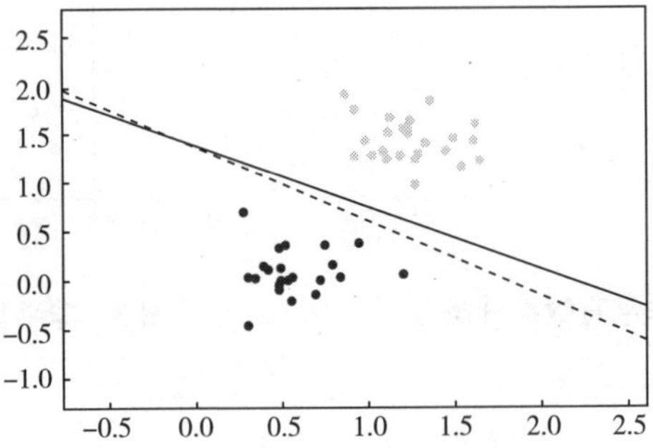

图 8　如何选择超平面

如何找到拥有最佳“冗余”的超平面呢？这是最关键的问题。

方法：设计一个模型 $\omega^T x+b=yl$，将 yl 作为多维空间分类的标记，二分类的正设为“1”，负设为“−1”，把 $\omega^T x+b=0$ 的分类标记作为多维空间的“超平面”。构建模型的关键是求出方程中 ω、b 的值。

6. 得出支持向量机原理

通过拉格朗日乘子法，联立方程求解表达 ω 和 b，图 9 中正好在正负边界上的数据点被称为支持向量，从而得出支持向量机原理。

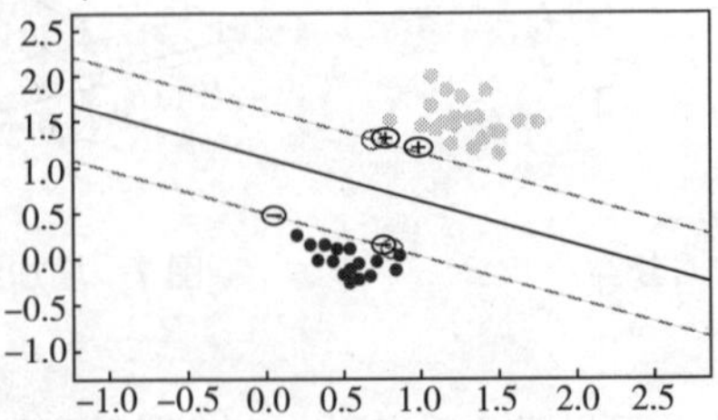

图 9　“⊕”和“⊖”标记的点确定了分割平面

二、阶段二

专业学习培养——应用支持向量机方法，解决“学生期末成绩预测”的实际问题。

思政精神培养——鼓励学生刻苦钻研，用理论知识解决实际问题。

（1）根据学生的出勤成绩、作业成绩、总评成绩的基础数据表（见图 10），分出“测试集数据”和“训练集数据”。

序号	出勤成绩	作业成绩	总评
1	85	83	72
2	56	37	41
3	91	87	90
4	87	94	92
5	96	91	98
6	38	47	55
7	78	100	91
8	95	100	90
9	87	77	63
10	52	61	45
11	36	55	44
12	62	51	42
13	87	96	82
14	100	84	90
15	87	75	68
16	40	51	40
17	78	79	78
18	65	55	41
19	91	75	78
20	49	58	58
21	79	77	69
22	59	64	50
23	85	89	86
24	38	46	53
25	61	60	53
26	37	53	45
27	86	100	93
28	81	99	91
29	95	95	76
30	35	51	48

□测试集数据
□训练集数据

图 10　学生成绩基础数据表

（2）应用支持向量机 SVM 工具编程模块编写程序代码，调试程序，输出结果（见图 11）。

```
# coding:utf-8
# 导入 tree 模型
import numpy as np
from sklearn.svm import SVC

# 准备数据
of = open('svm_score.csv','r')
x = []
y = []

for line in of:
    li_t=line.split(',')
    # 用60分二值化标记数据
    if(int(li_t[-1]))>=60:
        y.append(1)
    else:
        y.append(-1)
    x.append([float(li_t[0]), float(li_t[1])])
# 关闭文件
of.close()
# 确定训练数据的边界
fd = int(len(x) * 0.8)
# 构造SVM模型

M_svm =SVC(kernel="linear")
M_svm.fit(x[:fd], y[:fd])
# 预测
res = M_svm.predict(x[fd:])

# 计算正确率
ar = (res == y[fd:]) + 0
print("Ar=%.2f%%" % (100.0 * sum(ar) / len(ar)))

w = M_svm.coef_
b = M_svm.intercept_

print (w)
print (b)
```

图 11　程序代码及输出结果

思政元素：真善美教育（科学精神）。

引用《周礼·冬官考工记》“与其坐而论道，不如起而行之”，鼓励学生刻苦钻研，理论联系实际，用所学理论知识解决实际问题。

三、阶段三

专业学习培养——引导学生利用支持向量机知识创新实践。

思政精神培养——发扬创新精神，利用所学知识拓展思路，实现创新拓展。

学生分组进行项目创新实践，利用所学支持向量机方法，进行数据分析和预测的程序案例开发。小组学生分工协作完成任务，教师对学生进行指导。

第 1 组任务：设计基于支持向量机的“水质预测”程序案例开发。

第 2 组任务：设计基于支持向量机的“游戏用户付费分析”程序案例开发。

第 3 组任务：设计基于支持向量机的“房价预测”程序案例开发。

思政元素：中国精神教育（创新教育）。

以商鞅变法创新的历史故事，弘扬中国精神，鼓励学生开拓创新、积极进取。

【总结反思】

总结本次课程的专业知识学习内容和思政内容，播放习近平 2018 年 5 月 2 日《在北京大学师生座谈会上的讲话》视频片段。

思政元素：理想信念教育（中国梦）。

以习近平引用的王阳明《传习录》经典诗句——“知者行之始，行者知之成”，教导大学生要力行，知行合一，做实干家。

学到的东西，落实到行动上，以知促行、以行求知。每一项事业，不论大小，都是靠脚踏实地、一点一滴干出来的。“道虽迩，不行不至；事虽小，不为不成。”不论学习还是工作，都要面向实际、深入实践，实践出真知；严谨务实，一分耕耘一分收获，苦干实干。广大青年要努力成为有理想、有学问、有才干的实干家，在新时代干出一番事业。

大学英语 1：The Pursuit of Dreams（II）

教师信息：胡昊　**职称**：讲师　**学历**：硕士研究生

研究方向：英语语言文学 、英语教学

授课专业：英语

课程类别：理论课程

课程性质：公共基础课

第一部分　设计思路

一、本次设计的课程思政目标

本课设计基于“金扣子”理想信念教育中的“中国梦”。通过对聋哑人做音乐主持人故事的阅读，帮助学生分析一个人成功所需要的因素，最后总结出人生需要方向，青年人需要目标和梦想。决心和坚持是个人实现梦想所必需的品质，同时引申出个人梦想的实现需要有稳定强大的国家为后盾。而每一个人的个人梦想，小到做好一份心仪的工作，建立稳定美满的家庭；大到实现个人人生价值，造福社会，赢得荣誉，如同涓涓细流汇成大海，最终汇聚成国家富强的梦想。两者相辅相成，互为支撑。在个人梦想和强国梦当中，每个人都要确定好自己的目标，坚定不移，不怕困难，持之以恒，不断追求，才能够真正实现梦想。

二、课程思政教学设计内容

1. 课前：课程思政引入

如何引入：通过一些图片的展示，介绍一些身残志坚的榜样人物，感受他们对生活的热情。身有残疾却不看低自己，为自己的人生设定目标，努力追逐梦想，最终取得了人生的成功并赢得了他人的尊重。榜样人物让同学们了解到，哪怕身体残疾，也是能够拥有梦想，获得完美人生的，更不要说是身体健全的人了。

要解决的问题：大专里的学生实际上是在高考甚至初中阶段学习受挫的

一部分学生，不少同学缺乏理想和目标，认为自己是失败者，而平庸的自己不会有精彩的未来。他们学习没有动力，沉溺于手机游戏。要以榜样的力量来解决学生的自卑心理，引导学生设定理想和目标。

要达到的目的：要让学生了解到，任何人通过努力都可以拥有精彩的人生。身体有残缺的人可以做到，作为一个四肢健全的人，更应该通过奋斗拥有幸福的生活，为国家、为社会做出贡献。

2. 课中：课程思政贯穿授课过程

以耳聋的 Robbie Wilde 坚持做音乐主持人，追寻梦想的课文学习为依托，在故事情节的展开中，通过问题引导和讨论，从三个方面进行思政教育：

（1）爱好和强烈的学习愿望使身有残疾的 Robbie 敢于去追求理想，说明确定人生目标、敢于追寻梦想的重要性。

（2）人的一生要有尊严，即使是残疾人，也不愿依靠他人的同情。Robbie 用自己的实力赢得别人的尊重。每个人都对自己有要求，就是有尊严的表现。

（3）国家强大稳定，科技发达，是 Robbie 可以追求梦想的基础。国家强盛有利于个人追求梦想。

3. 课末：课程思政总结反思

如何将高大上的梦想落到实处？就要重新定义梦想。梦想可以是高远的，也可以是平实的、唾手可及的。比如，建立一个美满的家庭；认真工作之余，找到自己可以投入身心的爱好；努力寻找一份自己喜欢的工作，并从中获得满足感，这些都是梦想的实现。而更多的美满家庭就是社会稳定的基石；认真工作就是我们普通人为国家发展做出的贡献。中国梦就是通过每个人努力做好自己的事情来实现的，所有的贡献不分高低都有意义。反过来，中国的强大和稳定才能让个人有机会完成一个个或大或小的梦想。通过本课的学习，使大专阶段的同学重拾信心，为理想努力读书，把发挥个人价值和强国建设联系到一起的成效。

第二部分　案例描述

The Pursuit of Dreams（II）

一、Lead-in

【思政导入】

Show pictures—physically impaired but successful people. 图片展示，问题引导。

Today, I'd like to talk about dreams with you. Do you know these people? You can try to search them through your smartphones.

今天，让我们谈谈梦想。你们认识这些人吗？大家可以用手机搜一搜。

Is a wheelchair-tied person able to achieve something?

一个被束缚在轮椅上的人，能有什么成就吗？

Is a person without limbs able to travel around the world?

一个没有四肢的人，可以环球旅行吗？

Is a blind person able to paint magnificent pictures?

一个盲人，可以画出璀璨的画吗？

Your answer may be “It's impossible!”, but let's see the pictures and see what these people have done though they are disabled.

你的答案可能是：“这不可能！”那让我们来看看以下这些人：

Introduce their story briefly（简单介绍）：

（1）Haidi Zhang—Pavel Korchagin in China（见图1）.

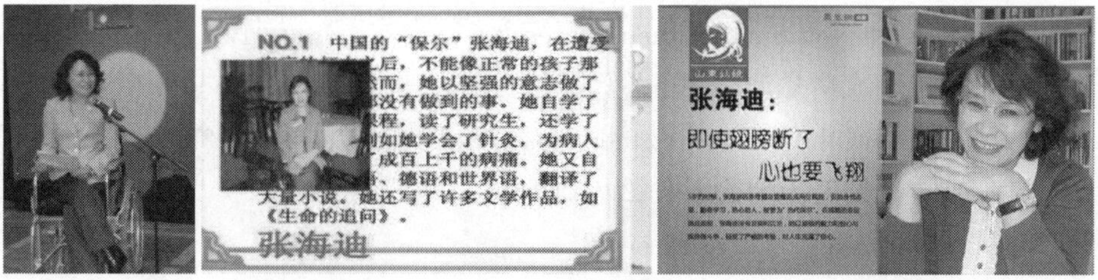

图1 张海迪

（2）Nick Vujicic—Life without limbs（见图2）.

图2 Vujicic

（3）a blind artist—John Bramblitt（见图 3）.

图 3　Bramblitt

Show your opinions and discuss together.

表达你的观点，进行讨论。

Task：Think about what makes a dream come true and give your opinions.

任务：思考什么让梦想成真，说出你的想法。

（1）What do you think of their success?

你对他们的成功是怎么想的？

（2）What are the difficulties they faced on the way to success?

他们在成功的路上要面对什么困难？

（3）What makes them stick on?

是什么让他们能坚持下去？

引导结果：Everything can be possible if you have a dream and stick on it no matter you are a normal person or disabled.

无论是正常人还是残疾人，如果你有梦想而且坚持不懈，一切皆有可能。

To help you better form your own opinion，let's study the following passage *Deaf DJ*.

为了大家能够更好地总结出自己的观点，让我们再看看聋哑音乐主持人的故事。

二、Introduction of the character

（1）Robbie Wilde is a deaf. But，he finally becomes a successful DJ. How could he make it?（见图 4）

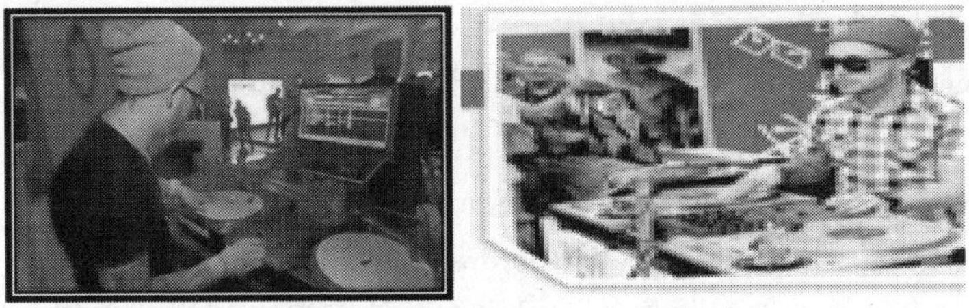

图 4

（2） What is a DJ?

DJ means disc jockey or deejay. He / She plays or tunes music to create hot atmosphere for people to dance in clubs. DJ also works in bars or host a music program in TV or radio station.

Could you classify the paragraphs into different parts?
What role does each part play?
Part 1 is paragraph 1, the setting of the story.
Part 2 is paragraph 2, the conflict of the story.
答案略。

三、Read passage and do reading comprehension Ex 2. 3 on P. 19

略。
思政内容：贯穿在阅读理解问题中。

四、Read the passage and answer the questions

（1） How did Robbie Wild become a deaf?
答案略。
（2） Why did Robbie email a well-known New York DJ and asked him to teach

him? Was he self-abased?

Robbie 为什么会请纽约著名的 DJ 给他上课，作为一个失聪者，他不自卑吗?

Because he has a dream and he has a strong will to study. He has courage to pursue his dream. The courage to pursue dream is important.

因为他有梦想，他有强烈的学习愿望，他有追求梦想的勇气，所以追寻梦想的勇气是非常重要的。

（3） What happened when he was 18?

答案略。

（4） If Robbie was not in a powerful country America but Afghan in wars, would he have the chance to chase his dream?

如果 Robbie 不是在强国美国，而是战争中的阿富汗，他有机会追求他的梦想吗?

Maybe not.

恐怕不行。

So a powerful motherland is strong support for personal dream pursuing. Personal dream and country' s dream to become strong is consistent.

在稳定强大的国家支撑下，个人才能够更好地实现梦想，个人梦想和国家强国梦想实际上是统一的。

（5） What did he do when he performed? Why?

He wanted to win others' respect by his ability not by sympathy.

他想用自身的实力赢得别人的尊重，他不需要别人的同情。

（6） What did he use when he was deejaying at a show?

答案略。

（7） Can he be a DJ without all these high tech instruments?

没有这些高科技仪器，他能够成为 DJ 吗?

Impossible. Powerful motherland and high-tech are in favor of personal dream pursuing.

不可能。国家的强大、科技的发展有利于个人梦想的实现。

（8） What did he like to do when he succeeded?

答案略。

五、Learning key words and expressions（核心词汇短语学习）

My doctors predicted that I would be completely deaf by now, so I think I'm doing pretty well. (para. 1)

predict: vt. say sth. will happen, before it happens

e. g. Industry leaders predict that another 8 000 jobs could be lost in this city by the end of the year.

据业界领袖预测，到年底本市还将失去 8 000 个就业岗位。

其他词汇讲解略。

六、Understanding the text structure & doing exercises（课文结构理解与课后练习）

P. 17 Ex1

Read the passage and fill in the tablets.

读课文并填表格。

【总结反思】

Summary: Today we have learned the story of Robbie Wilde, a deaf DJ. By analyzing the factors leading to his success, we know that dream and persistence make success. Firstly, every youth needs to have a dream that you will be eager to pursue. The dream can be great, at the same time, it can be practical. For example, to build up a happy family or after working hard, you find an interest that you can devote yourself or try to find a job you love and feel satisfied. All contribution is meaningful. More and more happy families make up a steady society, and hard-working is what we common people can do to develop our country. China's dream comes true through everyone's efforts. So at the same time, a powerful and steady motherland offers you better chances to pursue your dream, so please try to do everything well now. Secondly, determination and persistence are the keys to achieve the targets.

今天我们学习了耳聋音乐主持人 Robbie Wilde 的故事。有梦想能坚持才会成功。首先，每个年轻人要有目标，有梦想。梦想可以是高远的，也可以是平实的、唾手可及的。比如，建立一个美满的家庭；认真工作之余，找到自己可以投入身心的爱好；努力寻找一份自己喜欢的工作，努力工作并从中获得满足感，这都是梦想的实现。而更多的美满家庭是社会稳定的基石；认真工作是我们普通人为国家发展做出的贡献。中国梦就是通过每个人努力做好自己的事情来实现的，所有的贡献不分高低都有意义。反过来，中国的强大和稳定才能让个人有机会完成一个个或大或小的梦想。所以，同学们请从现在开始，努力学习，认真做好身边的每一件事吧。决心和坚持是成功的关键。

先秦文学：《诗经·蒹葭》

教师信息：张宏武　**职称**：讲师　**学历**：本科
研究方向：语文教学
授课专业：贯通培养试验项目
课程类别：理论课程
课程性质：公共基础课

第一部分　设计思路

一、本次设计的课程思政目标

（1）引导学生发现古典诗歌的艺术魅力，增强民族文化自信心，激发学生学习古典诗歌的兴趣，多阅读经典，涵养心灵。

本次课重点激发学生学习古典诗歌的兴趣，认识《诗经》“感于哀乐，缘事而发，温柔敦厚”的诗教传统，引导学生感受诗经的音律美、《蒹葭》的意境美、伊人的朦胧美。发现古典诗歌的艺术魅力，增强民族文化自信心。

（2）以《蒹葭》为切入口，找到诗歌本身蕴含的优秀传统文化：尚礼求贤、含蓄悠远、上下求索，感悟《蒹葭》中蕴含的精神魅力。

教师以文学作品为佐证，引导学生认识《蒹葭》中包含的传统文化对后世的文学创作和后代中国人精神面貌的影响。引发学生对中国古典诗词的认同感，激发学生多阅读经典的兴趣，陶冶性情，涵养心灵。

二、课程思政教学设计内容

本案例是“金扣子”课程思政案例，将课程思政融入点与教学过程进行一体化设计，穿插在教学环节中，贯穿整个教学过程，使课程思政教学时长有机融入整体教学时长。

1. 课前：课程思政引入

（1）课前讲述《论语》中的小故事。《论语》记载了一件事。有一次，孔子看见他的儿子孔鲤在面前走过，就问：“有学诗吗？”孔鲤回答说：“还没有学。”孔子教训他说：“不学诗，是没有办法说话的。”于是孔鲤就回去学诗了。

春秋时期的孔子是我国古代第一位伟大的教育家，他充分认识到《诗经》的道德教育功效。《诗经》的宗旨为“无邪”，孔子教育弟子读《诗经》以作为立言、立行的标准。教师讲述小故事，引导学生对《诗经》有一个整体的认识，理解为何《诗经》被儒家奉为经典，让学生走进《诗经》，亲近古典。

（2）播放音乐《在水一方》，创设氛围。教师配乐朗读根据《蒹葭》改编的《在水一方》歌词，创设情境，用音乐渲染文中幽静的气氛，用优美的歌词引发学生对诗歌的兴趣，为探寻古典诗歌之美做好铺垫。

2. 课中：课程思政贯穿授课过程

本次课课程思政教学目标自然融入每个环节。诵读环节，借助以立体全方位的视听效果作用于学生的感官，激发想象力，引导学生感悟古典诗歌的音律美，欣赏诗歌的意境美，领会诗歌的情感美，充分调动学生的情感体验，提高其审美情趣。

《蒹葭》一诗，不仅有很高的文学成就，而且有着深远蕴藉的哲学内涵。这种哲学，是审美的哲学，也是处事的哲学。在学生赏析了《蒹葭》的意境之美的基础上，教师引导学生通过对诗歌语言的咀嚼和文本的细化分析，结合古今大家的解读，找到诗歌本身蕴含的优秀传统文化：尚礼求贤、含蓄悠远、上下求索。带领学生走进诗歌，感悟诗歌意境中渗透着诗人怎样的内心情感。

学生通过讨论思想碰撞，发现诗人执着追求、坚贞不渝的精神，那是对真挚爱情的向往与追寻，对困难的无所畏惧，对追求目标的永不言败。由此突破教学难点，实现文化育人润无声的作用。

3. 课末：课程思政总结反思

教师以文学作品为佐证，引导学生认识《蒹葭》中包含的传统文化对后世的文学创作和后代中国人精神面貌的影响。《蒹葭》中求索者的形象不仅打动人心，也显示出华夏先民强烈的生命意识。通过拓展延伸，引导感悟诗歌中蕴含的精神魅力，引发学生对中国古典诗词的认同感，激发学生多阅读经典的兴趣，陶冶性情，涵养心灵，实现文化育人的目标。

第二部分　案例描述

《诗经·蒹葭》

一、情境引入，激发兴趣

1. 教师讲述《论语》中有关《诗经》的故事

（1）不学诗，无以言；不学礼，无以立。（《论语·季氏篇》）

（2）子曰：《诗》三百，一言以蔽之，曰“思无邪”。（《论语·为政》）

教师讲述小故事，引导学生对《诗经》有一个整体的认识。理解为何《诗经》被儒家奉为经典，让学生走进《诗经》，亲近古典。

2. 聆听音乐，激发学习的兴趣

（1）教师播放《在水一方》纯音乐。

（2）教师伴着音乐朗诵歌词。

3. 学生猜出歌词是根据《诗经》中的哪首诗歌改编的

绿草苍苍，白雾茫茫，有位佳人，在水一方。绿草萋萋，白雾迷离，有位佳人，靠水而居。我愿逆流而上，依偎在她身旁。无奈前有险滩，道路又远又长。我愿顺流而下，找寻她的方向。却见依稀仿佛，她在水的中央。我愿逆流而上，与她轻言细语。无奈前有险滩，道路曲折无已。我愿顺流而下，找寻她的足迹。却见仿佛依稀，她在水中伫立。绿草苍苍，白雾茫茫，有位佳人，在水一方。

教师配乐朗读根据《蒹葭》改编的《在水一方》歌词，创设情境，用音乐渲染文中幽静的气氛，用优美的歌词引发学生对诗歌的兴趣，为探寻古典诗歌之美做好铺垫。

二、初读诗歌，感受《蒹葭》的音律美

蒹葭

蒹葭苍苍，白露为霜。所谓伊人，在水一方。
溯洄从之，道阻且长。溯游从之，宛在水中央。
蒹葭萋萋，白露未晞。所谓伊人，在水之湄。

溯洄从之，道阻且跻。溯游从之，宛在水中坻。
蒹葭采采，白露未已。所谓伊人，在水之涘。
溯洄从之，道阻且右。溯游从之，宛在水中沚。

（1）学生观看播音员方明的诵读视频，感受诗歌的音律美。学生听读入境，引起联想，体会诗歌迷茫而略带忧郁的情感基调。

（2）教师请三位学生讲述自己对这首诗的感受。

（3）教师用多媒体出示重点词语，帮助学生疏通文句，理解诗歌的内容。

（4）学生通过自由朗读、个别朗读、集体朗读三个环节，感受诗歌语言的凝练性、节奏感。

（5）设置问题情境，引导学生感受诗歌的音律美。

这首诗在用词上有什么特点？

要点：运用叠词，如苍苍、萋萋、采采。

这首诗大多是四言为一句，我们朗读时采用几几拍？

要点：“二二”拍，抑扬顿挫，很有节奏感，听起来很整齐。

这首诗在结构上有什么特点？

四言：《蒹葭》大多是四言句，听起来很整齐。

重章叠句加强了诗歌的感染力，韵律悠扬和谐，为诗歌带来了回旋反复的音律之美。

（6）教师指导学生朗读体悟。

读法：语速缓慢、语言延长、语调低沉。

教师总结：叠词的运用使诗歌语言更加丰富、形象，让诗情更加浓郁，让思念更加绵长，同时为诗歌增加了音乐上的美感。

此环节教师为学生创设直观生动的学习情境，以立体的全方位的视听效果作用于学生的感官，感知诗歌的意境。学生能做到读准字音，读懂诗意，读出诗味，感悟到诗经重章叠句的形式特点。发现诗歌音律美的艺术魅力，为品读诗歌做好准备。

三、品读诗歌，感受《蒹葭》的意境美

1. 教师设置问题情境，激发学生展开想象

（1）诗人描写了哪些景物？

要点：芦苇、霜、水。

（2）从写景的语句可以看出这首诗写的是什么季节？是一天中的什么时间？

要点：秋季而且是深秋，清晨。

（3）这些景物有什么特点？

芦苇：丛生茂密，因霜袭而发白，秋风摇曳中更添凄凉。

白露秋霜：洁白，晶莹。

秋水：蜿蜒、清冷。

2. 串联意象

学生串联脑海中的意象，借助诗意图（图 1），用优美的语言描述诗歌的画面。

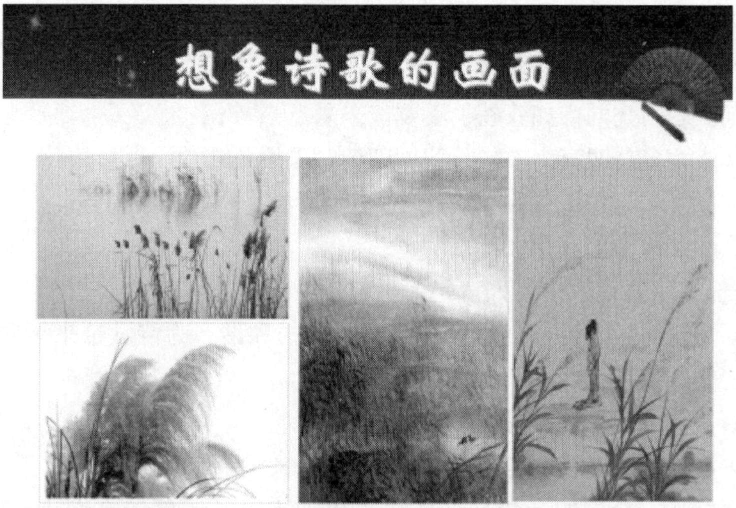

图 1　想象诗歌的画面

3. 师生点评后，教师总结

河边的芦苇上沾满了晶莹的霜花，秋风萧瑟，苍苍茫茫的苇丛起伏摇曳，澄净碧蓝的河水烟波浩渺。诗歌的景物描写营造出一种凄凉萧瑟、迷离朦胧的意境，渲染了悲凉的气氛。“一切景语皆情语”，诗歌把暮秋特有的景色与主人公的惆怅、忧郁的相思感情融合在一起，达到了一种妙不可言的意境之美。

4. 教师指导学生诵读体悟

在朗读这些景物描写的时候，要注意读出句子中蕴含的凄清悲凉之感。

此环节，教师引导学生抓住诗中的意象，反复诵读、品味，为学生提供图片直观形象的学习情境，激发其想象力。学生在情与景的关系中体会到诗歌的凄凉萧瑟、迷离朦胧的意境，发现古典诗歌的艺术魅力，激发学生学习古典诗歌的兴趣。

四、把握形象，感受“伊人”的朦胧美

（1）学生朗读诗中描写伊人的语句。

（2）教师引导学生抓住关键语句和词语，分析“伊人”的形象，体会主人公的情感。

宛在：缥缈、朦胧。

主人公的心情：诗人历经艰辛，伊人却可望而不可即，诗人感到惆怅失意、哀伤。

（3）学生进行比较阅读，体会“伊人”的朦胧美。教师用多媒体出示《诗经·卫风·硕人》中描写硕人的语句（见图2）。

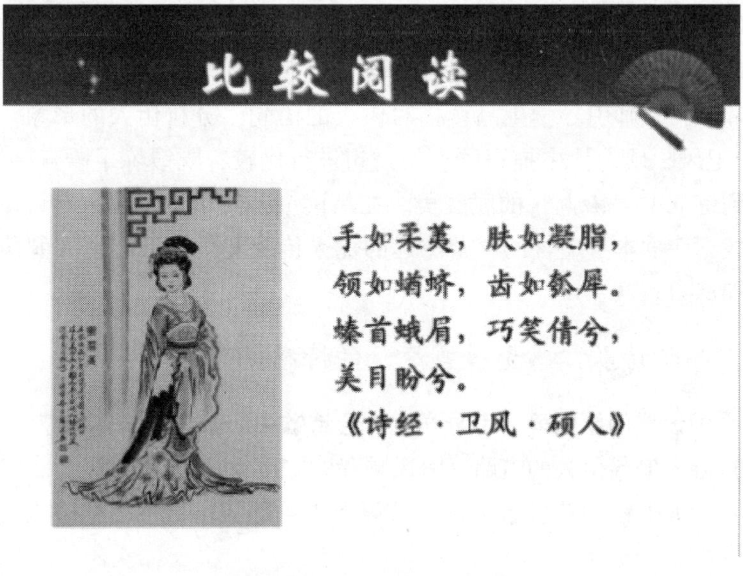

图2

（4）学生讨论，体会《诗经·卫风·硕人》中描写齐国公主庄姜出嫁时的容貌特点。

要点：《诗经·卫风·硕人》中有一段描写齐国公主庄姜出嫁时的容貌：“手如柔荑，肤如凝脂，领如蝤蛴，齿如瓠犀。螓首蛾眉，巧笑倩兮，美目盼兮。”这几句诗运用比喻的手法细致地描绘了一幅栩栩如生的美人图。她的手指纤细犹如茅草的嫩芽，肌肤犹如凝脂般细腻白皙，脖颈像天牛的幼虫那样娇嫩丰润，牙齿好似瓠瓜子一样洁白整齐。额头丰满，眉毛弯弯又细长，嫣然一笑动人心，美目顾盼真传神。从诗人的精雕细刻中，我们可以感觉到硕人绝世倾城之美。

（5）教师：《蒹葭》是先秦诗作“朦胧美”的典范。《蒹葭》中反复吟唱的“伊人”究竟是谁？她美在哪里？

（6）学生分组合作探究，进行比较阅读，体会伊人描写的妙处。

要点：关于伊人的形象，诗中一个字也没写，而且她还被远隔到河的另一方，只能远远眺望，无法近观，真是令人遐想。每个人都有自己的审美情趣，伊人没有正面出现，含蓄蕴藉，就激发了读者的想象力。在想象中，伊人的形象更显神韵。伊人在河的对岸忽隐忽现，如梦如幻。诗人逆流而上，顺流而下，苦苦追寻，如痴如醉，陷入深深的惆怅之中。明代学者钟惺称赞此诗“异人异境，使人欲仙。”伊人的形象唯美缥缈，给诗歌带来了神秘、朦胧的意境，增加了诗歌的美感。王国维称赞《蒹葭》“最得风人深致”。《蒹葭》中写出“伊人”朦胧、神秘，给读者留下了适当的艺术空白。

此环节，教师引导学生品读描写伊人的语句，分析伊人的形象。学生与《诗经·卫风·硕人》中描写硕人的语句进行比较，既锻炼了语言感悟能力，还体会到诗歌中“伊人”的朦胧美。在品读中，使学生发现古典诗歌的艺术魅力，找到诗歌本身蕴含的含蓄悠远的优秀传统文化，感悟到《蒹葭》中蕴含的精神魅力。

五、品读诗歌，感受《蒹葭》的情感美

1. 教师设置问题情境，引导学生体会诗歌中所蕴含的丰富情感

（1）诗人追寻伊人的道路一帆风顺吗？

（2）伊人如镜中花，水中月，可望而不可即，求而不得，诗人有没有放弃追寻伊人？

（3）主人公是一个怎样的人？

2. 学生讨论，表达自己的感悟

组织讨论，讲述个人感受。

3. 教师结合学生的发言，总结诗歌蕴含的情感美

古人云：“诗源情而绮靡。”《蒹葭》能千古流传，更重要的是它能引起无数文人雅士情感上的共鸣。诗歌反复吟唱“白露为霜”“白露未晞”“白露未已”，从时间不断地推移，我们可看出诗人寻觅时间之长。从黎明时分到旭

日东升，他在秋水岸边寻觅寻觅，痴痴地守望。伊人却若即若离，近在咫尺，又仿佛远在天涯。诗人面对茫茫秋水，内心该是多么惆怅啊。“道阻且长”“道阻且跻”“道阻且右”，尽管追寻伊人的道路是那么坎坷，追寻的过程是那么漫长与艰辛，诗人并没有放弃，一次次地“溯洄”“溯游”，去追寻他心目中的伊人。诗中的六个“从之”仿佛叠印着诗人不懈追求的脚步。如果诗歌再设更多章节，依然会反复吟唱诗人这般执着与热烈的追求之心。这份执着是一种精神，一种境界。王国维在《人间词话》中说道：“境非独谓景物也，喜怒哀乐亦人心中之一境界。故能写真景物真感情者，谓之有境界。”反复品读，我们感受到《蒹葭》蕴含着一种执着追求的精神之美。诗歌因诗人深沉热烈追求的情感而精妙华丽。欣赏诗歌，我们的心灵与情感也获得了美。

4. 教师指导学生诵读体悟

（1）学生带感情地朗读“溯洄……溯游……”十二句，感受诗歌蕴含的丰富情感。

（2）全班齐读，表现诗情。

5. 认识《蒹葭》对后世的影响

教师以文学作品为佐证，引导学生认识到《蒹葭》中包含的传统文化对后世的文学创作和后代中国人精神面貌的影响。引发学生对中国古典诗词的认同感，激发学生广泛阅读优秀诗词的兴趣。

“路漫漫其修远兮，吾将上下而求索。”——《离骚》

“天行健，君子自强不息。”——《周易》

“锲而不舍，金石可镂。”——《劝学》

“千磨万击还坚劲，任尔东西南北风”——《竹石》

从后代大量的作品中我们看到了求索精神的传承，也看到了求索者为了找到理想而受的苦难，这些都展示出国人至真至纯的人性光辉，不管前途坎坷与否，不管最终结果如何，始终以坚定的心志去追寻自己的人生理想。《蒹葭》中求索者的形象不仅打动人心，也显示出华夏先民强烈的生命意识，而这样的千锤百炼、顽强不息的追寻同样对后世产生了莫大的影响。

此环节，教师指导学生诵读诗人追寻伊人的语句，带领学生走进诗歌，感悟诗歌意境中渗透着诗人怎样的内心情感。学生通过讨论思想碰撞，发现诗人执着追求、坚贞不渝的精神，那是对真挚爱情的向往与追寻，对困难的无所畏惧，对追求目标的永不言败。发现诗歌本身蕴含的优秀传统文化：上下求索，感悟《蒹葭》中蕴含的精神魅力。解决教学重点，突破教学难点，实现文化育人的目标。

六、分析“伊人”的多层内涵，探讨诗歌的主题

1. 教师创设问题情境，启发学生思考“伊人”的多层内涵

问题：诗中主人公追寻的目标，除了可以理解为恋人外，还有更深的含义吗？

学生自由讨论，阐述自己对诗歌主题的理解。

2. 教师讲述对“伊人”的不同解读

（1）“爱情说”：近代学者余冠英认为这首诗是情诗。

（2）“明志说”：“伊人”象征高洁品质，代表作者对美好高洁品质的追求。

（3）“求贤说”：清代学者姚际恒认为，“伊人”是春秋时代一位隐居水边的贤人，该诗表达了君主求贤招隐之意。

（4）“人生哲理说”：涵盖了世间各种可望而不可即的人生境遇——情人难得、知音难觅的怅惘，仕途坎坷、功业未遂的忧思，理想幻灭、前途渺茫的失望。

诗歌《蒹葭》的艺术特色不仅仅体现在音乐美、意境美、朦胧美和情感美，它旨意深远，含蓄蕴藉，展示了古典诗歌的无穷魅力。西汉教育家董仲舒说过：“诗无达诂。”由于人们在审美鉴赏中存在差异性，诗词没有通达的解释。先哲时贤对《蒹葭》一诗的主旨众说纷纭，至今尚无定论。一千个读者眼中就有一千个哈姆雷特，我们可以结合自己的人生际遇去体会、感受《蒹葭》深沉而丰富的意蕴。

此环节，教师采用讨论法，启发学生根据自己的理解多角度解读诗歌主题，再结合先哲时贤对该诗的阐述，找到诗歌本身蕴含的优秀传统文化：尚礼求贤、含蓄悠远、上下求索，感悟《蒹葭》中蕴含的精神魅力。

七、朗诵表演，增强情感体验

（1）教师播放播音员朗诵表演视频，指导学生掌握诵读诗歌的技巧。

（2）教师出示课堂朗诵表演评价表。

（3）学生模仿视频练习诵读。

（4）学生自愿到台前，使用配乐朗诵表演。

（5）学生根据朗读表演评价表给表演的同学打分、点评。

（6）全班配乐齐读。

此环节借助信息化影视作品，组织学生进行诵读练习，内化所学内容。采用表演法，激发学生学习古典诗歌的兴趣。学生在诵读表演过程中，声情

并茂，全身心地感受诗歌各个角度的美，带领学生走进古典，听古人心声，提高审美情趣。

【总结反思】

（1）本次课以“诵读”为突破口，运用名家范读视频、古典音乐、诗意图和歌曲影片等媒体，提供直观生动的学习情境，以立体全方位的视听效果作用于学生的感官，激发其想象力，让学生感受到诗歌的音律美，欣赏诗歌的意境美，领会诗歌的情感美，充分调动学生的情感体验，提高其审美情趣，增强了古典诗歌的教学效果。

（2）在品读诗歌的环节中，学生在古琴的伴奏下，有感情地诵读诗歌，语气、语调、节奏富于变化，表现出诗歌迷茫而略带忧郁的情感基调，感染大家，获得学习的成就感。

（3）在诗歌二度创作的环节中，学生想象丰富，乐于表达，不仅加深了对诗歌的感悟，还增添了一份感动。诗人对真挚爱情的向往与追寻，对困难的无所畏惧，对追求目标的永不言败，触动了学生的心灵。

本次课课程思政教学目标融入每个教学环节，实现了文化育人的目标。

民用航空概论：民用航空发展史

教师信息：陈楠　**职称**：讲师　**学历**：硕士研究生
研究方向：智能控制理论
授课专业：飞机机电设备维修/飞机电子设备维修
课程类别：理论课程
课程性质：专业群技术基础课

第一部分　设计思路

一、本次设计的课程思政目标

本次课将波澜壮阔的航空航天发展历程和中国故事结合“航概”知识点有机融入，用航空航天精神、家国情怀激发学生探索航空航天的兴趣，树立远大的理想和抱负。

二、课程思政教学设计内容

1. 课前：课程思政引入

在课程引入阶段，教师提出问题：还记得儿时关于飞翔的梦想吗？在中国古代劳动人民创造了哪些航空器的雏形？我们有哪些技术发明到最后都运用到了航空领域？

学生头脑风暴，回答问题。之后，通过播放视频对中国古代关于飞行的探索成果进行总结，目的是对学生进行中华优秀传统文化的继承和发展，增强学生的民族自信、文化自信以及民族自豪感，使之成为有民族自尊心、自信心、自豪感和认同感的“四有”新人。

2. 课中：课程思政贯穿授课过程

在讲解从 18 世纪中期热气球的出现到第二次世界大战时军用航空器的兴起，梳理人类对于飞行所进行的探索过程，这期间有成功的探索，但更多的是失败的案例。通过观看失败的飞行视频集锦，引导学生树立正确的世界观、人生观、价值观，让学生明白“科学探索的成功往往是建立在无数次失败和挫折的基础上的”，要勇于探索，不断进步。

在讲解民用航空从萌芽阶段到民用航空飞机的出现再到进入喷气机时代，引导学生自行梳理完成大事记，并找出每次民用航空发展的契机和原动力。目的是引导学生进行科学精神的思考。正如爱因斯坦所说：“想象力比知识更重要，因为知识是有限的，而想象力概括着世界的一切，推动着进步，并且是知识进化的源泉。严格地说，想象力是科学研究中的实在因素。”

在讲解当代中国民航事业时，引入中国航空之父——冯如，生动讲解我国民航的先驱冯如坚持不懈研制试飞飞机的感人事迹，目的是让学生深刻体会不忘初心，坚持不懈努力奋斗的职业精神和工匠精神。

3. 课末：课程思政总结反思

通过课末小结梳理民用航空发展史，针对新生普遍存在对航空航天精神及文化传承认识不足的问题，引入不同课程思政案例，用航空航天精神、家国情怀激发学生探索航空航天的兴趣，树立远大的理想和抱负，厚植爱国报国的情怀。

第二部分 案例描述

民用航空发展史

【思政导入】

一、新课导入

教学实施

（1）提出问题：还记得儿时关于飞翔的梦想吗？在中国古代时期劳动人民都创造了哪些航空器的雏形？我们有哪些技术发明到最后都运用到了航空领域？

（2）分组讨论，学生头脑风暴，回答问题。

（3）教师归纳总结古代中国关于飞行的探索成果，播放 MOOC 视频片段。

思政点融入：通过中国古代飞行器的发明，对学生进行继承和发展中华优秀传统文化的引导，增强学生的民族自信、文化自信以及民族自豪感，使其成为有民族自尊心、自信心、自豪感和认同感的“四有”新人。

【思政贯穿】

二、飞行探索和飞机的发明

教学实施

（1）观看早期失败的飞行探索的视频集锦。

（2）讲解第一次世界大战和第二次世界大战期间的世界名机。

（3）分组讨论，梳理人类对于飞行所进行的探索过程及典型发明；提问“航空百年”是从哪年开始计算的？

（4）学生头脑风暴，教师归纳总结出飞机持续飞行的三个条件。

思政点融入：飞行的探索有成功的，但更多的是失败的案例。通过观看失败的飞行视频集锦，目的是引导学生树立正确的世界观、人生观、价值观，使学生明白“科学探索的成功往往是建立在无数次失败和挫折的基础上的”，要勇于探索，不断进步。

三、民用航空的历史

教学实施

（1）引导学生梳理完成民用航空大事记表格，并找出每次民用航空发展的契机和原动力，上传至学习通相应任务处。

（2）提出问题“中国为什么要造大飞机？”引导学生思考民航产业对于国家科技、经济等方面的影响。

思政点融入：通过民用航空发展的契机，引导学生进行科学精神的思考。每次民用航空的发展都来源于创新和实践，创新是发展的动力，实践是检验科学认识真理性的标准和认识发展的动力。引导学生在学习和工作的过程中培养创新精神和创新思维能力，同时既有方向和信心，又有锲而不舍的意志。

四、当代中国民航事业

（1）中华人民共和国成立之前。

（2）中华人民共和国成立之后。

思政点融入：引入中国航空之父——冯如的故事，生动讲解我国民航的先驱冯如坚持不懈研制试飞飞机的感人事迹，目的是让学生深刻体会不忘初心，坚持不懈努力奋斗的职业精神和工匠精神。

【总结反思】

通过课末小结梳理民用航空发展史，针对新生普遍存在对航空航天精神及文化传承认识不足的问题，引入不同课程思政案例，用航空航天精神、家国情怀激发学生探索航空航天的兴趣，树立远大的理想和抱负，厚植爱国报国的情怀。

机电设备故障诊断与维修：电动机 PLC 控制电路的组装与调试

教师信息：李勇　**职称：**讲师　**学历：**本科
研究方向：机电设备应用及故障诊断
授课专业：机电一体化技术
课程类别：专业模块化课程
课程性质：必修课程

第一部分　设计思路

一、本次设计的课程思政目标

课程中引入大国工匠精神，通过专业知识、专业技能的学习，加强学生科学精神、职业精神、工匠精神、职业修养的教育。完成“三金”元素中的“金扣子”类型教学。

二、课程思政教学设计内容

1. 课前：课程思政引入

2020 年全球突发新冠肺炎疫情，我国在中国共产党的领导下以及人民群众的齐心努力下，非常好地遏制住了疫情蔓延，是全世界预防疫情中表现最好的一个国家，这种“幸福”写在了每一个中国人民的脸上。

2. 课中：课程思政贯穿授课过程

在专业知识教学中，以大国工匠精神为榜样，激励学生努力学习，掌握专业技能。可以引用不同的人物，通过视频、教师讲解、介绍他们，讲述他们的工作历程，如何成为国家栋梁之材，教育学生向他们学习。

实训中，加强安全生产的意识，通过实例强化该方面的认识。实训中强调安全操作，做好安全演示教学以及实训纪律的强调。

实训中，学生以团队小组方式学习，加强团队协作精神的培养，学习中加强学生的职业素养的教育，以5S规范和企业工艺规范要求学生。

3. 课末：课程思政总结反思

课程经过课前、课中的学习和课程思政实施，使学生多维度受到激励，无论在课程知识、技能、思想上都有所提高。经过课后思政总结，进一步培养学生的社会责任感，严谨的工作态度，高标准要求自己。

第二部分 案例描述

电动机PLC控制电路的组装与调试

一、新课导入

1. 思政导入

（1）考勤，收手机。加强纪律性教育。

（2）共度国庆、中秋双节，中国社会繁荣景象，进行爱国教育。

同学们在刚刚过去的十一、中秋双节中，相比国际社会仍然在疫情中煎熬，而中国大地上人们都“幸福”地拥堵在高速上，三五结群游览着祖国大好河山。2020年年初，中国受到新冠肺炎疫情突发影响，情况非常艰难。但是在中国共产党的有力领导下，人民群众上下齐心共同抗击疫情，有效、迅速遏制住疫情的蔓延。这些都说明中国社会主义制度的优越性，中国共产党才是全心全意为人民服务的党。我们生活在当下，应该感受到幸福，人民生活重新进入有序状态中，学生又回到了学校中，我们要感谢中国共产党！我们更应该努力学习，为祖国奉献自己的力量！

“为学须先立志。志既立，则学问可次第着力。立志不定，终不济事。”要成为社会主义的建设者和接班人，必须树立正确的世界观、人生观、价值观，把实现个人价值同党和国家前途命运紧紧联系在一起。

2. 教学内容：复习

（1）三相异步电动机Y-△降压启动电路原理。

（2）电动机Y-△降压启动的特点。

二、知识点讲解

1. 项目介绍及学习目标

任务说明：某台大型机电设备主电动机需要 Y-△降压启动，以便减轻对电网的影响。控制采用 FX3U-48MT/ES 可编程控制器，并执行操作台按钮盒触摸屏两种控制方案。

学习目标：

（1）认识电路的基本控制原理及硬件；

（2）能够完成控制电路的组装并测量；

（3）能够编写相关 PLC 控制程序并能调试；

（4）能够进行设备的运行调试与故障检修；

（5）能够使用触摸屏实现电动机控制应用。

2. 课程思政内容

引入大国工匠的故事，培养学生的工匠精神。

大国工匠（插入视频介绍）。

（1）裴永斌：普通车工，加工水电站用弹性油箱零件第一人，可以用双手摸出加工精度 1/100mm，称为金手指（精密测量仪），在企业设备更新为数控化设备后，努力钻研，把自己的经验应用到数控机床上，为国家做出突出贡献。

（2）方文墨：中航工业沈飞标准件厂钳工，后成为中航工业首席技能专家。手工锉削加工精度可达 3/1000mm，即头发丝的 1/25，为我国舰载机歼 15 的零件加工做出突出贡献。

（3）洪家光：他的团队成功解决了飞机发动机叶片加工问题，获得国家科技奖二等奖，还撰写了《航空发动机叶片滚轮精密磨削技术》一书，让西方国家惊讶。他只有中专文凭。

3. 知识学习

（1）三相异步电动机端子的连接（讲解）。

Y-△降压启动适用场合以及三相异步电动机端子连接。

（2）三相异步电动机 Y-△降压启动电路原理（讲解）。

（3）PLC 电动机 Y-△降压启动控制方案讨论。

思政教育：团队研讨学习，制定方案。

（4）方案确定（讲解）。

三、实践教学（团队学习）

1. 元件认识

四极断路器、开关电源、熔断器、热继电器、交流接触器、按钮、指示灯、端子板等。

思政教育：安全生产教育，5S 规范工作。

2. 电动机主电路连接及测量

见图 1。

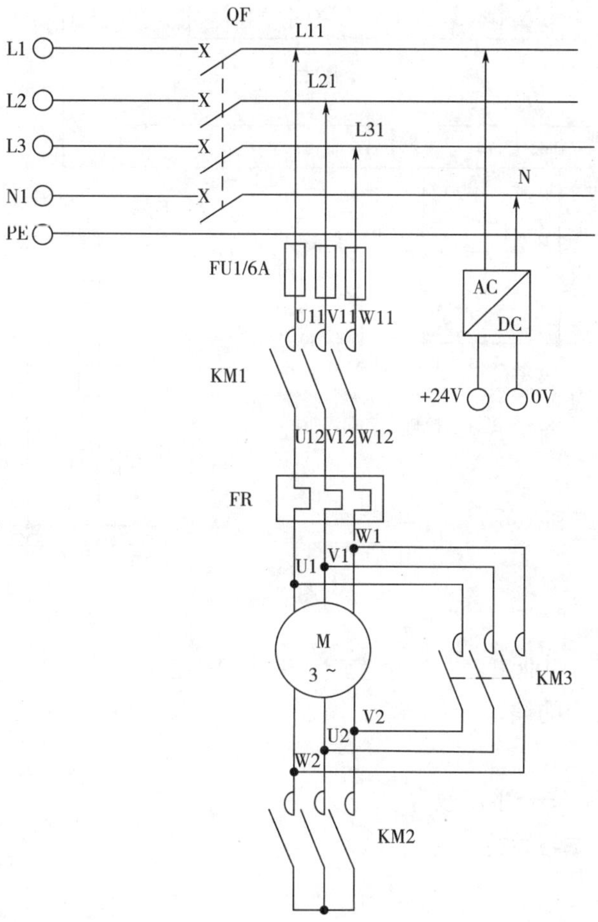

图 1

思政教育：工艺标准教育、职业道德教育、企业文化教育。

3. 控制线路连接及测量

见图 2。

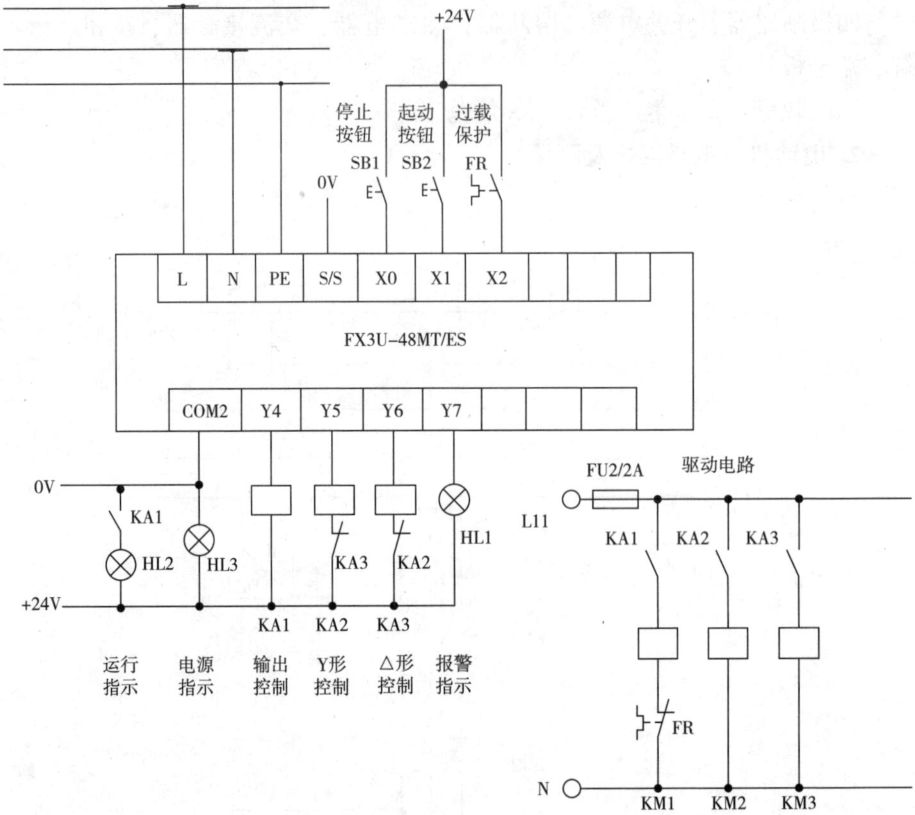

图 2

思政教育：职业素养、安全生产、工作纪律教育。

4. 控制程序的编写

见图 3。

思政教育：安全生产教育。

5. 设备调试与运行

见图 4。

思政教育：安全生产教育。

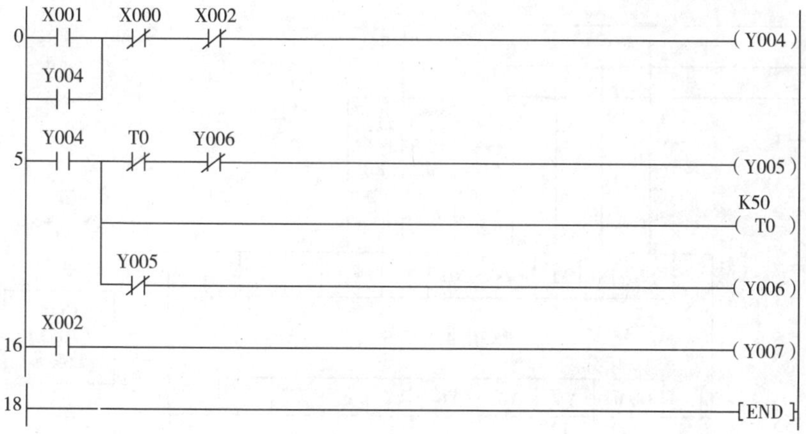

图 3

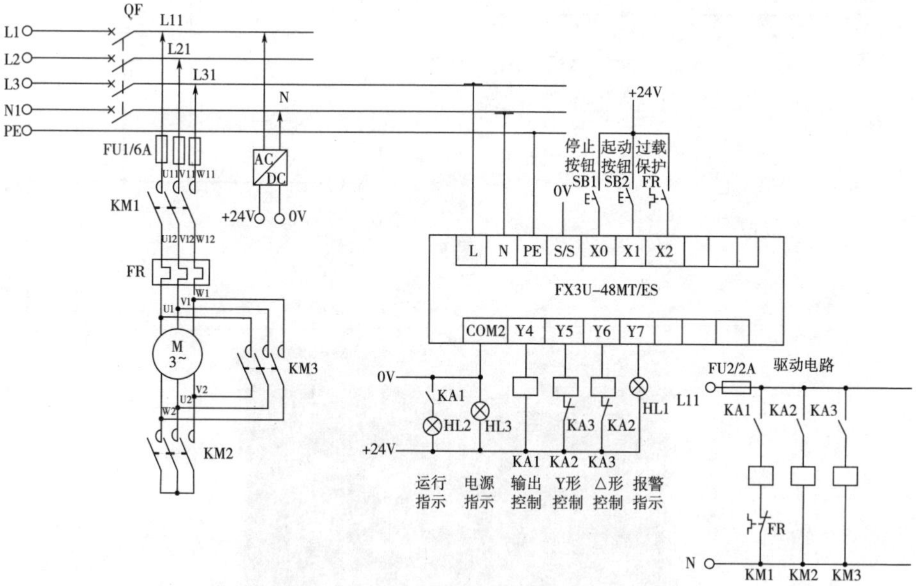

图 4

四、创新实践（团队学习）

触摸屏实现设备控制。电气控制原理见图 5。触摸屏控制界面见图 6。

思政教育：职业岗位素质教育；以大国工匠为榜样，努力探索，实现设

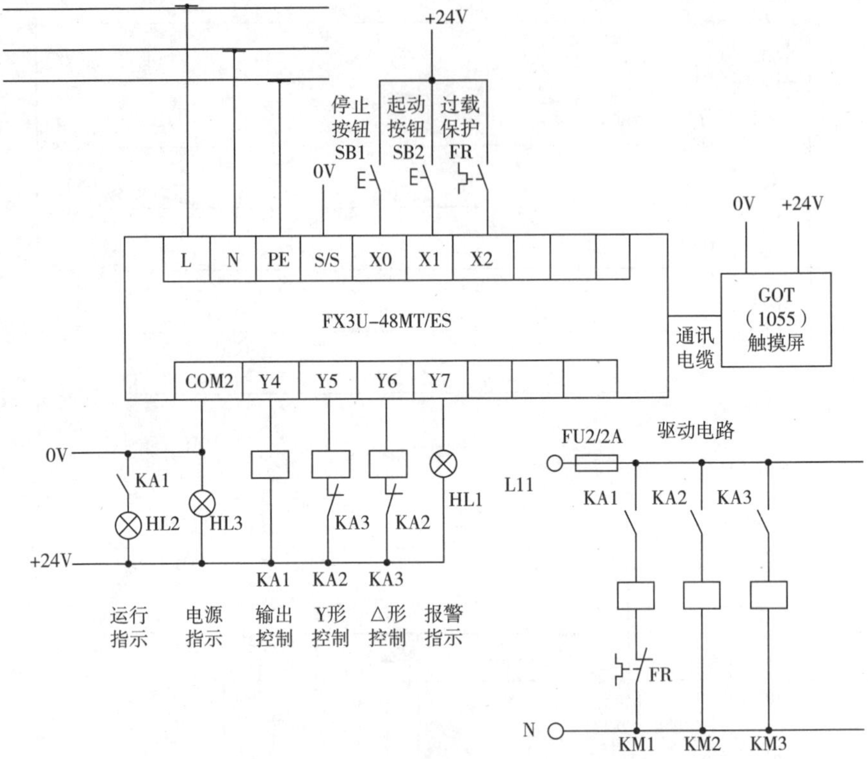
+24V
停止
按钮
SB1
起动
按钮
SB2
过载
保护
FR
0V
L
N
PE
S/S
X0
X1
X2
0V
+24V
GOT
(1055)
触摸屏
FX3U-48MT/ES
通讯
电缆
COM2
Y4
Y5
Y6
Y7
FU2/2A
驱动电路
L11
0V
KA1
HL2
HL3
KA3
KA2
HL1
+24V
KA1
KA2
KA3
运行
指示
电源
指示
输出
控制
Y形
控制
△形
控制
报警
指示
KA1
KA2
KA3
FR
N
KM1
KM2
KM3

图 5

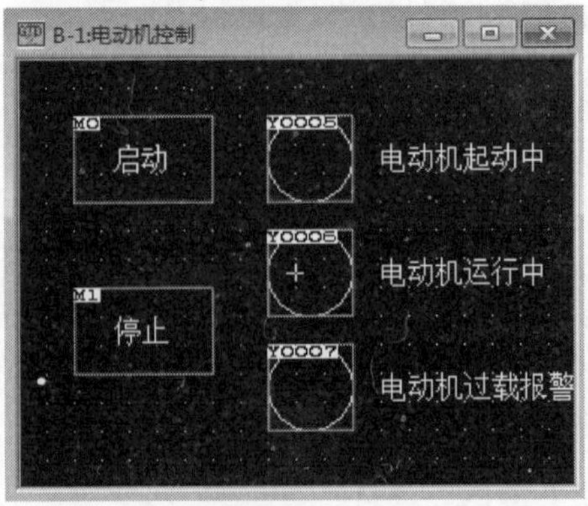
B-1:电动机控制
M0
启动
Y0005
电动机起动中
Y0006
电动机运行中
M1
停止
Y0007
电动机过载报警

图 6

备控制创新；安全生产。

【总结反思】

首先，在幸福的社会大环境下，教育学生要爱国，为国家多做贡献。其次，以工匠精神影响学生，教育学生要认真学习、努力钻研、爱岗敬业，发挥自己的潜能。最后，学习中让学生认识到团队的力量，安全生产是保障，企业标准是质量，职业素养是立人之本。经过课程学习，使学生具有强烈的社会责任感，严谨的工作态度，高标准要求自己。

物理3：核聚变

教师信息：林惠莉　**职称**：讲师　**学历**：本科
研究方向：物理教育
授课专业：基础学院
课程类别：公共基础课程
课程性质：必修课程

第一部分　设计思路

一、本次设计的课程思政目标

（1）选用视频《顽皮的小男孩（广岛原子弹）》引出本次课的知识点——核聚变，通过原子弹破坏力和“原子弹之父”奥本海默的故事，引出科学家坚持人类基本价值的良知和对未来负责的社会责任感，追求真理、追求美好，造福人类的职业精神、职业伦理，讲明任何发明创造都不应破坏和平。

（2）通过电影片段《横空出世》引出我国原子弹的发展，钱学森的归国之路引出科学家报国情怀，引导学生坚定理想信念，坚定中国复兴的希望。

（3）通过课后思考题，引导学生进一步思考科学精神和科学伦理。通过中国科技事业的发展，思考青年学生的责任。

二、课程思政教学设计内容

1. 课前：课程思政引入

通过课外预习，查阅原子弹工作原理，第二次世界大战时期广岛和长崎遭到原子弹袭击后造成的影响，了解核裂变及链式反应（本节知识点），了解核爆炸的威力，深入体会原子弹为人类带来过的巨大伤害（本节思政点）。

2. 课中：课程思政贯穿授课过程

通过视频、动画、小故事等多种教学方法，对知识点的分析和研究，融入课程思政，结合教学任务点，对学生进行爱国主义教育，求真、求实、维护和平、反对战争、正确使用科学技术等教育。

3. 课末：课程思政总结反思

结合本节所学内容，布置相应思政点的课后思考题，进一步加深思政教育。同时，结合学生课堂情况，微调思政的引入和融合，使学生更易理解和接受。

第二部分 案例描述

核聚变

美国原子弹突袭广岛（小男孩）和长崎（胖子）造成了巨大的毁伤。在长崎投掷的原子弹爆炸后形成的蘑菇状云团，爆炸产生的气流、烟尘直冲云天，高达 19 公里多。广岛市区 80%的建筑化为灰烬，64 000 人丧生，72 000 人受伤，伤亡总人数占全市总人口的 53%。长崎市 60%的建筑物被摧毁，伤亡 86 000 人，占全市总人口的 37%。

播放视频《顽皮的小男孩（广岛原子弹）》，观看被毁建筑物和幸存者照片。

原子弹爆炸的强烈光波，使成千上万人双目失明；6 000℃的高温，把一切化为灰烬；放射雨使一些人在以后 20 年中缓慢地走向死亡；冲击波形成的狂风，把所有的建筑物摧毁殆尽。处在爆心极点影响下的人和物，像原子分离那样分崩离析。离中心远一点的地方，可以看到在刹那间被烧毁的男人和女人及儿童的残骸。更远一些的地方，有些人虽侥幸还活着，但不是被严重烧伤，就是双目被烧成两个窟窿。这些幸存者，一辈子都生活在无尽的痛苦中。

原子弹的威力巨大，对人类的伤害无法估量。国际社会要反对使用核武器，坚决抵制军备竞赛，维护世界和平。全世界和平相处，实现共赢、共享的和谐社会。

一、核裂变的发现

1938 年年底，德国物理学家哈恩和他的助手斯特拉斯曼在用中子轰击铀核的实验中发现，生成物中有原子序数为 56 的元素钡。奥地利物理学家迈特纳和弗里施对此给出了解释：铀核在被中子轰击后分裂成两块质量差不多的碎块。弗里施借用细胞分裂的生物学名词，把这类核反应定名为核裂变（nuclear fifission），见图 1。

$$^{235}_{92}U+^{1}_{0}n \longrightarrow ^{144}_{56}Ba+^{89}_{36}Kr+3^{1}_{0}n$$

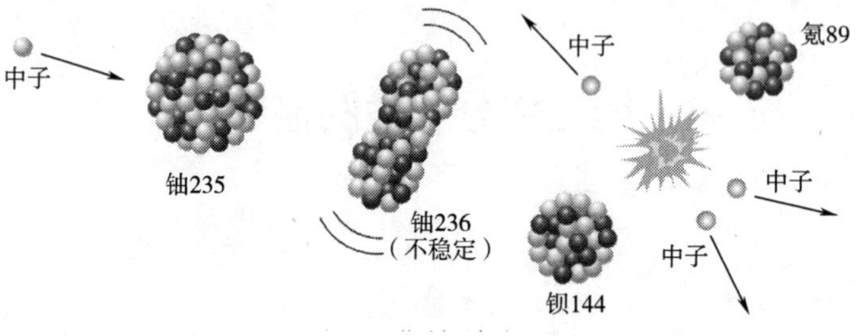

图 1　核裂变示意图

二、链式反应

1. 定义

重核裂变产生的中子使核裂变反应一代接一代继续下去的过程，叫作核裂变的链式反应。（观看动画视频——链式反应）

2. 图解

见图 2。

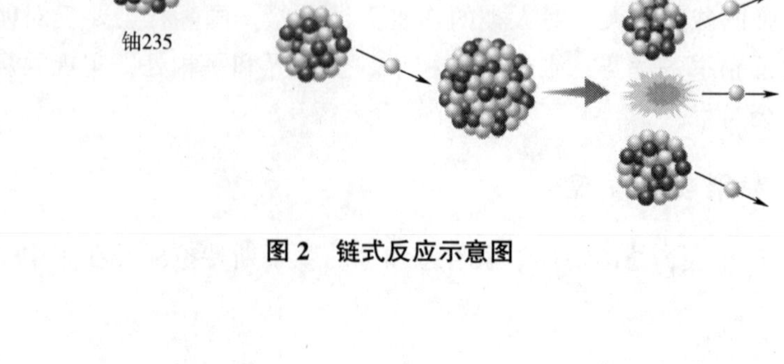

图 2　链式反应示意图

三、原子弹工作原理

原子弹是利用重核裂变的链式反应制成的，在极短时间内能够释放大量核能，发生猛烈爆炸。

图3是“内爆式”原子弹结构图。核燃料一般被分成若干块放置，每块的体积都小于临界体积。它的外部安放化学炸药，引爆时利用化学炸药爆炸的冲击波将核燃料压缩至高密度的超临界状态，聚心冲击波同时压缩放在核燃料球心的中子源，使它释放中子，引起核燃料的链式反应。其中，中子源的四周用铀238做成中子反射层，使逸出燃料区的部分中子返回，从而降低中子逃逸率以减小临界质量，节省核燃料。

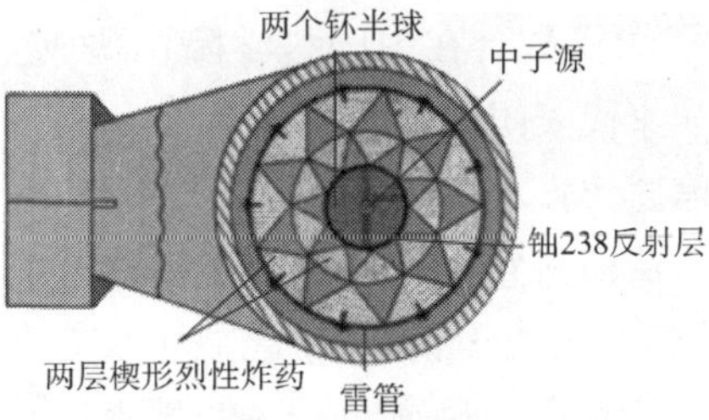

图3 内爆式原子弹示意图

原子弹的威力：世界第一颗原子弹——“小玩意儿”钚装药重6.1千克，TNT当量1.8万吨，试验中产生了上千万度的高温和数百亿个大气压，在原子弹的爆心，温度超过100万摄氏度，致使一座30米高的铁塔被熔化为气体，并在地面上形成一个巨大的弹坑。在半径为400米的范围内，沙石被熔化成了黄绿色的玻璃状物质；半径1 600米的范围内，所有的动物全部死亡。

思政元素：真善美教育（职业精神、职业伦理、科学家的和平愿望）。

“原子弹之父”奥本海默在核爆观测站里感到十分震惊，他想起了印度一首古诗：“漫天奇光异彩，有如圣灵逞威，只有一千个太阳，才能与其争辉。我是死神，我是世界的毁灭者。”作为科学家，他认为，科学的目的不仅仅在于求真，而且还致力于改善人们的生活条件，增进人们的福祉。当原子弹在日本投下后，他在联合国大会上脱口而出：“我的双手沾满了鲜血。”

奥本海默怀着对于原子弹危害的深刻认识和内疚，怀着对于美苏之间将展开核军备竞赛的预见和担忧，怀着坚持人类基本价值的良知和对未来负责的社会责任感，满腔热情地致力于通过联合国来实行原子能的国际控制和和平利用，主张与包括苏联在内的各大国交流核科学情报以达成相关协议。奥本海默一直无法摆脱内疚，他和爱因斯坦等科学家一起，坚决反对将核能用于战争，为此，他拒绝参加氢弹的研制。

在一次演讲时，奥本海默说：“……我们应该保持我们美好的感情和创造美好感情的能力，并在那遥远的不可理解的陌生的地方找到这个美好的感情。”

四、我国核弹研制发展过程

1946 年，中国安全部门负责人康生倡导招募海外华裔科学家，特别是火箭和核能方面的专家。

1953 年，中国原子能委员会在中国科学院正式成立。1 月，由核科学家钱三强率领的中国科学家代表团访问莫斯科。

思政元素：理想信念教育（中国梦）。

1955 年 1 月 4 日，莫斯科宣布将按照协定提供给中国核裂变材料。9 月，加州理工学院培养的火箭专家钱学森和 150 名旅居欧美的华裔科学家返华服务。

思政元素：爱国主义教育。观看电影《钱学森》片段。大批科学家放弃美国优厚的待遇，回到祖国，为国家建设贡献力量。钱学森放弃美国优厚的待遇，历经 5 年才回到祖国怀抱。回国后，他终生再未踏入美国国土，一位有家国情怀的科学家！

1956 年 3 月 14 日，钱学森向中央军委提交了《建立我国国防航空工业的建议书》，并讨论通过。5 月 26 日，航空航天部的前身——弹道导弹研究院及原子能研究设计院成立，钱学森任导弹研究院院长。

1959 年 6 月 20 日，苏联单方面撕毁同我国签订的核技术合作协定，开始取消对中国的技术援助，到 1960 年完全停止了援助。

思政元素：中国梦。观看视频《横空出世》，体会毛泽东为什么说：“再穷、再苦、再难，我们也要把原子弹搞出来！”我们必须自己掌握科学技术，才能立于不败之地。

1964 年 10 月 16 日 15 时（北京时间），中国第一颗原子弹在新疆罗布泊爆炸成功（见图 4），中国从此成为核俱乐部的第五个成员之一。10 月 17 日，即中国原子弹爆炸第二天，国务院总理周恩来致电世界各国政府首脑，阐明中国对于核武器问题的立场：中国政府一贯主张全面禁止和彻底销毁核武器，中国进行核试验、发展核武器，是被迫而为的。中国掌握核武器，完全是为了防御，为了保卫中国人民免受核威胁。中国政府郑重宣布，在任何时候，任何情况下，中国都不会首先使用核武器。

思政元素：真善美。我们虽然有铁拳，但是我们不会先出击。维护世界和平，中国人民一直在努力。

图 4　中国第一颗原子弹蘑菇云形成过程

1967 年 6 月 17 日，中国第一颗氢弹爆炸成功。7 月 1 日，中国战略导弹部队在北京正式成立，周恩来亲自命名为“第二炮兵”（即现在的火箭军）。

1988 年 9 月 29 日，中国第一颗中子弹爆炸成功。

1996 年 7 月 29 日，中国进行了最后一次核爆炸试验（第 45 次）。

思政元素：真善美教育，反对军备竞赛，反对核扩散。

五、核能利用

原子核的链式反应也可以在人工控制下进行，这样释放的核能就可以为人类的和平建设服务。其实，在第一个原子弹制成以前，科学家们已经实现了核能的可控释放。1942 年，美籍意大利物理学家费米主持建立了世界上第一个称为“核反应堆”的装置，首次通过可控制的链式反应实现了核能的释放。

图 5 为当前普遍使用的热中子（慢中子）核反应堆的示意图。实际上，中子的速度不能太快，否则会与铀 235“擦肩而过”，铀核不能“捉”住它，不能发生核裂变。实验证明，速度与热运动速度相当的中子最适于引发核裂变。这样的中子就是“热中子”，或称慢中子。但是，核裂变产生的是速度很

快的快中子，因此，还要设法使快中子减速。为此，在铀棒周围要放“慢化剂”，快中子跟慢化剂中的原子核碰撞后，中子能量减少，变为慢中子。常用的慢化剂有石墨、重水和普通水（也叫轻水）。为了调节中子数目以控制反应速度，还需要在铀棒之间插进一些镉棒。镉吸收中子的能力很强，当反应过于激烈时，将镉棒插入深一些，让它多吸收一些中子，链式反应的速度就会慢一些。这种镉棒叫作控制棒。核燃料发生核裂变释放的能量使反应区温度升高。水或液态的金属钠等流体在反应堆内外循环流动，把反应堆内的热量传输出去，用于发电，同时也使反应堆冷却（见图6）。

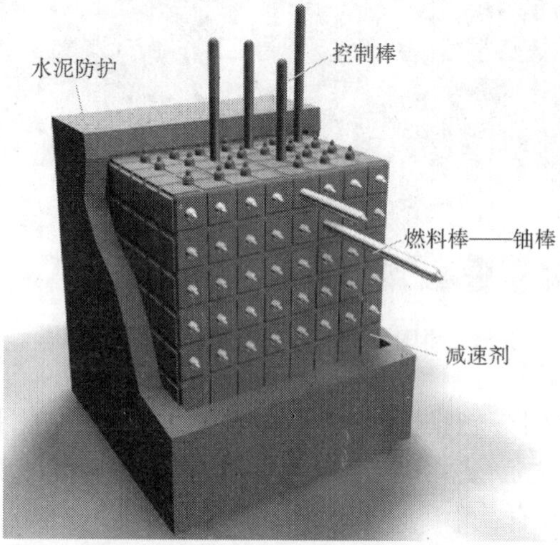

图5　热中子核反应堆示意图

核电站

- 核心设施：核反应堆
  浓缩铀制成的铀棒
- 减速剂：石墨、重水或普通水，
  用于降低中子的速度
- 控制棒：隔棒，用于吸收中子，
  控制核反应的快慢。

解决能源危机的根本途径——核能。
可开发的核裂变燃料资源可使用上千年。
核聚变资源可使用几亿年。

图6　核能的利用——核电站

课后思考：(1) 从不同角度分析，当年反法西斯战争中，该不该使用核武器？

（2）请查找相关资料，了解我国核电站发展处于世界何种地位，对此你有何感想？

【总结反思】

（1）本次课首先引入视频《顽皮的小男孩》，从最初的整齐、有序、祥和的氛围到原子弹爆炸带来的死伤、大火、恐慌，前后反差巨大，有较大的视觉冲击力，引起学生兴趣，从而引出思政点。

（2）在课程中，通过将科学家的小故事及电影《横空出世》和《钱学森》与本节知识点的有机结合，始终围绕知识点展开课程思政教育，有理有据，避免单纯说教。

（3）有效利用核能，将核能造福于人类，为人类发展提供帮助，才是科学技术的根本。

电机与电气控制技术：三相异步电动机点动控制电路

教师信息：邱利军　**职称**：讲师　**学历**：本科

研究方向：电气自动化

授课专业：供热通风与空调工程技术专业

课程类别：理实一体化课程

课程性质：专业群技术基础课

第一部分　设计思路

一、本次设计的课程思政目标

本课程是配合学校SCI人才培养体系中S型人才技能等级证书要求，提升学生职业技能水平的专业群技术基础课。本次设计的课程思政目标属于“金扣子”类型。引导学生树立远大理想和爱国主义情怀，树立正确的世界观、人生观、价值观，教育学生树立中国特色社会主义理想信念，全面提高学生思想政治素质。绘制电气控制线路图时，要求学生严格按照国标规定符号绘制，养成严格遵守国标的习惯，培养良好的职业道德素养；实训操作前熟悉实训室使用规范和安全用电的要求；从观看违章触电的视频入手讲解遵章守纪的重要性，引申到要从我做起遵纪守法，最低底线是遵守社会公德、课堂纪律等。在实训环节，为学生演示规范的操作方法与要求，学生在实施过程中，爱护实训设施和设备；通电前用万用表检查电路接线正确与否，严格遵守通电试车顺序；实训任务完成之后，按照管理标准，归置实训设备，整理实训室，养成良好的职业习惯。

二、课程思政教学设计内容

1. 课前：课程思政引入

课前学生通过学习相关文件和视频，系统了解低压电器元件的工作原理、特性、接线、选用的内容，让学生思考低压电器元件国产化的重要性，以及电机与电气控制技术领域科技进步对制造强国战略的支撑作用。

为学生演示规范的操作方法与要求，学生在实施过程中，爱护实训设施和设备；实训任务完成后，按照管理标准，归置实训设备，整理实训室，培养良好的职业道德素养，增强遵纪守法意识和企业6S管理意识。

2. 课中：课程思政贯穿授课过程

（1）通过低压电器元件和电机国产化重要性的讨论，引导学生树立远大理想和爱国主义情怀，树立正确的世界观、人生观、价值观，树立中国特色社会主义理想信念，全面提高学生思想政治素质。

（2）从观看违章触电的视频入手讲遵章守纪的重要性，引申到要从我做起遵纪守法，最低底线是遵守社会公德、课堂纪律等。

（3）在实训环节，教师演示实训操作中以身作则，为学生示范正确的操作方法，同时从规范操作、整理整洁等方面做深度讲解，要求学生养成6S管理习惯。学生分组进行实训，在实训过程中，提醒组长对全组同学进行培训，教师随机对组员提问，并给予评价，让学生感受到合作的重要性，锻炼学生相互合作的团队精神。

3. 课末：课程思政总结反思

电机与电气控制技术是一门专业性很强的课程，既要用理论指导实践，又要通过实践来验证理论知识。在教学过程中，挖掘一切可能的思想政治教育元素，培养有理想、有道德、有文化、有技术的新时代大学生。通过在电机与电气控制技术课程教学中融入政治思想教育，使学生树立正确的世界观、人生观和价值观；落实“制造业强国战略”、实现“中国制造2025”理想信念教育；树立社会主义职业道德观；树立大国工匠精神。具体体现在以下四个方面：

（1）学生学习主动性越来越高，完成任务时逐步树立成本核算意识。

（2）在实训过程中，学生操作逐步规范，达到企业标准。

（3）学生逐步提高规矩意识，达到企业6S管理标准。

（4）本课程无重大安全事故发生。

第二部分　案例描述

三相异步电动机点动控制电路

【思政导入】

通过介绍我国电机与电气控制技术中低压电器元件和电机设备100%国产

化，引导学生树立远大理想和爱国主义情怀，树立正确的世界观、人生观、价值观，勇敢地肩负起时代赋予的光荣使命，全面提高学生思想政治素质。激发学生强烈的民族自豪感、爱国主义情怀和为实现中华民族伟大复兴而努力学习的行动自觉。

一、课程引入

1. 针对课前学习内容提问

低压电器元件和电机国产化有什么重要意义？电机与电气控制技术领域科技进步对制造强国战略具有什么作用？

2. 教师总结

介绍我国电机与电气控制技术领域科技进步对制造强国战略的伟大贡献。

【思政贯穿】

引导学生树立远大理想和爱国主义情怀，树立正确的世界观、人生观、价值观，教育学生树立中国特色社会主义理想信念，全面提高学生思想政治素质。

二、根据电气原理图讲解电路工作原理

（1）电路中元器件介绍。

（2）电路工作原理介绍，见图1。

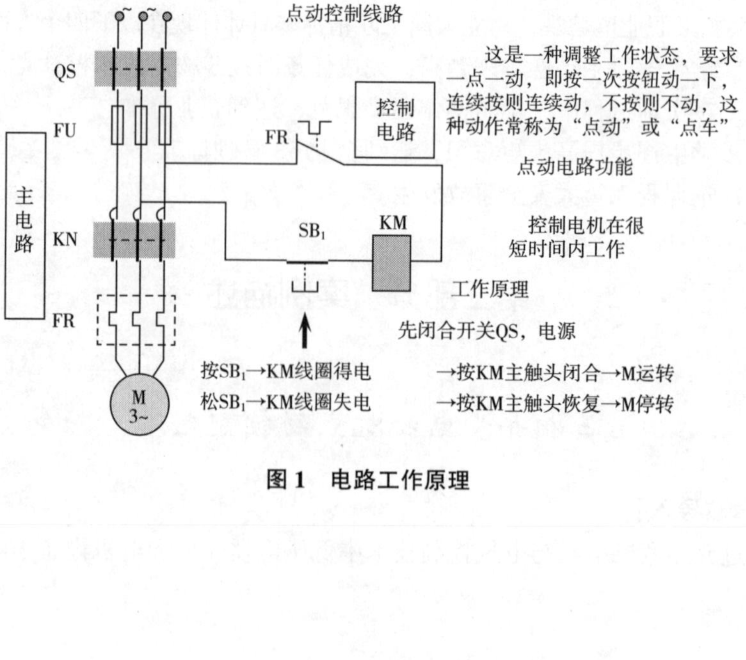

图1　电路工作原理

【思政贯穿】

绘制电气控制线路图时，要求学生严格按照国标规定符号绘制，养成严格遵守国标的习惯，培养良好的职业道德素养。

三、点动控制电路应用举例：电动葫芦

见图 2。

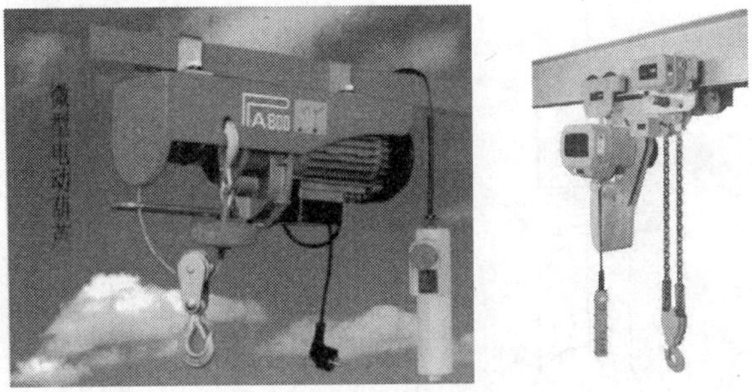

图 2 电动葫芦

四、根据电气原理图绘制电气布置图和电气接线图

1. 电气原理图与平面布置图

见图 3。

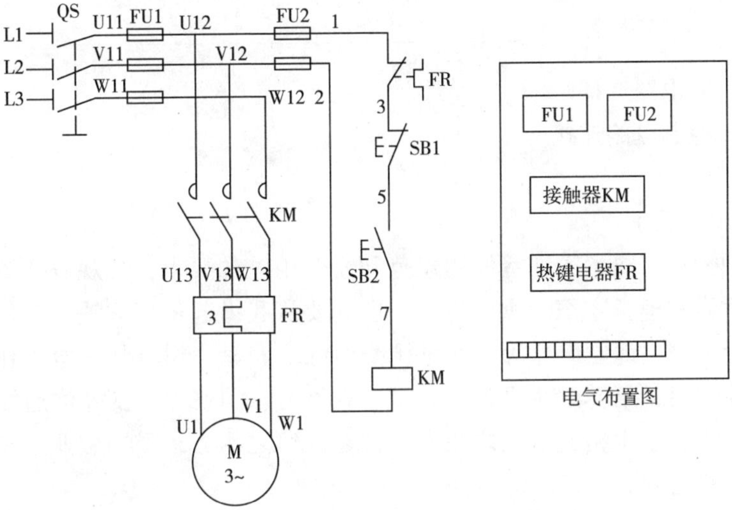

图 3 电气原理图和平面布置图

2. 电气接线图

见图4。

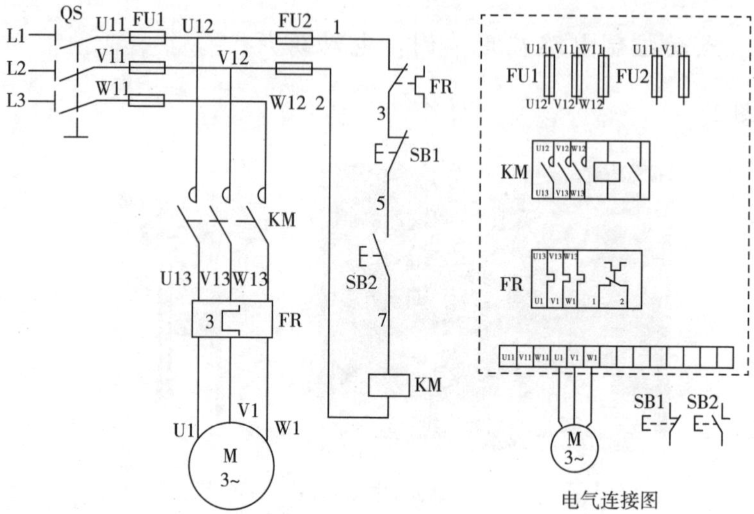

图4　电气接线图

【思政贯穿】

绘制电气控制线路图时，要求学生严格按照国标规定符号绘制，养成严格遵守国标的习惯，培养良好的职业道德素养。

五、实际接线

（1）主电路连接。

（2）控制电路连接。

见图5。

【思政贯穿】

实训操作前熟悉实训室使用规范和安全用电的要求；从观看违章触电的视频入手讲解遵章守纪的重要性，引申到要从我做起遵纪守法，最低底线是遵守社会公德、课堂纪律等。通过接线训练培养学生树立从事电工作业类工作的职业道德；培养学生真诚、奉献、观察力、洞察力、良好沟通能力的职业精神；培养学生精益求精之决心，持之以恒之耐心，爱岗敬业之忠心，守正创新之雄心的大国工匠精神。

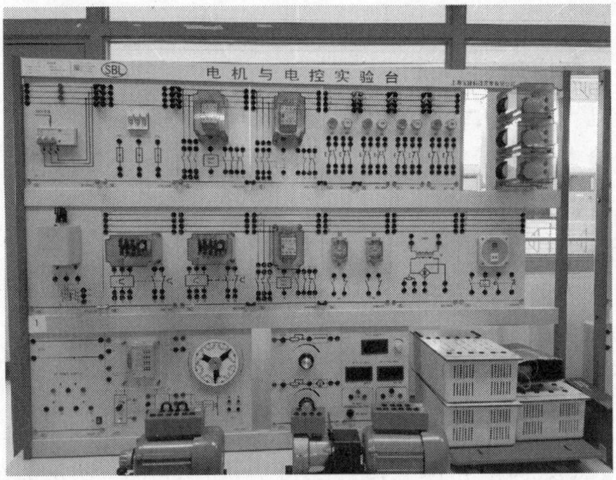

图 5　电路连接

六、通电试车

（1）万用表检测电路。

（2）通电试车。

【思政贯穿】

在实训环节，为学生演示规范的操作方法与要求，学生在实施过程中，爱护实训设施和设备；通电前用万用表检查电路接线正确与否，严格遵守通电试车顺序；实训任务完成后，按照管理标准，归置实训设备，整理实训室，养成良好的职业习惯；培养学生的工匠精神以及严谨求实、一丝不苟的工作作风。

七、故障检查

（1）主电路故障。

（2）控制电路故障。

【思政贯穿】

在实训项目中，鼓励学生创新，对提出创新方案的小组予以加分。对能自行找到故障和排除故障的小组予以加分，培养学生自我分析问题和解决问题的能力；培养学生坚持不懈，开拓进取，不畏挫折，战胜自我的大国工匠精神。

八、总结

（1）电路工作原理。

（2）根据电气原理图绘制电气布置图和电气接线图。

（3）故障检查实例。

（4）实训台整理。

【思政贯穿】

通过对每个实训台的6S整理检查和评比，引导学生养成良好的职业素养，严格执行企业6S管理的习惯。

【总结反思】

电机与电气控制技术是一门专业性很强的课程，既要用理论指导实践，又要通过实践来检验理论知识。在教学过程中，挖掘一切可能的思想政治素材，培养有理想、有道德、有文化、有技术的新时代大学生。通过在电机与电气控制技术课程教学中融入政治思想教育，使学生树立正确的世界观、人生观和价值观；落实“制造业强国战略”，实现“中国制造2025”理想信念教育；树立社会主义职业道德观；树立大国工匠精神。具体体现在以下四个方面。

（1）学生学习主动性越来越高，完成任务时逐步树立成本核算意识。

（2）在实训过程中，学生操作逐步规范，达到企业标准。

（3）学生逐步提高规矩意识，达到企业6S管理标准。

（4）本课程无重大安全事故发生。

机械制造技术基础：机械的生产过程和工艺过程

教师信息：张景黎　**职称：**副教授　**学历：**本科
研究方向：机械及自动化技术
授课专业：机械制造与自动化
课程类别：理实一体化课程
课程性质：职业技术技能课

第一部分　设计思路

一、本次设计的思政目标

本次课程的思政目标是，通过专业的现状与前沿的讲解，让学生接触掌握最前沿的专业知识，激发学生的责任感、使命感与荣誉感，引导学生不断提升专业素养，抓住国家快速发展的战略机遇期，积极寻找实现个人价值与才华抱负的成长舞台和发展机遇，提升学生树立远大理想信念。挖掘工匠大师不懈奋斗的感人事迹，用榜样人物的严谨认真、精益求精的案例激励学生成长，引导学生努力做到刚健有为、自强不息。

二、课程思政教学设计内容

1. 课前：课程思政引入

从专业前沿知识引入智能技术如何改变工业世界（见图 1），激发学生对专业技术发展的兴趣和学习好专业知识的责任感、使命感与荣誉感，通过国际学科专业与产业的发展比较，增强学生投身专业研究的使命感，鼓励学生把爱国精神转化成为国奉献的实践行动。

2. 课中：课程思政贯穿授课过程

将大国工匠针对某个领域的产品研发和精益求精的案例（见图 2）融入

图 1　智能制造

教学之中，使学生在课堂学习、课堂互动、课堂实践中体会知识，完成学习任务，提高学习能力，要有一种工匠持之以恒的韧劲，以探索的精神树立努力掌握知识，不断进步的决心和毅力。

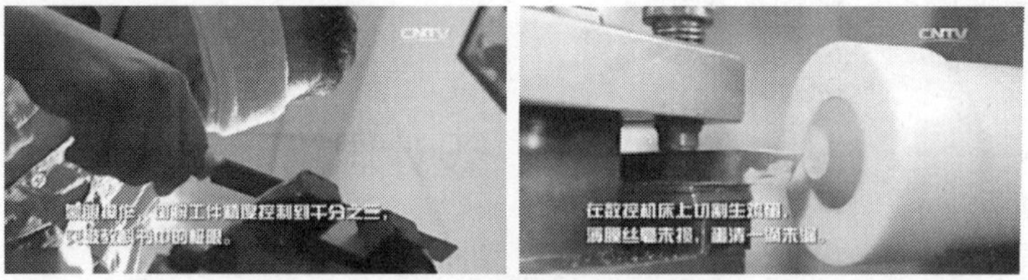

图 2　工匠精益求精案例

3. 课末：课程思政总结反思

通过本节课程教学任务的完成引发学生思考，如何用所学知识解决问题，将书本知识与实践问题结合起来。以学院大学生创新项目和小学期实践周创新产品设计为激励点，让学生尝试将知识与创新实践相结合，培养自己专业知识的实践应用能力。

第二部分　案例描述

机械的生产过程和工艺过程

【思政导入】

与学生共享施耐德（北京）中压电器有限公司参观感受——智能技术如何改变工业世界。

案例：从“制造”到“智能制造”

施耐德电气 EcoStruxure 机器解决方案助力瑞克西自动化完成了拉链染色从订单到产品全自动无人化生产，显著提高了生产效率、产品合格率和配方管理效率，实现了从“制造”到“智能制造”的数字化转型（见图 3）。

图 3　拉链染色自动化智能制造

引入“中国制造 2025”，增强学生发展民族工业的使命感，鼓励学生把爱国精神转化成为国奉献的实践行动，培养“四个自信”。

【思政贯穿】

一、学习内容引入（微课视频）

见图 4。

图 4　机械零件的生产过程

二、知识讲解

1. 生产过程和工艺过程

生产过程是将原材料转变为成品件的全过程。生产过程包括原材料购买、运输、管理、生产准备、毛坯制造、切削加工、热处理、检验、装配、试车、油漆、包装等。

生产过程包括工艺过程（见图5）和辅助过程两部分。

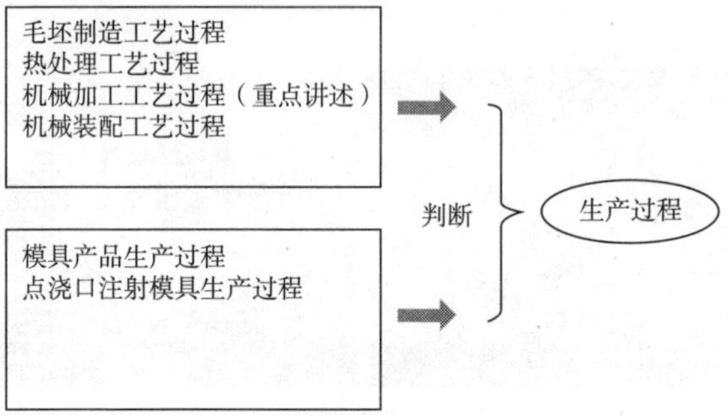

图5　工艺过程

工艺过程是指利用生产设备、工具及一定的方法改变生产对象的形状、尺寸、相对位置和性能等，使其变为成品件的过程。例如，铸造、锻压、焊接、热处理、切削加工、装配等，均属于工艺过程。

采用切削加工方法直接改变毛坯的形状、尺寸和表面质量，使之成为符合技术要求的零件，此过程被称为切削加工工艺过程。

辅助过程是与原材料改变为成品件有间接关系的过程，如运输、保管、检验、设备维修、购销等。

思政元素：通过判断分析法培养学生分析、总结及提高的能力。学习要有严谨的态度和科学的方法即学习工匠的“至善”，就是精益求精，钻研和探索。

2. 切削加工工艺过程的组成

零件的切削加工工艺过程由一系列工序组成。

工序由工步、安装和工位等单元组合而成。

（1）工序是指一个或一组工人，在一个工作地点（或同一设备），对同一个或同时几个工件进行加工，所连续完成的那部分工艺过程。

（2）工步是指在加工表面（或装配时的连接表面）和加工（或装配）工具不变的情况，所连续完成的那部分工序。

（3）安装包括定位和夹紧两项内容。定位是在加工前使工件在机床上（或在夹具中）处于某一正确的位置。工件定位之后还需要夹紧，使它不因切削力、重力或其他外力的作用而变动位置。

工件（或装配单元）经一次定位与装夹后所完成的那部分工序称为安装。

（4）工位是指为了完成一定的工序部分，一次装夹工件后，工件（或装配单元）与夹具或设备的可动部分一起相对刀具或设备的固定部分所占据的每个位置。

（5）走刀。在同一工步中，由于加工余量大等原因，需要用同一刀具，在相同的转速和进给量条件下，对同一加工面进行多次切削，每一次切削就是一次走刀。

综合练习：（教学重点）正确判断工序、工步、工位走刀的关系（见图6）。

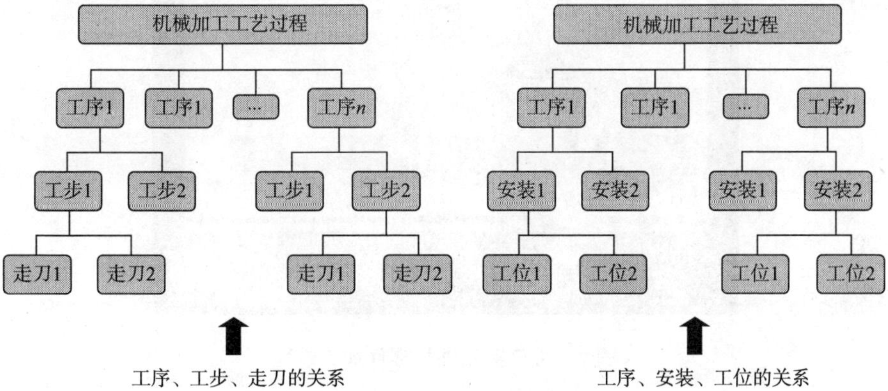

图6　工序、安装、工步、工位、走刀的关系

3. 生产类型

根据产品的品种和年产量的不同，机械产品的生产可分为三种类型，即单件生产、大量生产和成批生产。

（1）单件生产是指单个制造不同结构和尺寸的产品，很少重复或不重复生产。单件生产的特点是产品品种多而数量少。

（2）大量生产是指产品的数量很大，工作点经常重复地进行某个零件的某一道工序的加工。大量生产的特点是产品品种单一而数量大。

（3）成批生产是指分批地制造相同的产品，制造过程有重复性的生产。成批生产的特点是几种产品品种轮番制造，如机床的生产就是典型代表，大多数机械产品的生产均属于成批生产。成批生产按照一次投入生产的工件数量（批量）的多少，又可分为小批生产、中批生产和大批生产三种情况。小批生产与单件生产类似，大批生产与大量生产类似，中批生产介于大批生产与小批生产之间。

思政元素：用比较法，促使学生主动思考，主动参与，认真掌握教学中的重点内容。学习要专注和坚持，在学习中学习工匠的“专注”，就是恒心和韧性。

三、课堂实践综合练习

1. 布置学习任务

（1）观看微课视频（启发法），见图 7。

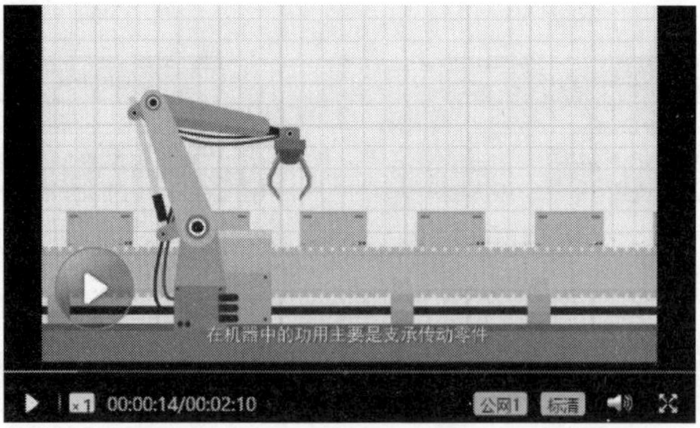

图 7　生产实践轴类零件加工过程

（2）如图 8 所示的阶梯轴，生产类型不同，加工同一个零件的工序不同。（实践法）

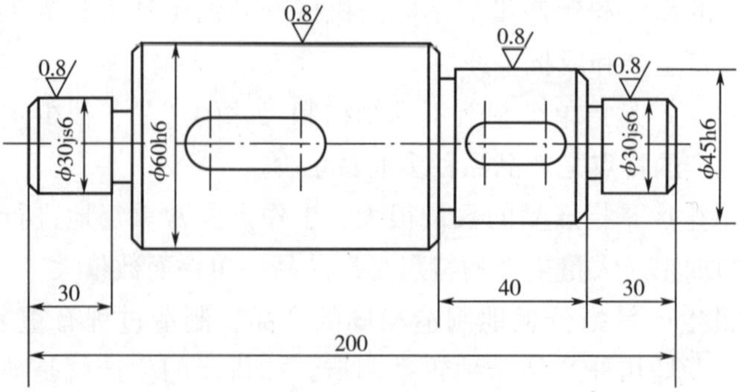

图 8　轴零件图

2. 课程思政教育

学生在课堂实践中体会要学进知识就要学习工匠在实践中不断思考，提升技能水平，尝试新知的精神。要完成学习任务，要有探索的精神，要有努力掌握知识不断进步的决心。

【总结反思】

根据本次课堂学习、课堂互动、课堂实践，引发学生思考如何不断提升自身综合素质。美好的德行辅之超群的技艺，高职院校的学生必是各企业争相追逐的宠儿。学生接触专业最前沿的发展技术，使学生意识到我国工业生产的现状，鼓励学生在学校练就一身本领，将职业精神、工匠精神持续到后续的学习中，立志成为国家工业技术研究的生力军与后备军。

自动控制系统装调综合实训：光伏电源控制单元接线

教师信息： 张丽荣　**职称：** 讲师　**学历：** 博士研究生
研究方向： 电气自动化、新能源发电
授课专业： 电气自动化技术专业
课程类别： 实践课程
课程性质： 集中实践课

第一部分　设计思路

一、本次设计的课程思政目标

本次教学设计属于“金扣子”教学设计案例。课程思政目标是增强学生的民族自豪感和自信心，提高学生的职业素养，培养精益求精的工匠精神；同时，使学生知道学有所用，在就业后作为电气施工人员为“中国制造2025”贡献力量。

二、课程思政教学设计内容

1. 课前：课程思政引入

课前，教师通过超星学习通平台推送预习任务，帮助学生了解中国制造业规模和地位以及精良的电气接线工艺，使学生产生民族自豪感、自信心，增强爱国主义情怀。

2. 课中：课程思政贯穿授课过程

在实训过程中，通过信息化手段、示范操作、巡查指导、量化评分等多种手段，将课程思政融入实训任务的讲解、实施、评价等各个环节中，让学生清楚意识到必须严格遵守工艺标准和规范，树立优秀的工匠意识，注重培养自己良好的职业素养。

3. 课末：课程思政总结反思

本次方案设计共在 7 个教学环节中融入课程思政内容，课程思政点侧重于学生社会主义核心价值观的引领，落实立德树人，培养学生的价值观、岗位能力、安全规范意识、职业素养、工匠精神。

第二部分 案例描述

光伏电源控制单元接线

在“中国制造 2025”的大背景下，电气自动化技术专业所培养的电气施工人员应具备对电气设备、自动化控制系统安装、调试、运行、维护和排故等通用技能，同时还要具备安全规范操作、团队协作等方面的职业素养，以及精益求精的工匠精神和创新精神，这是岗位对电气施工人员的职业能力要求。

【思政导入】

一、课前任务

1. 教学活动

教师通过超星学习通平台推送预习任务，要求学生查询中国制造在世界制造行业的地位、对比中国与德国电气行业的接线水准，使学生了解中国制造业规模居全球首位，是全世界唯一拥有全部工业门类的国家，中国制造已经进入世界强国之列；对比中国和德国的接线工艺，使学生明白不只德国有优良的工艺水准，中国同样有精良的工艺。

2. 思政点融入

通过以上任务，使学生产生民族自豪感、自信心，增强爱国主义情怀。

【思政贯穿】

二、课前准备阶段

1. 教学活动

教师组织学生做好防疫工作，遵守实训室纪律，在学习通签到。

2. 思政点融入

让学生养成良好的个人卫生防疫习惯，同时树立诚实准时、遵规守纪意识。具体要求如图 1 所示。

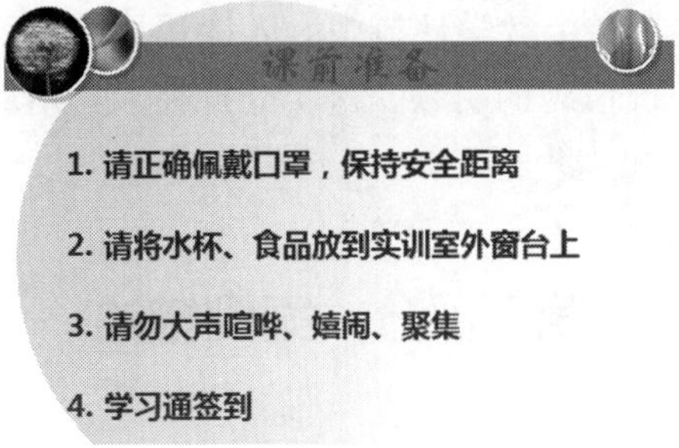

图 1　课前准备

三、课程引入阶段

1. 教学活动

对比中国和德国的电气设备接线工艺，观看 2019 年第 45 届世界技能大赛获奖图片（见图 2），分析课程内容分解架构图，引出本单元课程实训任务，让学生明白学之所用。

图 2　课程引入

2. 思政点融入

增强民族自豪感、自信心、爱国主义情怀，为中国制造贡献力量，实现中国梦。引导教育学生树立爱岗敬业的职业精神，在平时的实训中要追求精良，注重细节，养成良好的职业素养，成为优秀的工匠。

四、布置任务阶段

1. 教学活动

利用二维动画、操作视频讲解接线原理，明确工具摆放、节约耗材等职业素养要求，教师示范做线要点、对比分析工艺效果，讲解任务实现方法。

2. 思政点融入

让学生建立成本意识、节约意识，严格按工艺规范操作（见图3），以培养学生精益求精的工匠精神，通过小组成员互查培养学生团队合作精神。

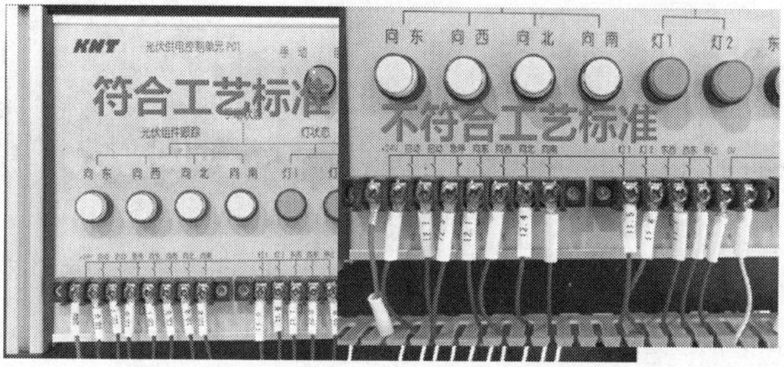

图3 工艺规范

五、任务实施与评价阶段

1. 教学活动1

学生按照国标工艺标准做线与接线，如图4所示。

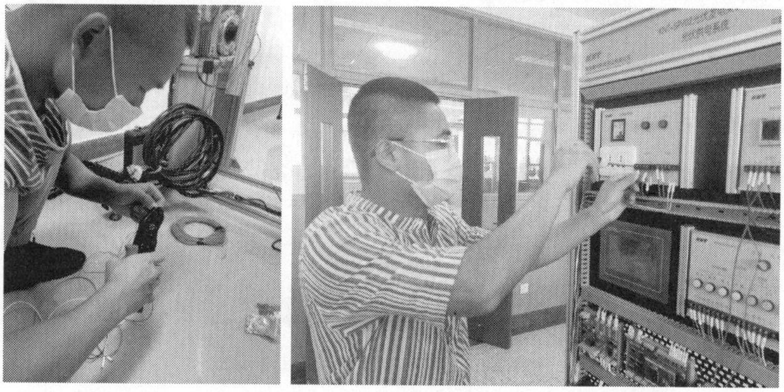

图4 做线与接线

思政元素：任务实施过程中建立规范操作、节约电气耗材、爱惜设备器材的职业道德及工程意识，贯穿工匠精神和创新精神的培养。

2. 教学活动 2

根据结果评价+现场评价进行量化评价，如图 5 所示。

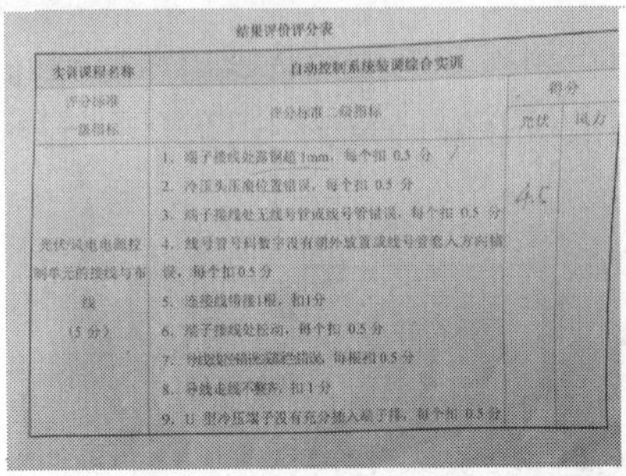

结果评价评分表

实训课程名称	自动控制系统装调综合实训		
评分标准一级指标	评分标准二级指标	得分	
		光伏	风力
光伏风电电源控制单元的接线与布线（5分）	1. 端子接线处露铜超 1mm，每个扣 0.5 分 2. 冷压头压接位置错误，每个扣 0.5 分 3. 端子接线处无线号管或线号管错误，每个扣 0.5 分 4. 线号管号码数字没有朝外放置或线号管套入方向错误，每个扣 0.5 分 5. 连接线错接1根，扣1分 6. 端子接线处松动，每个扣 0.5 分 7. [illegible]，每根扣 0.5 分 8. 导线走线不整齐，扣 1 分 9. U 型冷压端子没有充分插入端子排，每个扣 0.5 分	[illegible]	

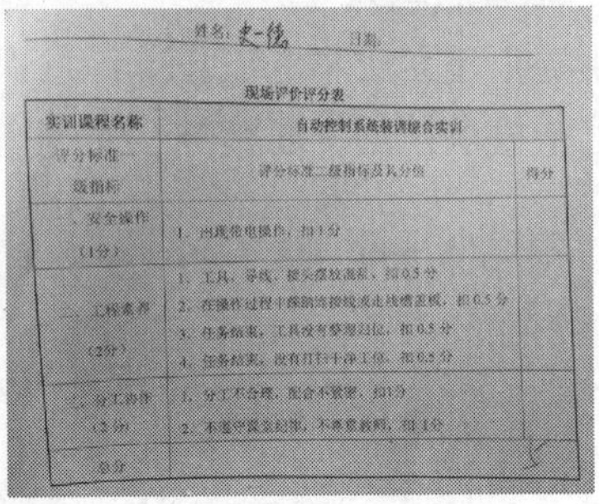

姓名：[illegible]　日期：

现场评价评分表

实训课程名称	自动控制系统装调综合实训	
评分标准一级指标	评分标准二级指标及其分值	得分
一、安全操作（1分）	1. 出现带电操作，扣 1 分	
二、工程素养（2分）	1. 工具、导线、接头摆放混乱，扣 0.5 分 2. 在操作过程中[illegible]，扣 0.5 分 3. 任务结束，工具设备整理归位[illegible]，扣 0.5 分 4. 任务结束，没有打扫干净工位，扣 0.5 分	
三、分工协作（2分）	1. 分工不合理，配合不紧密，扣1分 2. 不遵守课堂纪律，不尊重教师，扣 1 分	
总分		[illegible]

图 5　评分表

思政元素：树立公平、公正的评价意识。

六、任务总结阶段

1. 教学活动

教师分析学生任务实施过程中没有达到工艺要求的原因。

2. 思政点融入

再次强调标准意识、规范意识、安全意识及责任意识的重要性，让学生进一步树立精益求精的工匠精神。

七、整理实训室阶段

1. 教学活动

整理工具工位、清扫场地、消毒、填写设备使用记录和实训室消毒通风记录。整理实训室的具体要求如图 6 所示。

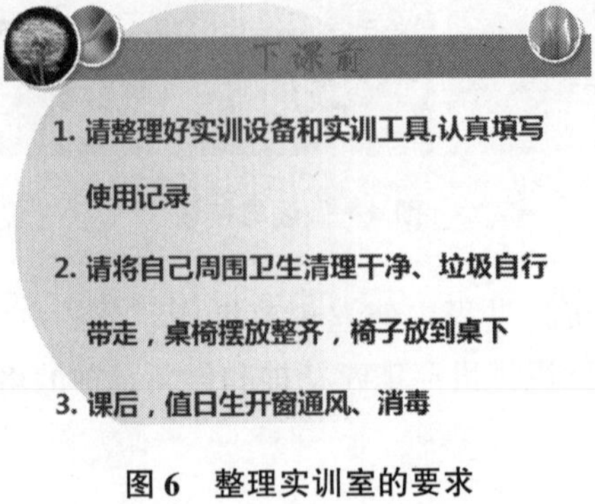

图 6　整理实训室的要求

2. 思政点融入

培养学生劳动精神、环保意识、良好的职业素养。

【总结反思】

本次教学设计共在7个教学环节中融入课程思政内容，课程思政点侧重于学生社会主义核心价值观的引领，整个实训过程中严格按照国标工艺标准要求学生，让学生体验国家标准的工艺流程和工艺要求，养成良好的操作习惯，提高学生职业素养，为“中国制造2025”培养具有创新思维和工匠精神的技术人才。

建筑供配电与照明：电力系统基础知识

教师信息：张莉莉　**职称**：讲师　**学历**：硕士研究生
研究方向：建筑供配电与建筑节能
授课专业：建筑智能化工程技术专业
课程类别：理实一体化课程
课程性质：专业模块化课

第一部分　设计思路

一、本次设计的课程思政目标

本次设计的课程思政目标是让学生树立坚定的理想信念，厚植爱国情怀，同时培养学生具有科学精神，使学生具备创新意识。

二、课程思政教学设计内容

1. 课前：课程思政引入

课前通过播放公益广告，引出电力系统的概念。

2. 课中：课程思政贯穿授课过程

通过播放《厉害了，我的国》，展示超高压电网的建设现状，让学生了解这些骄人成绩的取得都需要具备科学精神，需要中国共产党的领导，国之强大，民之骄傲，我们应该以投入建设中国梦的浪潮中为荣，以建设繁荣昌盛的祖国为傲。

通过世界各国发电量排名，在画面和数字带来的震撼和鼓舞下，让学生了解我国近年来在电力行业所取得的巨大成就，激发学生的民族自豪感和爱国热情，鼓励学生积极投身于伟大祖国的建设中去。

3. 课末：课程思政总结反思

学生对我国在电力行业所取得的成绩有了深入了解，认识到这些成绩的取得离不开中国共产党的领导，离不开劳动者的奋斗与科学精神，同时也更加深刻认识到我们党的初心：为中国人民谋幸福，为中华民族谋复兴。

第二部分 案例描述

电力系统基础知识

【思政导入】

播放公益广告，引出电力系统的概念。

一、概述

电力系统是指由各种电压等级的电力线路，将各发电厂、变电所和电能用户连在一起构成的发电、输电、变电、配电和用电的统一整体。

通过图 1 详细说明电力系统的概念。

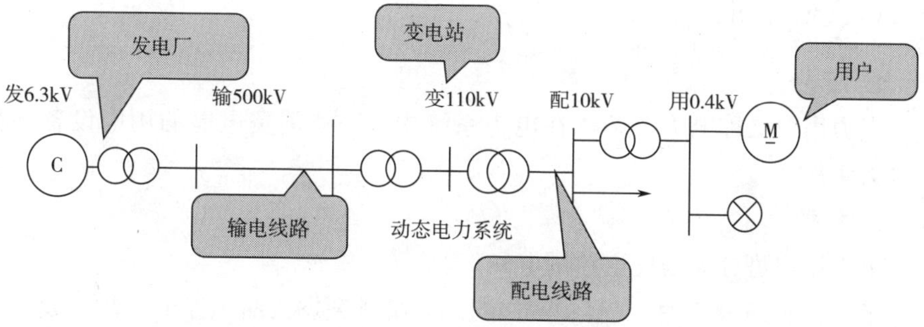

图 1 电力系统示意图

【思政贯穿】

二、发电厂（站）

1. 概念

发电厂是将一次能源转换为电能的工厂（电站）。

2. 分类

发电厂分为火力发电厂、水力发电厂、原子能发电厂、其他新型发电厂

（如风力发电厂、太阳能发电厂、潮汐发电厂、垃圾发电厂等）。

案例：《厉害了，我的国》中凌空走钢丝的工人们正在建设的一千千伏特高压工程，连接西部清洁能源基地，实际上就是将西部丰富的风能、太阳能等清洁能源转换为电能供给中东部用电负荷较多的地区，实现能源资源的优化配置。特高压是世界上最先进的输电技术，目前世界上只有我国全面掌握这项技术，并开始了大规模工程应用。在世界上前20位发电站中，中国占有5席。

通过案例分享，让学生了解这些骄人成绩的取得，都需要具备科学精神，需要中国共产党的领导，国之强大，民之骄傲，我们应该以投入建设中国梦的浪潮中为荣，以建设繁荣昌盛的祖国为傲。

三、电网

电网是电力系统中发电厂和用户之间的中间环节，由各种电压等级的输配电线路和变配电所构成，用以变换电压、输送和分配电能。

（1）电网的分类。

（2）变电所的分类。

四、电力用户

1. 概念

电力用户又称电力负荷。在电力系统中，一切消费电能的用电设备均称为电力用户。

2. 分类

电力用户可分为居民生活用电和工业用电。

案例：2019年7月13日，美国纽约曼哈顿突发大面积停电事故，超7万户居民、商户和部分交通设施受到影响，而这种大规模停电对于中国大部分人来说仿佛已经是很遥远的回忆了。在民国时代，中国年发电量还不及美国的1/200。现在，中国发电量已经是美国的1.5倍，是欧盟的2倍，相当于美国、日本、俄罗斯三国的总和，位居世界第一。2019年夏天，因为持续高温，全国有20个省份用电负荷突破了历史极值，其中，江苏省的用电负荷突破了1亿千瓦。1亿千瓦是什么概念？德国全国的用电负荷是8 200万千瓦，也就是说，我们一个省的用电负荷超过了一个国家。在欧美国家，电力由私人操控，往往会考虑成本，人烟稀少的地方就难以保证供电。但是在中国，无论是在高原山口还是在沙漠腹地，无论是滨海渔村还是密林深处，电都会给你送到家门口。截至2018年年底，放眼全球，中国是第一个，也是唯一的一个拥有近14亿的超庞大人口却依然能做到全民通电的国家!

城市霓虹闪烁，万家灯火，而这些正是对国泰民安的最好注解。通过世界各国发电量排名，在画面和数字带来的震撼和鼓舞下，让学生了解我国近年来在电力行业所取得的巨大成就，激发学生的民族自豪感和爱国情，鼓励学生积极投身于伟大祖国的建设中去。

【总结反思】

课程思政引入，激发学生学习兴趣；世界各国发电量排名，引发学生民族自豪感和自信心，激发学生爱国情；《厉害了，我的国》鼓励学生积极投身于伟大祖国的建设中去。

机械工程基础：认识螺纹连接

教师信息：张娜　**职称：**讲师　**学历：**本科
研究方向：机械设计与制造
授课专业：电气自动化技术专业
课程类别：理论课程
课程性质：专业群技术基础课

第一部分　设计思路

一、本次设计的课程思政目标

本次课的思政目标侧重于社会主义核心价值观的引领，树立职业精神、工匠精神，提升职业道德，厚植爱国情怀。

主要内容包括“金扣子”中的四个方面：世界观、人生观、价值观教育；理想信念教育；社会主义道德教育；真善美教育。

二、课程思政教学设计内容

1. 课前：课程思政引入

教师讲述有关雷锋日记钉子精神的小故事，并引入总书记的话“钉钉子精神”，教育学生要用钉子精神的钻劲儿和挤劲儿刻苦学习；用钉钉子精神脚踏实地、一步一个脚印地学习工作，必然有大成效。

2. 课中：课程思政贯穿授课过程

课程思政层次递进，在每个知识点的讲解中，用不同的素材和载体，从树立科学精神到培养职业道德、筑牢工匠精神、训练创新思维；从理想信念教育到厚植爱国情怀融入课程思政教育。

3. 课末：课程思政总结反思

探索施必牢螺纹防松原理、查询国产大飞机 C919 使用的螺纹紧固件。通过实例让学生体会，实践反复告诉我们，关键核心技术是要不来、买不来、讨不来的。只有把关键核心技术掌握在自己手中，才能从根本上保障国家经济安全、国防安全和其他安全。要增强“四个自信”，以关键共性技术、前沿引领技术、现代工程技术、颠覆性技术创新为突破口，敢于走前人没走过的路，努力实现关键核心技术自主可控，把创新主动权、发展主动权牢牢掌握在自己手中。实现建成社会主义现代化强国的伟大目标，实现中华民族伟大复兴的中国梦，我们必须具有强大的科技实力和创新能力，进一步激发学生的爱国热情和学习热情。

第二部分 案例描述

认识螺纹连接

【思政导入】

教师：拿着一颗钉子提问，从这颗钉子大家都能想到什么？

学生：积极讨论回答。

教师：讲述有关雷锋日记钉子精神的小故事，并引入总书记的话“钉钉子精神”，教育学生要用钉子精神去刻苦学习；用钉钉子精神脚踏实地、一步一个脚印地学习工作，必然有大成效。

素材内容：雷锋日记——“有的人总说工作忙，没有时间学习，我认为问题不在忙，而在于你愿不愿意学习，会不会挤时间。要学习的时间是有的，问题是我们善不善于挤，愿不愿意钻。一块好好的木板，上面一个眼也没有，但钉子为什么能钻进去呢？这就是靠压力硬挤进去的。由此看来，钉子有两个长处：一个是挤劲，一个是钻劲。我们在学习上，也要提倡这种‘钉子’精神，善于挤和善于钻。”雷锋就是用钉子精神去刻苦学习的。

习近平讲话——2013 年 2 月 28 日，在党的十八届二中全会第二次全体会议上，习近平对钉钉子精神进行了详细阐述：“我们要有钉钉子的精神，钉钉子往往不是一锤子就能钉好的，而是要一锤一锤接着敲，直到把钉子钉实钉牢，钉牢一颗再钉下一颗，不断钉下去，必然大有成效。”

【思政贯穿】

一、螺纹的形成与分类

教师用一张直角三角形的纸，缠绕在一根签字笔上，斜边所形成的轨迹就是螺纹（见图1），展示螺纹分类的图片（见图2），使学生一目了然。

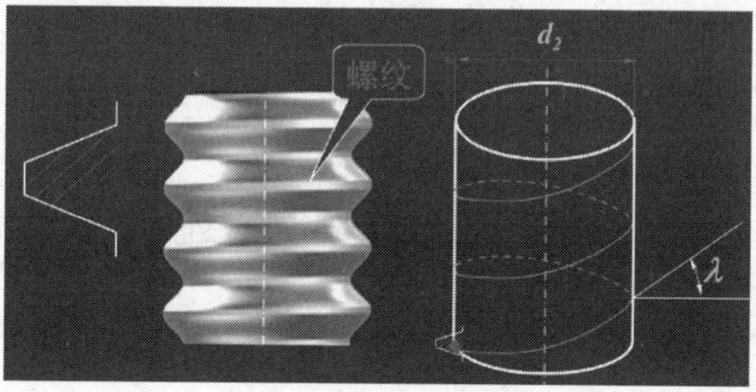

图1　螺纹

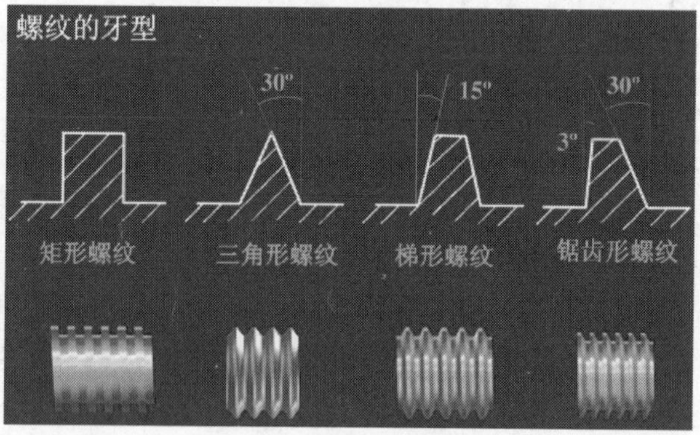

图2　螺纹的分类

学生根据学习材料的提示，找寻对应关系。

教师总结并讲述螺丝（即螺纹紧固件）的发展史，教育学生应该了解历史，要继承发展和不断探索。

素材内容：螺丝的发明简史——螺纹是人类最早发明的简单机械之一，在古代人们利用螺丝固定战袍的铠甲、提升物体、压榨油料和制酒等。

第一个描述螺旋物的人是希腊科学家阿基米德（约公元前287—公元前212年）。阿基米德螺旋是一个装在木制圆筒里的巨大螺旋状物，用来把水从一个水平面提升到另一个水平面，对田地进行灌溉（见图3）。

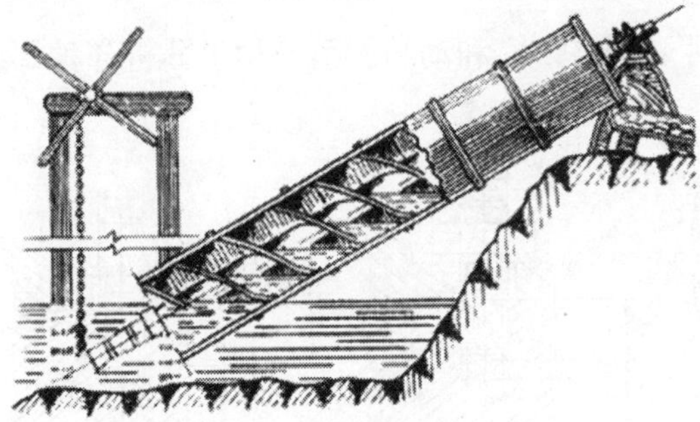

图3 阿基米德螺纹

18世纪末，英国机器制造业兴起，英国、发明了丝杠车床、丝锥、板牙和泰勒螺纹量规，为螺纹制造奠定了技术基础。

19世纪中期，英国和美国发布了寸制螺纹国家标准（英国的惠氏螺纹W；美国的国家螺纹N和布氏螺纹）。

19世纪末，以法国为首的欧洲五国联合提出了米制螺纹标准（普通螺纹M）。

从此，螺纹标准进入了英制、美制和米纹三家抗衡时代。

洋务运动前后，随着工业的发展，我国引入螺丝。

二、螺纹的主要参数、特点和应用

教师对照实物和图片（见图4），引导学生思考和分析螺纹的每一部分参数名称、特点及应用。

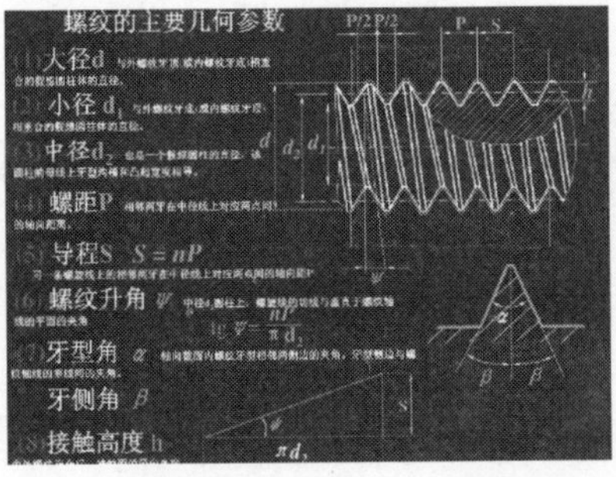

	牙型角α	自锁性	效率	加工	强度	应用
普通螺纹	60°	易	低	易	高	联接
矩形螺纹	0°	不易	高	不易	低	传动
梯形螺纹	30°	较易	较高	较易	较高	传动
锯齿形螺纹	33°	不易	较高	较易	较高	单向传动

图4 螺纹的主要几何参数

三、螺纹连接的基本类型和螺纹连接件

教师对照图片（见图5）和动画，引导学生分析各种螺纹连接。

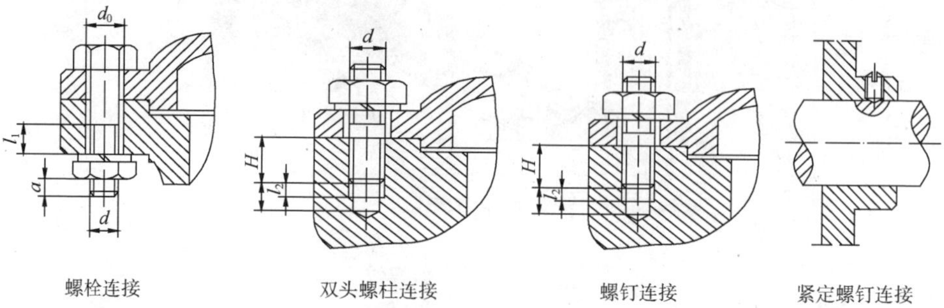

图5　螺纹连接的类型

学生观察图片，依次回答教师提问。

教师引导学生讨论螺纹连接的重要性。

学生积极思考并回答问题。

教师举工程实例说明螺纹连接件出现损坏造成的严重后果，教育学生紧固件虽小，但作用重大，启示我们要有一颗高度负责的心，对待工作要精益求精，对待学习要认真，对自己现在和未来要高度负责。

素材内容：在某些重要的机器设备中，例如，在飞机、汽轮机、核反应堆等大型装备中，一旦螺纹连接出现损坏，将造成严重后果，会影响机械设备的正常运转，问题严重时还会被迫停产。

例1：1966年日本航空公司一架从千叶飞往东京羽田机场的飞机，因为连接发动机的螺栓疲劳断裂，在羽田海面坠入海中。

例2：美国汽车制造商接到的投诉中，最多的是紧固件问题。

例3：美国空间实验计划的统计资料表明，在螺栓连接失效的原因中，设计不当造成的损坏占24%，若把装配不当引起的损坏（占29%）加在一起数字则相当可观。

四、螺纹连接的预紧和防松

教师讲解每种防松办法前展示图片（见图6），然后对照实物，提问防松原理是什么，引导学生思考和回答问题。

学生认真观察图片和实物演示，然后积极思考和回答问题。

教师总结螺纹连接的防松办法，并拓展引入螺纹连接防松新技术，引导

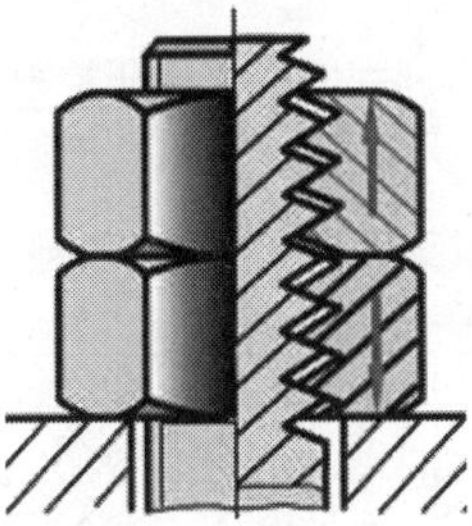
对顶螺母防松

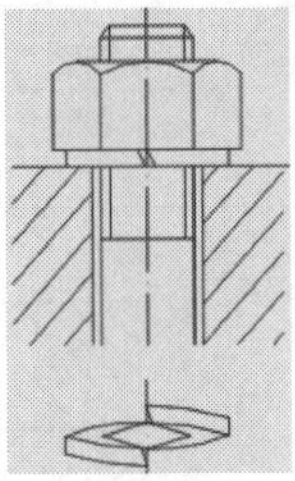
弹簧垫圈防松

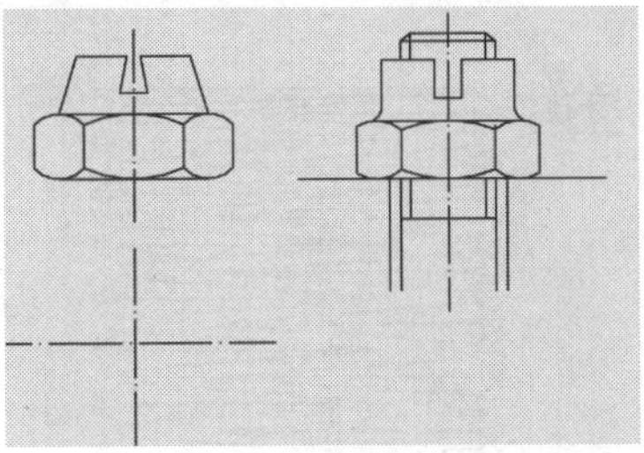
自锁螺母防松

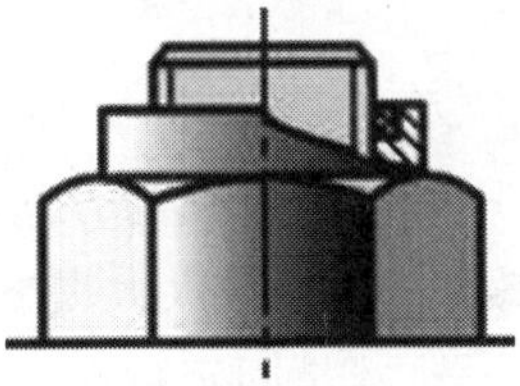
尼龙锁紧圈螺母防松

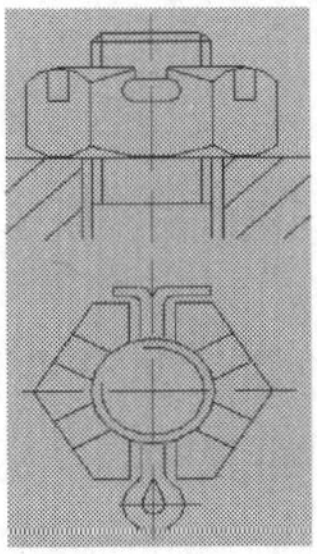
开槽螺母与开口销防松

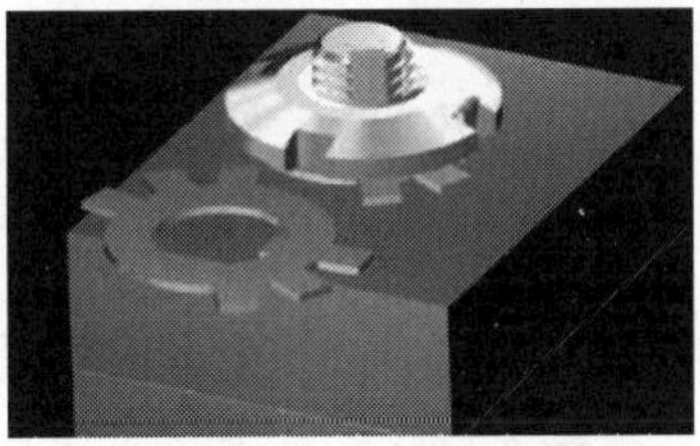
圆螺母和止动垫圈防松

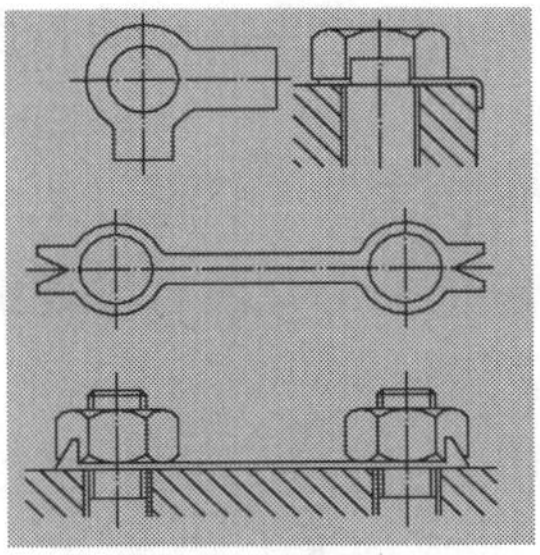
单耳止动垫圈防松

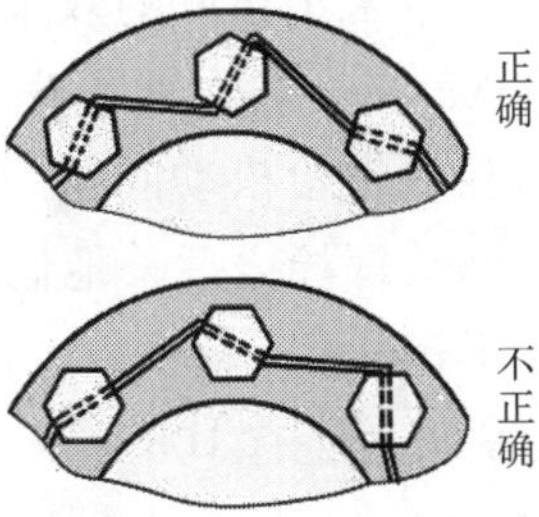

串联钢丝防松

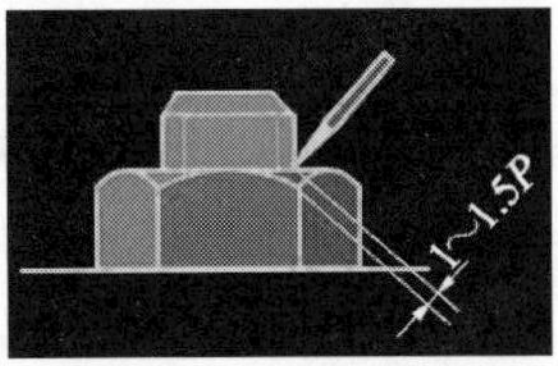

冲点法防松

图 6　螺纹连接的各种防松办法

学生观察并思考中国唐氏螺纹的防松原理（见图 7）。

教师讲述唐宗才发明的唐氏螺纹小故事。唐宗才的“有解思维”和“执着”正是现在所提倡的工匠精神。绝不轻易放弃，一步一步地打磨自己的产品，直到得到令人满意的结果。唐宗才的工匠精神最终让他颠覆了传统的螺纹，在某种意义上改写了螺纹的历史。

素材内容：唐宗才用工匠精神铸螺纹。设计一种“不会松动的螺栓”结构，一直萦绕在唐宗才的脑海。唐氏螺纹螺母由作为紧固螺母的右旋螺母和

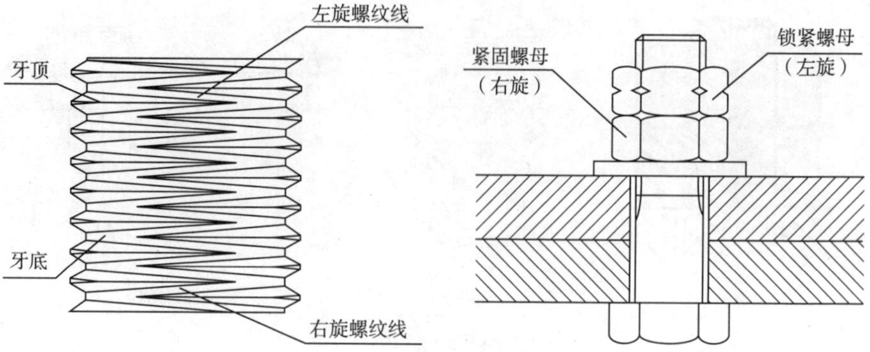

唐氏螺纹结构　　　　唐氏螺纹紧固件防松原理

图 7　唐氏螺纹防松原理

作为锁紧螺母的左旋螺母组成，两种螺纹复合在同一段螺纹上，因为方向不同，紧固螺母的松动力变成锁紧螺母的紧固力，因此螺母防松效果大大提高。

唐宗才将螺栓紧固技术应用于压轨器的防松上。压轨器是固定行车轨道的，由于行车运行频繁，加之轨道不在地面，难以维护，因此对压轨器的防松要求较高。产品一投放市场就带来了很好的效果，原先几个月就松动和损坏的压轨器使用数年也不会出现问题，各大钢厂纷纷使用。

江苏一家水泥厂的振动给料机螺栓松动问题一直解决不了，只运行 3 分钟就开始松动脱落。换上唐氏螺纹螺栓之后，他们跟踪了 3 个月没有发现螺栓松动脱落现象。类似的例子还有很多。

唐宗才感慨地说：“螺纹发明已经有 100 多年的历史了，为了解决螺纹紧固件的振松问题，我尽了自己最大努力，没有浅尝辄止、没有畏缩不前。”

唐宗才认为，要做出发明与创新至少要具备 3 个条件：首先，具备“有解思维”。要相信所有的问题都有办法解决，只要不能证明它行不通，就一定要做下去。不相信有解决办法是不会做出任何发明的。其次，掌握基本原理。发明并不需要精通本行业的专业知识，但对其涉及的工作原理要很清楚。最后，拥有一份狂热和执着。狂热和执着能让人忍受无比寂寞的漫漫长夜和一次次的失败，直至绝处逢生，能让人无怨无悔地将毕生的精力投入所热衷的事业。

唐宗才的“有解思维”和“执着”正是现在所提倡的工匠精神。绝不轻易放弃，一步一步地打磨自己的产品，直到做出令人满意的结果。唐宗才的工匠精神最终让他颠覆了传统的螺纹，在某种意义上改写了螺纹的历史。

【总结反思】

习总书记的话——实践反复告诉我们，关键核心技术是要不来、买不来、讨不来的。只有把关键核心技术掌握在自己手中，才能从根本上保障国家经济安全、国防安全和其他安全。要增强“四个自信”，以关键共性技术、前沿引领技术、现代工程技术、颠覆性技术创新为突破口，敢于走前人没走过的路，努力实现关键核心技术自主可控，把创新主动权、发展主动权牢牢掌握在自己手中。实现建成社会主义现代化强国的伟大目标，实现中华民族伟大复兴的中国梦，我们必须具有强大的科技实力和创新能力。

涡轮发动机结构 1：涡轮结构和冷却

教师信息：赵丹　**职称**：副教授　**学历**：本科
研究方向：航空电气
授课专业：飞机机电设备维修、飞机电子设备维修
课程类别：理实一体化课程
课程性质：职业技术技能课

第一部分　设计思路

一、本次设计的课程思政目标

通过涡轮工作环境，使学生树立正确的人生观、价值感。通过我国发动机自主研发现状，提升学生民族自信心，激发学生为中国梦奋斗的理想信念(国家富强、民族振兴)。观看失蜡法工艺制作涡轮叶片，引导学生传承中国传统文化，提升学生爱国情怀，树立文化自信。通过涡轮结构冷却工艺，培养学生认真、严谨的职业精神及素养，践行工匠精神。

二、课程思政教学设计内容

1. 课前：课程思政引入

分析涡轮工作情况，思考涡轮叶片如何在艰苦的环境中坚守岗位、快乐工作。

2. 课中：课程思政贯穿授课过程

通过了解压气机与涡轮结构的异同，引导学生认识到每个人都有不同的岗位，不管在哪个岗位，不管面对什么样的困境，要积极乐观向上，爱岗敬业、乐于奉献；通过了解涡轮径向间隙，引导学生肩负国家责任、树立正确的价值取向；通过涡轮冷却，引导学生践行科学精神、工匠精神；通过学习涡轮叶片制作，提升学生爱国情怀，树立文化自信。

3. 课后：课程思政总结反思

总结涡轮结构和冷却，布置学生查找阅读发动机涡轮材料及冷却技术的相关资料，强化学生文化自信、科技强国的意识及工匠精神。

第二部分 案例描述

涡轮结构和冷却

【思政导入】

一、压气机与涡轮结构的异同

在涡轮叶片工作过程中，叶片需要承受发动机工作时的启动制动力，面临温度剧变、高温高压燃气的冲击，并且在高速运动下承受离心力和根部切应力。

思政元素：引导学生认识到每个人都有不同的岗位，不管在哪个岗位，不管面对什么样的困境，要积极乐观向上，爱岗敬业、乐于奉献。同时，打铁还要自身硬，越有挑战越要迎难而上，树立正确的人生观、价值观。

【思政贯穿】

二、涡轮径向间隙

涡轮机匣与工作叶片叶尖之间的距离叫涡轮径向间隙。由于材料、尺寸的不同，状态变化时收缩膨胀率的不同，间隙是变化的。

思政元素：涡轮叶片是航空发动机核心中的核心。中国发动机自主研发已经走上可持续发展的快车道，提升学生民族自信心；但中国航空发动机在技术领域与主要发达国家相比，仍存在差距，引导学生肩负国家责任、激发学生为中国梦奋斗的理想信念。

三、涡轮冷却

1. 对流冷却

见图 1。

2. 冲击式冷却

见图 2。

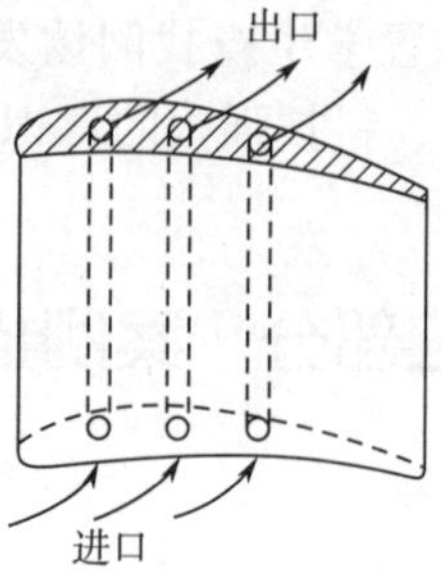

图 1　对流冷却示意图

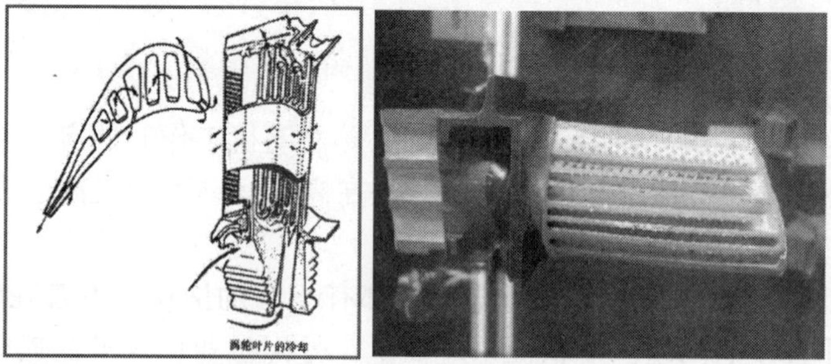

图 2　冲击式冷却示意图

3. 气膜冷却

见图 3。

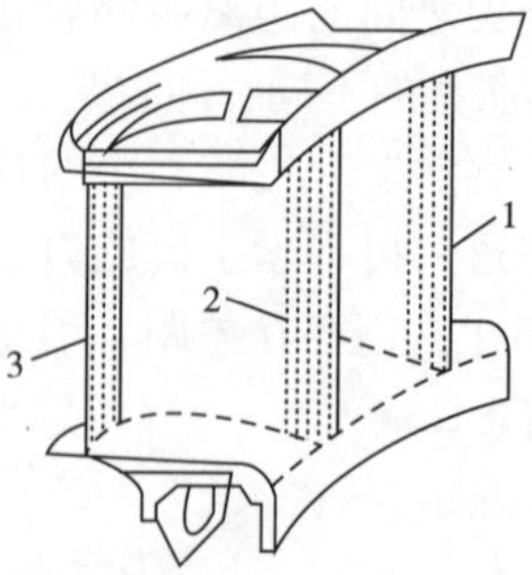

图 3　气膜冷却示意图

思政元素：通过涡轮叶片冷却，进一步了解涡轮叶片的结构及制造，引导学生践行科学精神、工匠精神。

四、涡轮叶片制作

观看涡轮叶片制作工艺——《国家宝藏》栏目中失蜡法制作涡轮叶片，见图4。

图4 《国家宝藏》视频片

思政元素：引导学生传承中国传统文化，提升学生爱国情怀，树立文化自信。

【总结反思】

教育的首要任务是育人，其次才是育才。培养学生的爱国主义、集体主义精神，使学生成为有理想、有道德、有文化、有纪律的一代新人，这就要求教师要结合教学对学生进行思想品德教育，以课程育人，将课程与育人同向同行，协同效应，实现立德树人。通过课程思政，加强对学生世界观、人生观和价值观的教育，引导学生树立正确的国家观、民族观、历史观、文化观，传承和创新中华优秀传统文化，从而为社会培养更多德智体美劳全面发展的人才，为中国特色社会主义事业培养合格的建设者和可靠的接班人。

液压与气压传动：液压泵与液压马达

教师信息： 赵堂春　**职称：** 副教授　**学历：** 本科
研究方向： 机械工程
授课专业： 机电一体化技术
课程类别： 理实一体化课程
课程性质： 职业技术技能课

第一部分　设计思路

一、本次设计的课程思政目标

结合本专业以及“中国制造 2025”和“制造业强国战略”，引导学生树立远大理想和爱国主义情怀，树立正确的世界观、人生观、价值观，勇敢地肩负起时代赋予的光荣使命，全面提高学生思想政治素质。绘制液压气动回路图时，要求学生严格按照国标规定符号绘制，养成严格遵守国标的习惯，培养良好的职业道德素养，增强遵纪守法意识。在实训环节，为学生演示规范的操作方法与要求，学生在实施过程中，轻拿轻放实训设备，分工明确，并录制操作视频，方便自查与教师查阅。实训任务完成之后，按照管理标准，归置实训设备，整理实训室，养成良好的职业习惯。

二、课程思政教学设计内容

1. 课前：课程思政引入

课前学生通过“学习通”学习相关文件和视频。

学生学习完相关文件之后，给学生留下思考题，目的是引导学生树立爱国主义情怀和加强对液压和气压传动技术重要性的认识。

学生观看《液压实训台操作规范》视频，引导学生严格按照规范进行操作，培养良好的职业道德素养，增强遵纪守法意识和企业 6S 管理意识。

2. 课中：课程思政贯穿授课过程

（1）通过展示学生上次课程的作业，引导学生一起来“找碴儿”，规范图形符号的画法。要求学生严格按照国标规定符号绘制液压回路图，养成严格遵守国标的习惯，培养良好的职业道德素养，增强遵纪守法意识。

（2）在讲解液压泵的工作条件时，利用针管模型、压缩机动态图，引导学生探索泵的工作条件。在这个过程中，教育学生合理利用手机搜寻资料，并整理信息。同时，让学生感受到手机网络可以获取到新的知识，为学生介绍多种学习渠道，在以后的工作和学习生活中，遇到不懂的问题，可以通过网络寻找想要的答案；将手机变为自己更好的学习工具，而不要成为手机的奴隶。在分析液压系统的能耗与节能时，根据物质和能量变化规律，切入物质和能量的概念，辩证唯物主义“一切从实践出发，实践是检验真理的唯一标准”，引导学生认识到培养实际动手能力的重要性。

（3）在实训环节，教师演示实训操作时，以身作则，为学生示范正确的操作方法，同时从规范操作、整理整洁等方面做深度讲解，要求学生养成6S管理习惯。学生分组进行实训，在实训过程中，提醒组长对全组同学进行培训，教师随机对组员提问，并给予评价，让学生感受到合作的重要性，锻炼学生相互合作的团队精神。

3. 课末：课程思政总结反思

液压与气压传动技术是一门专业性很强的课程，既有理论学习，又有实操配合，学生必须通过实践来检验理论知识。在教学过程中，挖掘一切可能的思想政治元素，从国际新闻、国内前沿热点、行业最新技术等方面提高学生的文化自信、民族自豪感。以育人为最终目标，培养具有“求实、创新、厚德、重艺”精神的电科人，培养有理想、有道德、有文化、有技术的新时代大学生。通过课程思政融入液压与气压传动课程教学，起到很好的教学效果。

第二部分 案例描述

液压泵与液压马达

【思政导入】

通过介绍我国对推动液压与气压传动技术发展的伟大贡献及中国超级工

程，引导学生树立远大理想和爱国主义情怀，树立正确的世界观、人生观、价值观，勇敢地肩负起时代赋予的光荣使命，全面提高学生思想政治素质。激发学生强烈的民族自豪感、爱国主义情怀和为实现中华民族伟大复兴而努力学习的行动自觉。

一、课程引入

1. 针对课前学习内容的提问

我国为什么要提出“中国制造 2025”？液压与气压传动领域科技进步对制造强国战略有什么支撑作用？

2. 教师总结

“中国制造 2025”提出的背景，介绍我国对推动液压与气压传动技术发展的伟大贡献。

3. 复习

作业讲评。

【思政贯穿】

通过展示学生上次课程的作业，引导学生一起来“找碴儿”，规范图形符号的画法。要求学生严格按照国标规定符号绘制，养成严格遵守国标的习惯，培养良好的职业道德素养，增强遵纪守法意识。

二、液压泵的工作原理和分类

1. 液压泵的原理

（1）利用针管模型，让学生分析针管抽药液和注射药液的原理（见图 1）。

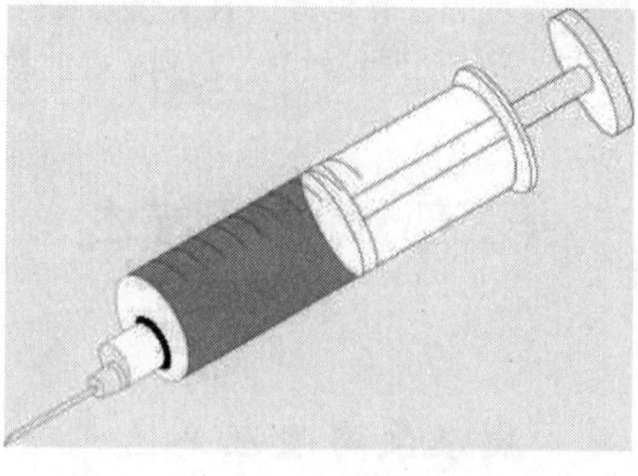

图 1　针管

（2）播放柱塞泵的工作动画，引导学生总结液压泵工作的条件（见图 2）。

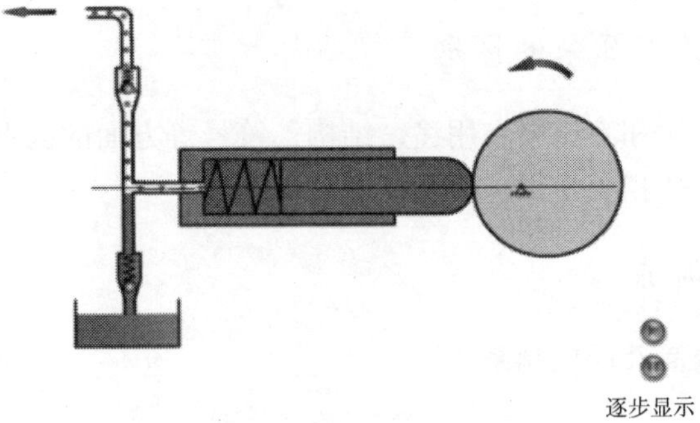

图 2 柱塞泵工作示意图

【思政贯穿】

引导学生探索泵的工作条件。在这个过程中，穿插教育学生合理利用手机搜寻资料，并整理信息。同时，让学生感受到手机网络可以获取到新的知识，为学生介绍多种学习渠道，在以后的工作和学习生活中，遇到不懂的问题，可以通过网络寻找想要的答案；将手机变为让自己更好的学习工具，而不要成为手机的奴隶。

2. 液压泵的特点

略。

三、液压泵的主要性能参数

介绍液压泵压力的概念、排量和流量、功率和效率的内容。

【思政贯穿】

根据物质和能量变化规律，切入物质和能量的概念，辩证唯物主义“一切从实践出发，实践是检验真理的唯一标准”，引导学生认识到培养实际动手能力的重要性。

四、泵的原理、分类及符号

介绍齿轮泵、叶片泵、柱塞泵的内容。

【思政贯穿】

介绍液压泵的过程中结合液压泵实物讲解，并介绍基于液压元件的高精度制造加工过程，培养学生的“工匠”精神以及严谨求实、一丝不苟的工作作风。

五、液压马达的工作原理及符号

介绍液压马达的作用、工作原理、符号等内容。

六、马达及液压泵的区别

（1）液压马达和液压泵在用途、结构、符号等方面的区别。
（2）液压马达相关知识在线测试。

七、项目训练

1. 油罐车卷筒液压控制系统

见图 3。

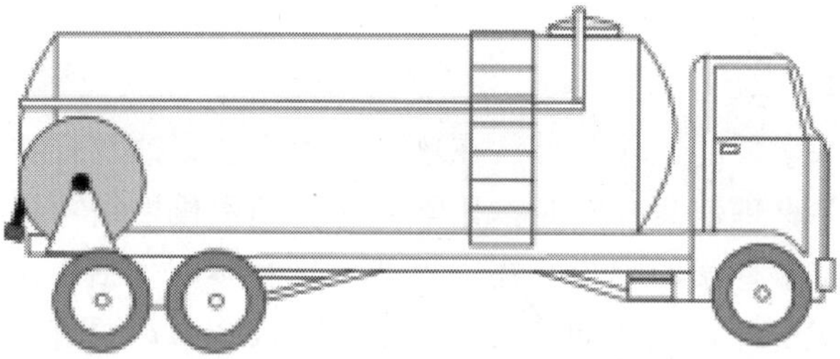

图 3　油罐车卷筒液压控制系统

（1）分析项目要求。
（2）根据项目要求设计项目方案。
（3）进行安装与调试。

2. 传送带校正装置

见图 4。

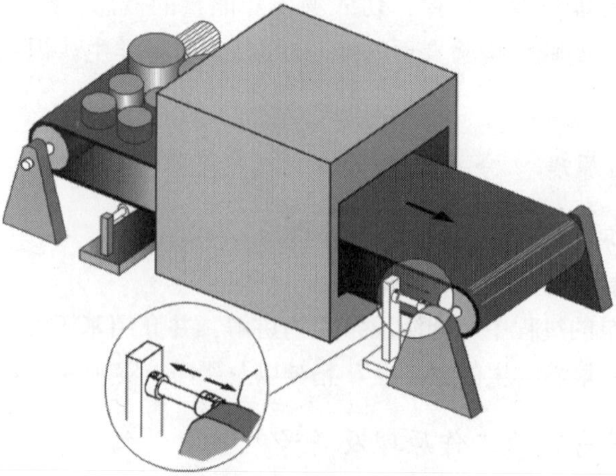

图 4　传送带校正装置

（1）液控单向阀。

（2）分析项目要求。

（3）根据项目要求设计项目方案。

（4）进行安装与调试。

【思政贯穿】

在实训过程中，教师演示实训操作，以身作则，为学生示范正确的操作方法，同时从规范操作、整理整洁等方面做深度讲解，要求学生养成6S管理习惯。

学生分组进行实训，在实训过程中，提醒组长对全组同学进行培训，教师随机对组员提问，并给予评价，让学生感受到合作的重要性，锻炼学生相互合作的团队精神和互帮互助的精神。

在实训项目中，鼓励学生创新，对提出创新方案的小组予以加分，对能自行找到故障和排除故障的小组予以加分，培养学生自我分析问题和解决问题的能力。

八、总结

（1）液压泵与液压马达的职能符号、结构、功能。

（2）项目操作过程典型故障分析总结。

（3）控制关系分析。

（4）实训台整理评分总结。

【思政贯穿】

通过对每个液压实训台的6S整理检查和评比，引导学生养成良好的职业素养，严格执行企业6S管理的习惯。

【总结反思】

课程思政融入液压与气压传动课程教学，达到了较好的教学效果与目标。

（1）学生的学习积极性提高，学生的课堂参与度逐步增高，主动性越来越好，任务完成度较高。

（2）在实训过程中，学生操作越来越规范，分工明确，相互配合度不断提高，达到较好的教学效果。

（3）学生遵守规范的意识提高，能按照国家标准符号绘制回路图，实训结束后均能按照6S标准整理实训台。

电工电子技术2：直流稳压电源电路

教师信息：周澄宇　**职称：**工程师　　**学历：**本科

研究方向：电气工程

授课专业：飞机电子设备维修

课程类别：理实一体化课程

课程性质：专业群技术基础课

第一部分　设计思路

一、本次设计的课程思政目标

本课程单元的思政目标在于注重对学生社会主义核心价值观的引领，包括世界观、人生观和价值观教育；理想信念教育；中国精神教育；社会主义道德教育；中国特色社会主义法制教育；真善美教育。

二、课程思政教学设计内容

1. 课前：课程思政引入

通过复习及自主学习，引导学生认识到不管面对什么样的困境，要积极乐观向上，诚实守信，团结协作，越有挑战越要迎难而上，树立正确的人生观、价值观。

2. 课中：课程思政贯穿授课过程

理论讲解过程中，通过讲解电子器件的结构、材料发展、电路的组成和电路分析等，引导学生要有职业素养、民族意识和远大的理想。

实操训练过程中，通过观察学生的动手实操过程中的电路搭接、仪器仪表使用及数据采集，综合个人能力、互助、集体意识表现，及时正确引导学生的个人品德、心理健康、设备安全使用维护的社会公德意识、科学精神和工匠精神。

3. 课末：课程思政总结反思

通过对课上学习知识点及实操练习的总结，及时表扬和鼓励课上积极参与互动的学生；通过实操练习强调学生的协作精神、诚实守信、精益求精、安全意识对品格培养、科学精神和职业素养的重要性。

第二部分 案例描述

直流稳压电源电路

【课程引入】

（1）复习问答：二极管的结构、分类、符号、特性；抽取学生学习笔记，展示对比，检查学生本节课的课前知识点的储备情况。

【思政贯穿】

通过学生个人研学成果的展示，对于遇到的难点，引导学生认识到，不管面对什么样的困境，要积极乐观向上，诚实守信、乐于奉献、团结协作，越有挑战越要迎难而上。

（2）教师播放视频，引入工作任务，明确工作任务，培养学生的职业意识。

二极管是怎么应用的？

日常生活中的电子产品的供电用电的性质和大小？

【思政贯穿】

考查学生对知识点的归纳、理解和应用能力，锻炼语言表达能力，树立自信心、敢于尝试、勇于挑战的职业素养。

一、直流稳压电源的组成

直流稳压电源是一种将220V工频交流电转换成稳压输出的直流电压的装置，它需要经过变压、整流、滤波、稳压四个环节才能完成（见图1）。

二、单相半波整流电路

1. 电路结构组成

见图2。

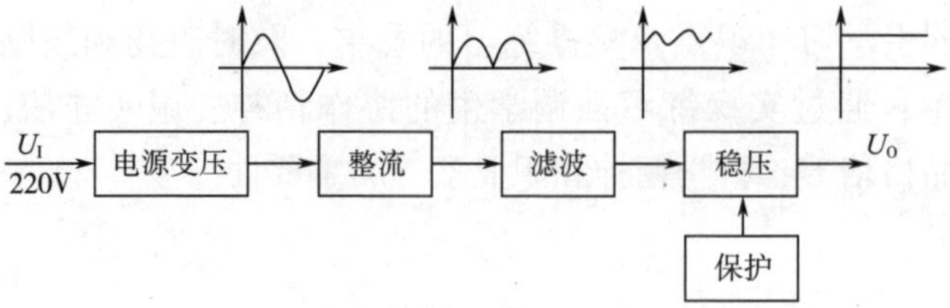

图 1　直流稳压电源组成

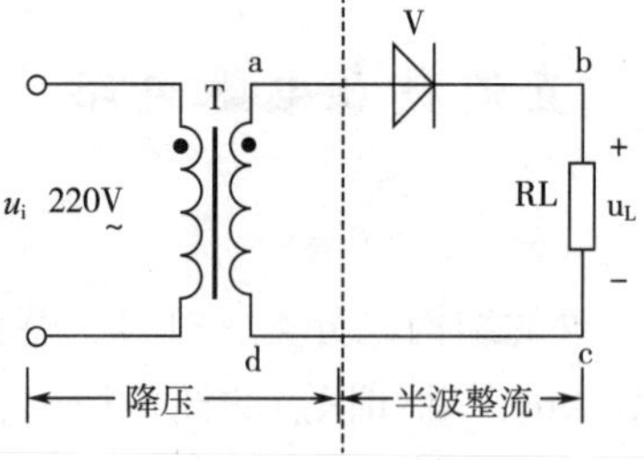

图 2　电路结构组成

2. 电路工作原理及输入输出电压电流波形分析

见图 3。

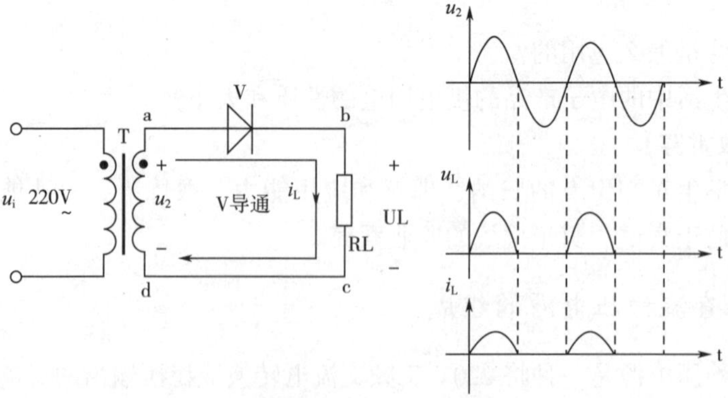

图 3　电路工作原理及波形分析

3. 负载上的电压和电流的估算

略。

4. Multisim 电子电路仿真

略。

【思政贯穿】

授课过程中引导学生养成正确的听课和记笔记的习惯，培养学生认真、专注、踏实的学习态度；通过仿真软件的演示，便于学生对抽象化知识的形象化理解，思路清晰、明了，突出重点，易于接受，提高教学效果，激发学习兴趣，同时培养学生在实操过程中一丝不苟的科学严谨作风。

三、单相桥式整流电路

1. 电路结构组成

见图 4。

2. 电路工作原理及输入输出信号波形分析

见图 4。

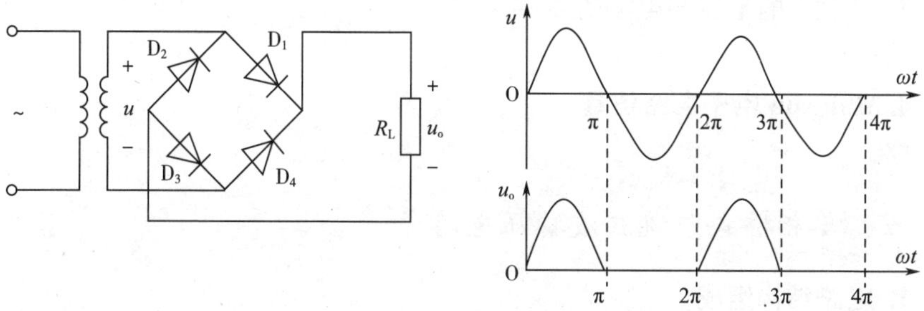

图 4　电路结构组成、工作原理及波形分析示意图

3. 负载上的电压和电流的估算

略。

4. Multisim 电子电路仿真

略。

【思政贯穿】

通过前一个电路的学习，培养学生学会举一反三，独立思考获取答案的学习能力；通过小组成员多媒体演示，锻炼学生实际操作仿真软件，验证电路功能的能力，提高学生的自信心，科学的探究精神，同时培养学生间的协作能力。

四、单相桥式整流滤波电路

1. 电路结构组成

见图5。

2. 电路工作原理及输入输出信号波形分析

见图5。

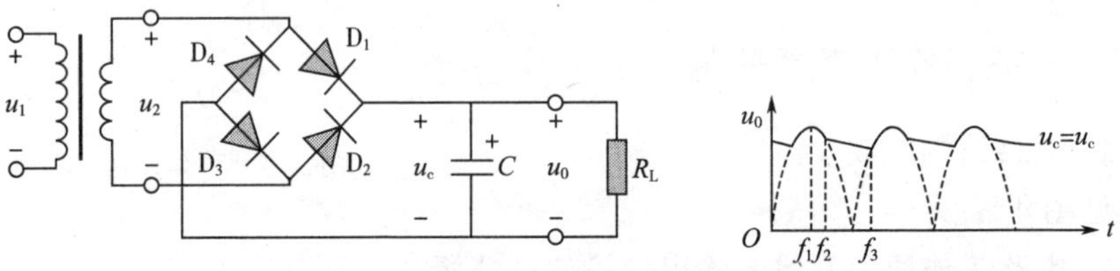

图5　电路结构组成、工作原理及波形分析

3. 负载上的电压和电流的估算

略。

4. Multisim 电子电路仿真

略。

五、单相桥式整流滤波稳压电路

1. 电路结构组成

见图6。

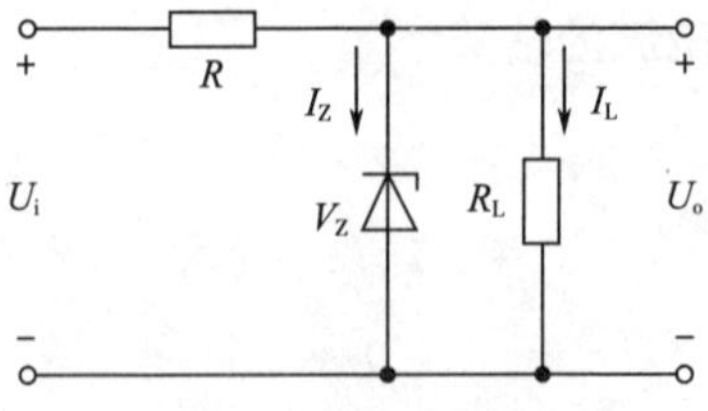

图6　电路结构组成

2. 电路工作原理及输入输出信号波形分析

略。

3. Multisim 电子电路仿真

略。

【思政贯穿】

引导学生学会由简到繁的电子电路的分析方法，提高学生学习的自信心和主动性，培养敢于尝试、勇于挑战的职业素养。通过实际操作仿真软件验证电路，培养学生的科学探究精神，不盲从，树立正确的科学观、人生观、价值观。

小结：课上学习情况分析总结，及时表扬和鼓励，督促后进。

作业：(1) 复习并完成线上测试作业；

(2) 完成线上自主学习任务。

值日：座椅摆放整齐，设备断电归位，清洁清扫，关闭门、窗、灯，防疫消毒。

【思政贯穿】

结合课上小结、作业布置、值日及每日疫情消毒等环节，培养学生热爱劳动、安全第一、节约能源、环保意识，善始善终的职业规范素养，同时培养学生遵纪守法、国家安全、家国情怀的意识，树立正确的世界观、人生观、价值观。

【总结反思】

“学起于思，思源于疑”，教师设疑、质疑、释疑的科学方法，会推动学生积极思考，得到“柳暗花明又一村”后的快感，进而激发他们的创造思维能力，获取专业知识和从业技能；同时教师的言语教态、情感注入、责任意识、专业水平、探究精神等道德理念和职业素养都会潜移默化地影响学生的世界观、价值观、人生观。因此，作为教师只有在学习和工作中不断学习，提高自身的思想意识，坚持把立德树人作为中心环节，把思想政治工作贯穿教育教学全过程，实现全程育人、全方位育人，以努力培养出社会所需要的具有科学精神、职业精神、工匠精神的职业人。

PLC 控制技术：电机控制

教师信息：庄严　**职称**：副教授　**学历**：本科
研究方向：机电一体化技术
授课专业：机电一体化技术
课程类别：理实一体化课程
课程性质：职业技术技能课

第一部分　设计思路

一、本次设计的课程思政目标

本教学案例属于金扣子类型。

（1）通过视频介绍“中国制造 2025”，让学生充分了解中国未来发展的需求和中国梦在制造领域中的具体体现，塑造爱国主义精神，培养民族主义自豪感，坚定“四个自信”。

（2）通过视频介绍劳动模范许振超的事迹，培育正确的价值观和人生观，激发学生的学习主动性。

（3）课程以 PLC 编程和工程应用为载体，从简单可用到安全实用，增强学生的逻辑思维和解决实际问题的能力，提高学生编程规范意识，培养学生的职业素养。

（4）再到智能灵活不断升级，培养学生的创新思维和创新意识，进而培养实事求是、一丝不苟、精益求精的工匠精神。

二、课程思政教学设计内容

1. 课前：课程思政引入

（1）通过视频介绍“中国制造 2025”，让学生充分了解中国未来发展的需求和中国梦在制造领域中的具体体现，塑造爱国主义精神，培养民族主义自豪感，坚定“四个自信”。

（2）通过视频介绍劳动模范许振超的事迹，培育正确的价值观和人生观，激发学生的学习主动性。

2. 课中：课程思政贯穿授课过程

（1）课程以 PLC 编程和工程应用为载体，从简单可用到安全实用，增强学生的逻辑思维和解决实际问题的能力，提高学生编程规范意识，培养学生的职业素养。

（2）再到智能灵活不断升级，培养学生的创新思维和创新意识，进而培养实事求是、一丝不苟、精益求精的工匠精神。

3. 课末：课程思政总结反思

通过实现智能小车往返运行控制，学生有所获得，渐渐体会到通过创新型的劳动，可以将自己的智慧融入智能制造中并创造价值。

第二部分　案例描述

S7-300PLC 的认识与应用

【思政导入】

我们的国家正在从制造大国向制造强国转变，国家提出了“中国制造 2025”，观看《中国制造 2025》视频（见图 1），确信通过我们大家的共同努力，再过二三十年我国将迈向世界制造强国的前列。在“中国制造 2025”提及的五大工程十大领域中，智能制造、工业强基、高端装备创新等都与我们的机电一体化专业和工业自动化设备课程有关，学好我们的课程今后是会有所作为的。

图 1　“中国制造 2025”发布视频

第一，观看《劳动模范许振超事迹》视频（见图2），只有初中文化的许振超通过四年的潜心钻研攻克了一道道技术难关，成为龙门塔吊行家里手，带领团队创造了一个个世界纪录。我们要以劳模为榜样，踏踏实实学习。

图2　劳动模范许振超

【思政贯穿】

既要仰望星空，有远大的理想抱负，又要脚踏实地，有务实的规划行动。

第二，课程以PLC编程和工程应用案例为载体，培养学生的职业素养。

第一步，实现简单的小车自动往返控制（见图3），注重编程规范要求，包括：电路绘制、硬件组态、地址分配、变量表设置、程序编制（自锁和互锁）、程序调试。

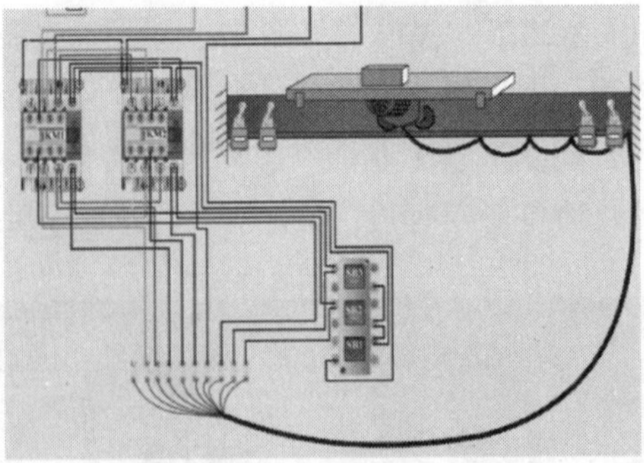

图3　小车自动往返控制

第二步，增加急停、安全限位、过载保护等必要的安全控制功能，实现设备控制安全实用，合理选择指令元件连接和编程形式。

第三步，提出小车在端点处停不下来和自启动的安全隐患问题，引导学生从工程实际出发考虑和解决问题，鼓励学生采用自己的方法实现控制功能。

第四步，小车在行进途中遇到障碍，有效检测（位置、速度、时间、力矩），采取必要清理措施（吹气清障、往复碾压等），实现智能升级，培养学生的创新思维和创新意识，进而培养实事求是、一丝不苟、精益求精的工匠精神。

【总结反思】

通过解决实际工程案例，了解自动控制技术。通过优质产品产生、改进的故事，增强学生对工业自动化的喜爱和认同，引导学生增强自信心，让工匠精神植入学生的脑海，激发他们爱岗敬业的品质，培养爱国主义情怀。

飞机维修手册查询：线路图解手册（WDM）概述

教师信息：曲鸣飞　**职称：**副教授　**学历：**本科
研究方向：电气自动化、飞机维修
授课专业：飞机机电设备维修
课程类别：理实一体化课程
课程性质：职业技术技能课

第一部分　设计思路

一、本次设计的课程思政目标

飞机维修手册查询课程是专业必修课，在课程体系中处于重要地位。飞机维修专业的培养目标是机务人才，要求学生必须树立安全责任意识，对与课程相关的规章制度有充分的认知和把握。

本次课开始学习线路图手册（WDM），该手册的内容主要是飞机所有电气线路的连接，飞机电气线路故障的排查、检修与维护、换件与换线等工作一定要查询并遵照该手册进行。本次课是 WDM 的第一次课，讲解 WDM 手册的概念、功能和组成。课程有利于学生树立社会主义法制意识，遵守国家法律和社会公德，并逐步形成正确的世界观、人生观、价值观；具有社会责任感，努力为人民服务，使学生成为有理想、有道德、有文化、有纪律的一代新人。属于“金扣子”类思政课案例。

二、课程思政教学设计内容

1. 课前：课程思政引入

（1）观看空难视频：1994 年 6 月 6 日上午，西北航空公司的 WH2303 航班执行西安—广州任务。其中飞行员 5 人，乘务组 9 人，旅客 146 人。机型为苏制图-154M型，国际注册号B-2610。飞机在距咸阳机场49公里处空中解体，160人无一幸存。

（2）事故原因：从事故现场收集到的残骸证实，自动驾驶仪安装座上有两个插头相互插错，即控制副翼的插头（绿色）插在控制航向舵的插座（黄色）中，而控制航向舵的插头（黄色）插在了控制副翼的插座（绿色）中。

（3）原因分析：两个相互插错的插头导致飞机出现横向飘摆，最终使飞机在空中解体。

问题：两个关键插头为什么会插错？插错后为什么没有被及时发现而加以纠正？飞机离地后出现的横向飘摆为什么得不到正确处置？

A. 手册工卡未被执行或未被完全执行

B. 机务人员的责任心及安全意识缺失

C. 质量保证体系不健全

D. 管理混乱

2. 课中：课程思政贯穿授课过程

机务作风的培养贯穿授课过程始终。

3. 课末：课程思政总结反思

通过播放“6·6空难”相关视频，分析事故原因，组织学生交流讨论，让学生自主挖掘出结论：在机务工作中，必须时时刻刻做到认真细致，来不得半点的马虎大意；手册工卡是所有飞机维护工作的依据和准绳，而手册查询是机务维修人员的基本功，查询手册必须做到一丝不苟。

第二部分 案例描述

线路图手册（Wiring Diagram Manual，WDM）概述

一、讲述飞机维修手册的作用

教师提问：飞机维护相关手册有什么作用？已经学过哪些手册？

学生思考、讨论、回答问题。

分组讨论：飞机维护相关手册的作用和分类。了解学生掌握知识的程度，

有针对性地讲解。

教师总结：点评学生回答，介绍飞机维护相关手册的作用和分类。

（1）手册是飞机维修工作的依据。

（2）按性质，分手册分为客户化和非客户化两类。

【思政贯穿】

展示我国航空产业发展的数据和图片。目前，我国航空产业发展迅猛，民用飞机拥有量仅次于美国，机务维修人才需求量很大。在讲述以上知识点时，引入中国共产党在航空产业崛起过程中起到的决定性作用，增强学生的民族自信、文化自信以及民族自豪感，提升学生对国家的认同感和对新时代中国特色社会主义的认同感。

二、不按照手册工作的危害和隐患

教师提问：大家认为不按照手册工作有哪些危害？

学生思考、讨论、回答问题。

教师总结：点评学生回答，介绍不按照手册工作的危害。

（1）工作缺乏依据。

（2）安全隐患巨大。

【思政贯穿】

播放“6·6空难”视频，结合人为因素与航空法规，通过“如果你将来从事机务维修工作，在各个工作环节应当如何履职尽责？”等问题，给大家介绍安全责任意识的重要性，并引导大家树立正确的价值观，今后在工作中做到恪尽职守。

三、讲述 WDM 的作用

教师提问：大家认为飞机上的电路有何特点？

学生分组讨论电路的组成。

教师总结：点评学生回答，介绍电路由电源、开关、导线、用电设备（负载）、接地等组成。

学生分组讨论飞机上的电路组成。

教师总结：点评学生回答，介绍飞机电路由电源、跳开关、导线、设备模块、接地等组成。

飞机的所有电路图都在 WDM 上（见图 1），更换导线要用到 WDM 查询线号。

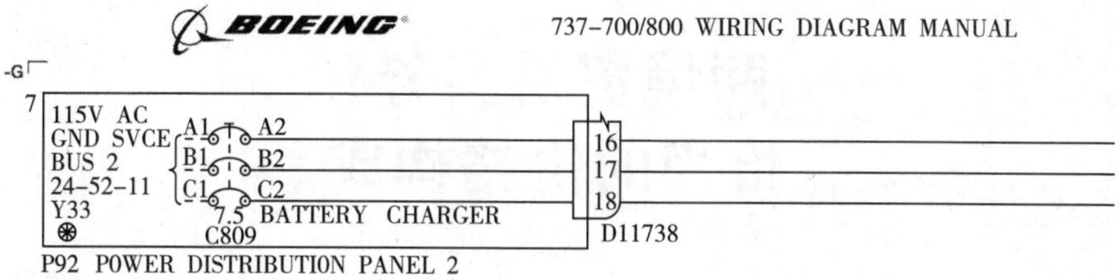

图 1 WDM 抬头

线路图解手册是一本客户化手册，它是关于飞机上安装导线和设备的相关技术文件，用于系统维护、故障隔离、更换设备和修理导线（见图 2）。

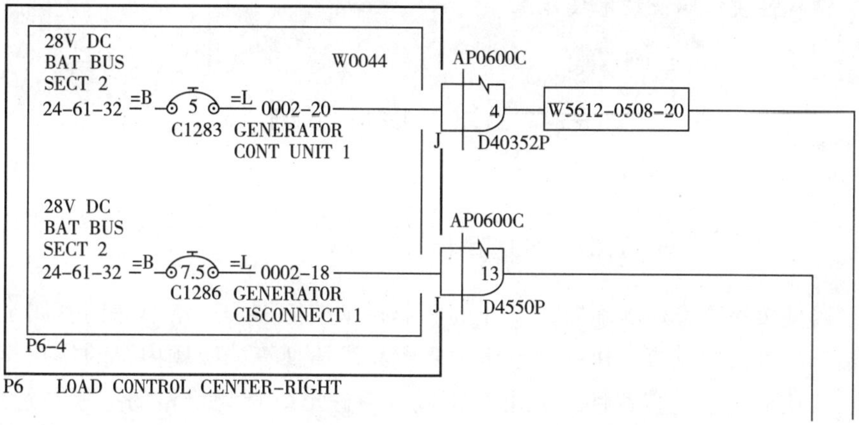

图 2 WDM 飞机电路图实例

【思政贯穿】

展示机务维修人员不辞劳苦，严格按照手册要求更换飞机导线的视频材料，给学生带来强烈的视觉冲击，从而引发学生强烈的职业精神、工匠精神，并自然地教育学生应具备良好的社会公德和职业道德。

【总结反思】

思政教育如何适宜、合理，是专业课程开展课程思政改革的关键点，教师对于所讲授专业课程的思政点的思考与把控也显得尤为重要，同时教师只有自觉地提升自身专业素质和政治修养，才能真正将课程思政、全方位育人落在实处。

跨境贸易实务：恰当的价格构成

教师信息：赵静　**职称**：副教授　**学历**：硕士研究生

研究方向：国际市场拓展

授课专业：国际商务

课程类别：理实一体化课程

课程性质：职业技术技能课

第一部分　设计思路

一、本次设计的课程思政目标

跨境贸易实务是国际商务专业的职业技术技能课程，本节课内容属于组合恰当的价格构成第二讲——运用主要贸易术语换算，课题内容的特点表现在三个注重：注重实践性，突出对跨境贸易进出口货物价格的把握与运用；注重职业标准，突出贸易过程价格的操作方法和应用；注重能力与素质提升，突出遵守法律法规和防范与处理贸易纠纷的能力。结合教学内容与学情分析，对教学内容蕴含的思政元素进行挖掘，培育学生认识国际贸易活动在中华民族复兴中的重要性，以“一带一路”合作增强民族自豪感，以国际贸易合作展现爱国主义情怀。

二、课程思政教学设计内容

1. 课前：课程思政引入

课前准备“探”：布置任务，划分小组。

评价作业“析”：组织学生汇报。

培养学生的表达能力。

思政元素：培养学生尊重他人，认真听取他人展示与汇报。

2. 课中：课程思政贯穿授课过程

导入项目“明”：学生找出关键词并制作关键词词条。

培养小组的协作能力，培养从杂乱的知识中发现所需要的重点和解决问题的方法。

思政元素：注意团队合作。

实施项目“合”：组织学生运用所学知识点解决实际问题。

技能提升“研”：创设情境，完成知识点巩固。

知识巩固“合”：组织进行小组协作完成问题。

3. 课末：课程思政总结反思

本节小结“评”：学生课程思政与课程内容的融合评价。

第二部分 案例描述

组合恰当的价格构成：运用主要贸易术语换算

一、课前准备“探”

1. 布置任务，划分小组

(1) 教师布置自主学习任务，引导学生根据自身的学习基础、爱好、学习习惯等，安排个人业余时间，开展个性化自主学习。

(2) 教师根据学生学习态度、测评结果进行小组平行混编。

2. 开展个性化自主学习

利用网络平台进行个性化自主学习，并进行学习效果检测（见图 1）。

3. 设计意图

(1) 使用数字化教学资源，开展课前预习教学活动，拓展教学时空。

(2) 了解学生自主学习情况，根据出错题目，准备课堂有针对性的教学。

二、评价作业“析”

1. 组织学生汇报

(1) 根据课前任务，挑选学生优秀作业进行展示。

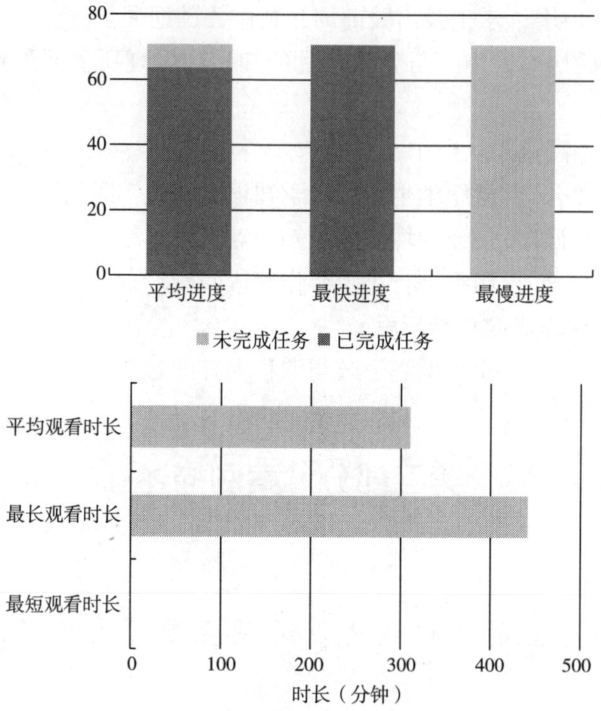

图1　学习效果检测

（2）根据学生汇报，调整本堂课重点难点。

2. 优秀作业展示

小组代表展示、汇报，其他同学聆听、记录。

3. 设计意图

培养学生的表达能力。

思政元素：培养学生尊重他人，认真听取他人展示与汇报。

【思政导入】

三、思政导入“明”

1. 教学内容

（1）根据课前任务汇报引出新课。

上海永鑫贸易有限公司按每箱 1 200 美元 FOB 上海对外报价棉夹克出口商品，客户美国卡夫利亚进出口有限责任公司要求改报 CIF 旧金山，问应报价多少？（设运费为每箱 130 美元，加一成投保，保险费率为 1%）

从贸易术语通用规则（扫描图 2）中找出重点，进出口价格构成——运用主要贸易术语换算。

图 2 《2000 年国际贸易术语解释通则》

（2）知识准备 1：采用问题引导的方式，指导学生提出问题，并合作解决。

（3）知识准备 2：三种主要贸易术语的换算。

FOB 价换算成其他价格：

CFR＝FOB+F

CFRC＝（FOB+F）/（1-佣金率）

CIF＝（FOB+F）/（1-保险费率×投保加成）

CIFC＝（FOB+F）/（1-佣金率-保险费率×投保加成）

CFR 价换算成其他价格：

FOB＝CFR-F

FOBC＝（CFR-F）/（1-佣金率）

CIF＝CFR/（1-保险费率×投保加成）

CIFC＝CFR/（1-佣金率-保险费率×投保加成）

CIF 价换算成其他价格：

FOB＝CIF×（1-保险费率×投保加成）-F

FOBC＝［CIF×（1-保险费率×投保加成）-F］/（1-佣金率）

CFR＝CIF×（1-保险费率×投保加成）

CFRC＝［CIF×（1-保险费率×投保加成）］/（1-佣金率）

2. 组织学生小组完成任务

（1）根据学生的调研结论，引出新课，引发学生的学习兴趣。

（2）利用关键词（如图 3），完成主要贸易术语的复习。

图 3　关键词教学方法解释

（3）帮助学生理解关键词。指导学生运用 X-MIND 软件与纸笔完成思维导图，学习关键词（如图 4）。

图 4　学生完成思维导图，学习关键词

3. 设计意图

（1）学生找出关键词并制作关键词词条，培养小组的协作能力。

（2）培养从杂乱的知识中发现所需要的重点和解决问题的方法，注意团队合作。

（3）培养学生语言表达能力。

（4）培养学生的发散思维。

思政元素：培养学生互相帮助、团结协作的“集体主义观念”。

【思政贯穿】

四、实施项目“合”

1. 教学内容

上海永鑫贸易有限公司按每箱 1 200 美元 FOB 上海对外报价棉夹克出口

商品，客户美国卡夫利亚进出口有限责任公司要求改报 CIF 旧金山，问应报价多少？（设运费为每箱 130 美元，加一成投保，保险费率为 1%。）

答：CIF＝（FOB+F）/（1−保险费率×投保加成）＝（1 200+130）/（1−1% ×110%）

2. 组织学生

运用所学知识点解决实际问题。

3. 设计意图

（1）夯实知识运用能力，锻炼计算能力，运用所学知识解决实际问题。

（2）利用知识点完成案例分析。

（3）巩固学生对各重点概念、公式的识记，为后续任务实施做好知识储备。

思政元素：学生遵守法律法规，采用合理贸易术语报价。

五、技能提升“研”

1. 教学内容

利用平台体会真实交易，互联网、POCIB 外贸从业人员综合能力提升平台（如图 5）。

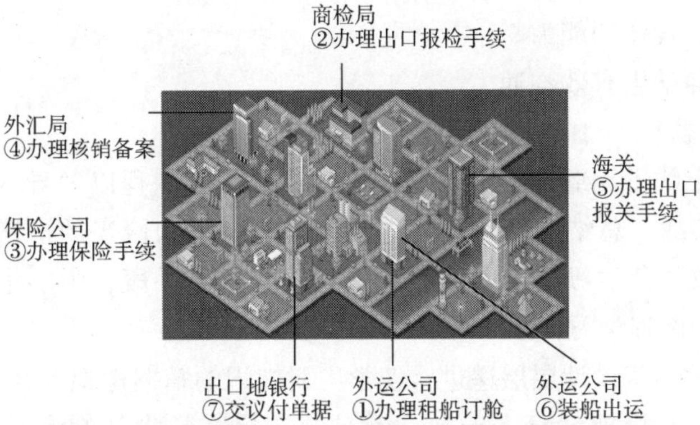

图 5　POCIB 外贸从业人员综合能力提升平台

2. 组织学生

利用平台体会真实交易。

3. 设计意图

创设情境，完成知识点巩固。

六、知识巩固“合”

1. 教学内容

上海永鑫贸易有限公司与外商美国卡夫利亚进出口有限责任公司洽谈出口棉夹克商品，上海永鑫贸易有限公司发盘每箱 3 000 美元 CIF 新加坡，而外商的还盘为每公吨 2 880 美元 FOB 中国口岸。经查该种商品由中国口岸运至新加坡按体积 10 级货物每运费吨运费为 89 美元，保险费率合计 0.95%。问：单纯从价格考虑，公司是否可以接受该还盘？

将该公司发盘的 CIF 价换算成 FOB 价：

$$FOB = CIF - F - I = 3\,000 - 89 - 3\,000 \times 110\% \times 0.95\% = 2\,879.65\text{（美元）}$$

将外商还盘的 FOB 价换算成 CIF 价：

$$CIF = (FOB + F) / (1 - \text{保险费率} \times \text{投保加成})$$
$$= (2\,880 + 89) / (1 - 0.95\% \times 110\%) = 3\,000.35\text{（美元）}$$

2. 组织学生

组织进行小组协作，解决问题。

3. 设计意图

（1）熟练运用知识点。

（2）锻炼举一反三的能力。

（3）小组合作的能力。

（4）培养学生有效沟通。

【总结反思】

（1）线上线下无缝衔接的课程学习体系。本次课程以“导入任务—巩固知识—开展实战—总结反思”教学体系为核心，紧扣恰当的价格换算方法任务主题，有效融合学习通与大赛训练平台等信息化手段，为学生搭建线上线下无缝衔接的课程学习体系。

（2）教学环节设计层层递进，使学生对知识的掌握螺旋上升、稳扎稳打。

（3）教学过程把“育人”放在首位，在提高学生认知和技能水平的同时，培育学生终身受益的优良品格和追求卓越的职业精神，将立德树人落到实处。

通信原理：通信系统认知

教师信息： 刘丽华 **职称：** 副教授 **学历：** 硕士研究生
研究方向： 电工电子与通信
授课专业： 通信技术
课程类别： 理论课程
课程性质： 职业技术技能课

第一部分 设计思路

一、本次设计的课程思政目标

本次思政设计属于“三金”中的“金扣子”。目标是激发学生的爱国热情，引导学生树立远大理想，在国家发展中担当时代责任，勇于砥砺奋斗，练就过硬本领。

二、课程思政教学设计内容

1. 课前：课程思政引入

通过案例教学，激发学生的爱国热情，要向无数科技工作者学习，树立远大理想，勇担时代责任。

2. 课中：课程思政贯穿授课过程

指导学生在学习通信模型时，认识到我国北斗三号卫星发射成功的深刻意义，对于通信的发展起到的重要作用。

3. 课末：课程思政总结反思

对思政设计的内容进行总结和提升，引导学生认识到成功的取得需要长时间的努力，需要团结协作，需要创新。所以，学生要锤炼过硬本领，为祖国的发展贡献力量。

第二部分 案例描述

通信系统认知——通信系统模型

【思政导入】

以2020年6月23日北斗三号收官之星发射成功为例，引导学生正视北斗系统的发展历程，作为功能性能指标达到世界一流的全球卫星导航系统，实施“三步走”的发展战略。北斗系统先有源后无源，先区域后全球，走出了一条中国特色的卫星导航系统建设道路。北斗系统的发展经历了三代，1994年，中国北斗一号系统刚刚立项，2000年年底，试验系统建成，向中国提供服务。2007年至2012年，北斗二号系统建成，向亚太地区提供服务。2017年至2020年，北斗三号系统建成，向全球提供服务（见图1）。

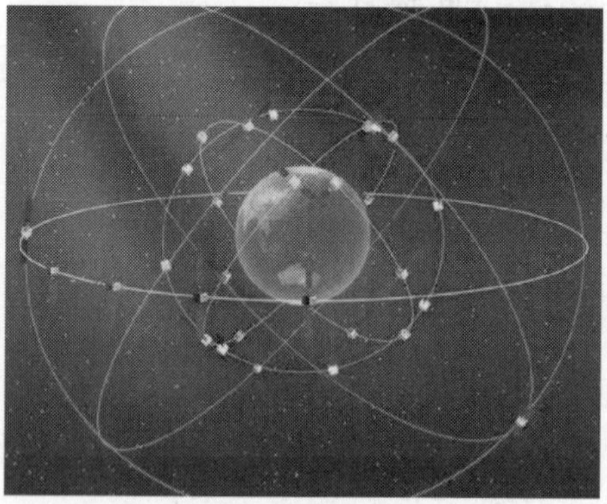

图1 北斗卫星全球组网示意图

一、模拟通信系统模型

1. 模型

见图2。

从古代通过驿站、飞鸽传书等方式进行信息传递，到利用电话进行通信，是通信发展史上非常重要的一个里程碑。发展不是一蹴而就的，而是一个持续的过程。

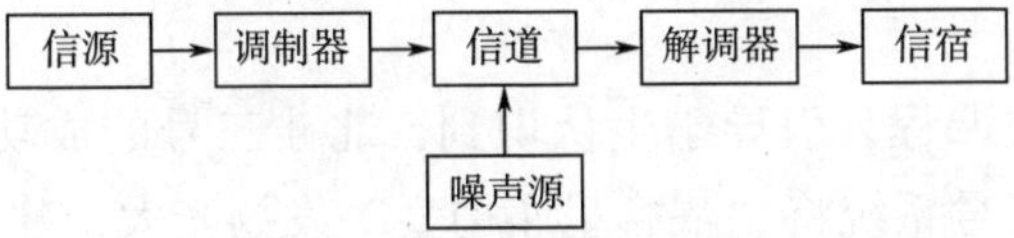

图 2　模拟通信系统模型

2. 模拟通信的特点

优点：模拟通信系统传输连续的模拟信号，占用带宽窄，如每路语音信号带宽仅为 4kHz。

缺点：系统的抗干扰能力较弱且不适于长距离信号传输。

【思政贯穿】

2020 年 7 月 31 日，北斗三号全球卫星导航系统正式开通，我国成为世界上第三个独立拥有全球卫星导航系统的国家，北斗是党和国家调动千军万马干出来的，是工程全线几十万人团结一心拼出来的。自北斗工程启动以来，在全国范围内先后调集了 400 多家单位、30 余万名科技人员参与研制建设。陈芳允、孙家栋两位“两弹一星”元勋和几十名两院院士领衔出征。北斗系统确有自己的“独门绝技”：除提供全球定位导航授时服务外，还能进行短报文通信，开创了通信导航一体化的独特服务模式。

二、数字通信系统模型

1. 模型

见图 3。

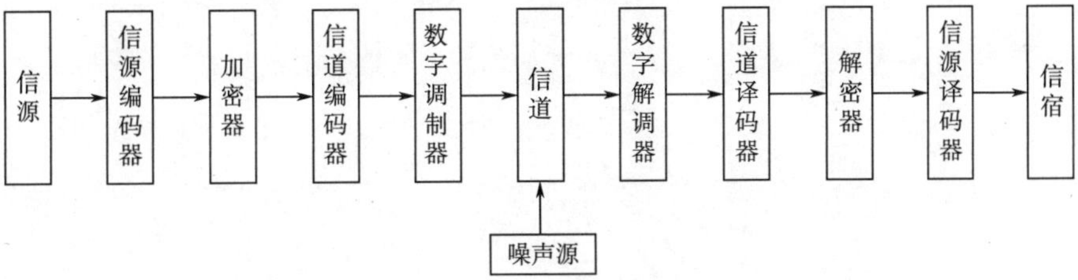

图 3　数字通信系统模型

2. 数字通信的特点

优点：抗干扰能力强，且无噪声积累；传输差错可控；便于处理、变换、存储；便于将来自不同信源的信号综合传输；易于集成、易于加密。

缺点：可能需要较大的传输带宽；对同步要求高。

【总结反思】

总结本次思政课程，引导学生认识到，北斗三号的成功，走出了自己的发展道路。北斗三号系统将“混合星座构型”发扬光大，建成拥有 24 颗中圆轨道卫星、3 颗地球静止轨道卫星、3 颗倾斜地球同步轨道卫星组成的全球系统，为建设全球卫星导航系统提供了全新范式。北斗应用只受想象力限制，未来的北斗将大有可为。引导学生要树立远大理想，担当时代重任，练就过硬本领，为国家的发展贡献力量。

现代交换技术：交换设备运行与维护

教师信息：王莹　**职称：**讲师　**学历：**本科
研究方向：通信技术
授课专业：通信技术
课程类别：理实一体化课程
课程性质：专业模块化课

第一部分　设计思路

一、本次设计的课程思政目标

通过“交换设备运行与维护”知识及其实践，使学生建立课程与职业岗位之间的联系，并以此为契机开展“社会主义职业道德专业伦理”教育，在传授专业知识的过程中，将专业性职业伦理操守和职业道德教育融为一体，给予学生正确的价值取向引导，强调从事电信设备维护工作必须具备严谨的工作作风、质量意识及责任意识，以此提升学生的职业道德素养。

二、课程思政教学设计内容

1. 课前：课程思政引入

通过启发学生讨论，引入课程思政内容，使学生认识保障电信网 7×24 小时正常运行是电信网络维护人员的工作职责，要求学生积极体会从事电信设备维护的工作人员除掌握扎实的专业知识外，更需要具备严谨的工作作风、质量意识及责任意识，严格执行操作规范。

2. 课中：课程思政贯穿授课过程

在讲授专业课程内容及要求的过程中，通过学生对交换系统的日常维护项目实践操作，使学生明确交换系统维护操作的重要性，进而渗透“职业道德、职业精神、工匠精神”教育。电信设备运行与维护工作，每日、每周、每月、每季度都会有维护记录，对于出现故障如何进行处理、何人处理也都有详细记录。电信设备维护人员必须严格遵照执行，容不得半点马虎，来不得半点虚假，要有严谨的工作作风、质量意识及责任意识，遵纪守法，讲求信誉，文明生产。

3. 课末：课程思政总结反思

学生按要求整理机房，将仪表、维护手册等放回指定位置，从点滴做起，养成良好的职业习惯；并对交换设备运行维护工作加以总结，记录在运行维护工作中的收获体会，进一步思考质量意识、责任意识对电信维护工作人员的重要性，落实工匠精神，提高自己的职业道德修养，为今后的工作增强就业竞争力。

第二部分　案例描述

交换设备运行与维护

【思政导入】

交换机安装、调试已经完成，投入使用后，需确保通信 7×24 小时正常进行，如何保证设备正常运行？是否需要维护人员？最关心的问题是什么？

为了保证通信正常运行，必须进行系统维护。

通过讨论，对学生开展“社会主义职业道德”教育，保障电信网 7×24 小时正常运行是电信网络维护人员的工作职责。从事电信设备维护的工作人员除要掌握扎实的专业知识外，还要具备严谨的工作作风、质量意识及责任意识，严格执行操作规范。那么进行系统维护，需要做哪些工作？从而引出课程教学内容。

一、C & C08 交换机日常运行维护

1. 告警系统日常使用

（1）告警系统输出。告警系统按输出途径可划分为三个部分：告警信息送后台、告警信息送告警箱和行列灯驱动。

（a）告警信息送后台：当发生故障或异常事件后，C & C08 交换机将根据故障类别，查询数据库，获取该告警的配置信息，如是否送后台、告警级

别等。告警信息产生后，将根据配置信息送入相应的告警缓冲区，由传输层负责送至后台。

(b) 告警信息送告警箱：C & C08 交换机主机中保存了告警箱所有灯的状态。当产生故障告警与恢复告警时，就将相关灯状态实时更新，用于向告警箱重发亮灭灯信息。当告警箱复位或初次在线时，C & C08 交换机所有模块都将向该告警箱重发本模块的灯态消息；另外，主机每分钟定时向告警箱重发。重发机制主要用来保证告警箱灯态与主机状态的一致。

(c) 行列灯驱动：行列灯告警仅用于表示单板类故障。当单板故障的级别为一级时，红灯亮；二、三级时，黄灯亮；四级时，绿灯亮。

(2) 告警系统输入。告警系统按输入途径也可分为三部分：硬件故障告警、运行维护类告警和环境告警。

(a) 硬件故障告警：主要包括各类单板的异常，如用户板故障、二次电源故障等。当某单板出现异常时，该信息将上报到主机并输出。

(b) 运行维护类告警：用于上报数字程控交换机软件在运行时产生的各类异常或重大事件。如七号断链、消息包过载等告警。

(c) 环境告警：通过数字程控交换机提供的接口，把外部采集器收集的环境信息上报至主机，由主机做相应判断后，产生告警信息。

(3) 告警板。告警板可以看作 C & C08 交换系统客户端的入口，能从告警板上打开告警台和维护系统。

(a) 启动告警板，见图 1。

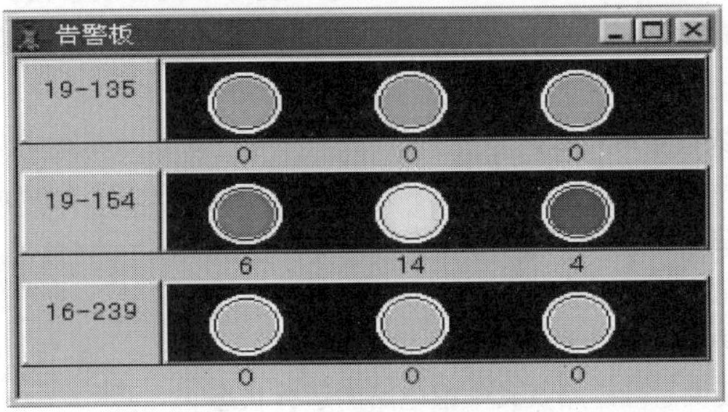

图 1　告警板输出

(b) 启动告警台，见图 2。

告警按类别分为三类：故障告警、恢复告警和事件告警。故障告警是指

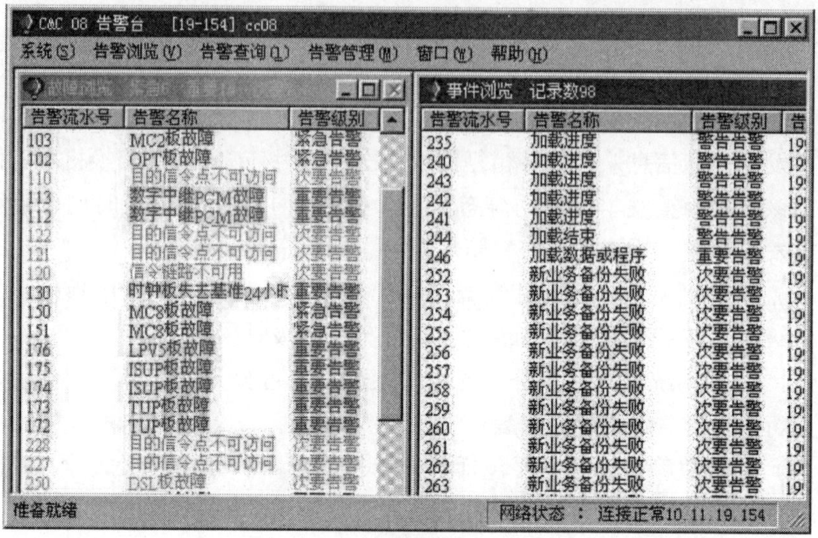

图 2　C&C08 告警台界面

由于硬件设备故障或某些重要功能异常而产生的告警。恢复告警是指故障设备或异常功能恢复正常时产生的告警。事件告警是指提示性的或故障与恢复不能一一对应的告警。告警级别用于标识一条告警的严重程度和重要性、紧迫性，分为四个级别：紧急告警、重要告警、次要告警和警告告警。

2. 日常环境监控维护

检查整个交换机系统的运行环境状态，及时掌握各项参数，从而排除隐患，保证系统运行在一个安全环境中，以降低设备的故障率，延长设备的使用周期。

3. 各模块日常运行维护

检查交换设备的总体运行状态，模块间的通信情况和各模块运行状况。

4. 计费日常维护

检查各模块计费正确情况。

5. 中继电路及信令链路日常维护

检查各模块七号链路及其中继电路的运行状态。

二、“C & C08 交换机值班日志”填报任务实施

1. 值班日志

见表 1。

表1 值班日志表

交换局名： 日期： 年 月 日

值班时间： 时 至 时	值班人：	接班人：		
维护类别	维护项目	检查结果	备注	操作人
环境监控	供电系统火警烟尘			
	母局机房温湿度			
各模块运行状况	前台软件版本查询			
	模块单板运行状态查询			
	RSA下的单板运行状态			
告警管理系统	告警箱面板告警查询			
	维护台中告警查询和处理			
计费系统	计费错误告警检查			
	查看话单池信息			
	抽查BAM取出话单的正确性			
	查看各模块话单数量			
数据库管理系统	日志查看			
中继及信令系统	NO7接口中所有2Mbit/s系统状态查询			
	跟踪一号中继所有2Mbit/s系统的状态			
工具仪表及资料情况				
故障情况及其处理				
遗留问题				
班长核查				

2. 学生思考

（1）这些项目的维护操作如何进行？

（2）操作结果正常与否如何判断？

3. 维护操作

操作演示值班日常各维护操作，学生动手实践，边学边做。

【思政贯穿】

在讲授专业课程内容及要求的过程中，通过学生对交换系统的日常维护项目实践操作，使学生明确交换系统维护操作的重要性，进而渗透“职业道德、职业精神、工匠精神”教育。电信设备运行与维护工作，每日、每周、每月都会有维护记录，对于出现故障如何进行处理、何人处理也都有详细记录。电信设备维护人员必须严格遵照执行，容不得半点马虎，来不得半点虚假，要有严谨的工作作风、质量意识及责任意识，遵纪守法，讲求信誉，文明生产。

三、C & C08 交换机周、月维护

1. C & C08 交换机周维护

见表2。

表2　交换机周维护记录表

交换局名：　　　　　　　　　　　　维护周期：　　年　月　日至　　年　月　日

维护时间：	年　月　日　时	检查人：		
维护类别	维护项目	检查结果	备注	操作人
运行状况	检查交换时间			
计费系统	BAM 的 D 盘和 E 盘剩余空间检查			
话务统计系统	中继来话话务统计			
	查看话务统计结果			
故障情况及其处理				
遗留问题				
班长核查				

2. C & C08 交换机月维护

见表3。

表3　交换机月维护记录表

交换局名：　　　　　　　　　　　　维护周期：　　年　月　日至　　年　月　日

维护时间：	年　月　日　时	检查人：		
维护类别	维护项目	检查结果	备注	操作人
文件备份	数据备份、转储			
	话单备份、转储			
月度计费结算	提供正确计费话单			
BAM 维护	查杀病毒			
	BAM 的磁盘空间整理（根据当地情况决定是每月还是每季度维护一次）			

续表

维护时间：	年 月 日 时	检查人：		
设备运行环境	远端模块 RSM、RSMI、SMII、RSA 运行环境检查			
运行状况	MPU 主控板的备份状态查询			
	半永久连接状态			
数据正确性	数据核对检查			
故障情况及其处理				
遗留问题				
班长核查				

周维护、月维护项目与值班日志中的不同之处。

周维护重点：计费系统及话务统计系统。

月维护重点：文件备份、月度计费结算、BAM 维护、数据的正确性。

无论是日维护，还是周维护、月维护，一旦出现故障，技术人员就要立即排查故障，按照交换机故障处理流程，正确填写故障处理记录单。

【总结反思】

电信设备的长期带电运行不可避免地引起设备电子元件损坏等故障，外部环境的不确定因素、传输线路质量问题和人为无意的错误操作等都可能引起故障。为保证电信设备正常运行，就需要维护人员进行必要的设备维护工作。交换设备运行维护工作需要在工作中不断总结，记录在运行维护工作中的收获体会，进一步加强质量意识、责任意识，落实工匠精神，提高自己的职业道德修养，增强就业竞争力；同时，按要求整理机房，将仪表、维护手册等放回指定位置，从点滴做起，养成良好的职业习惯。

文史概论：《阿 Q 正传》

教师信息：武若克　**职称**：讲师　**学历**：硕士研究生
研究方向：中国语言文学
授课专业：广播影视节目制作
课程类别：理论课程
课程性质：公共基础课

第一部分　设计思路

一、本次设计的课程思政目标

本次课程设计属于“三金”元素中的“金扣子”案例设计，侧重于将小说《阿 Q 正传》与青年人生价值的实现相结合，进行价值观层面的积极引导。青年是祖国的未来、民族的希望。习近平一直以来都十分重视青年工作，他曾在讲话中指出：“青年一代的理想信念、精神状态、综合素质，是一个国家发展活力的重要体现，也是一个国家核心竞争力的重要因素。”何为青年，青年何为，从百年前的五四运动到今天，这个话题依旧常谈常新。

课程设计旨在通过对鲁迅小说代表作《阿 Q 正传》进行解读欣赏，帮助学生读懂鲁迅对国民性弱点的批判与救治精神病痛的探索，理解鲁迅忧愤深广的思想与热忱的爱国情怀，并以阿 Q 为镜，引导学生在对比中反思当代青年应如何作为方能不负青春，不负韶华，响应党与国家的号召，真正扛起时代的责任，从而树立正确的人生观与价值观，在实现中华民族伟大复兴的中国梦的生动实践中放飞青春梦想，实现人生价值。

二、课程思政教学设计内容

1. 课前：课程思政引入

鲁迅是中国现代文学大师，他的笔锋关注于对国民性的剖析，旨在革新国民人格、提高民族精神品格，以铸造新的“民族魂”，《阿Q正传》正是这位伟人的代表作。为读懂阿Q身上折射出的鲁迅对民族命运与国民精神的关注，课前，学生在学习通平台阅读自学材料《〈呐喊〉自序》，思考鲁迅呐喊的内涵是什么，初步感悟鲁迅对国家和民族的担当精神以及鲁迅对青年一代的期望。同时观看习近平在纪念五四运动100周年大会上的讲话视频，思考新时代背景下，青年一代应如何担当起时代责任，实现人生价值，承担起民族振兴使命。通过选取鲁迅《〈呐喊〉自序》帮助学生进行拓展阅读，并引入习近平对青年人寄语的讲话视频，引导学生在初步领会鲁迅所批判的国民性弱点的同时，思考在新时代背景下，青年一代应树立怎样的理想信念，应如何担负起时代重任。

2. 课中：课程思政贯穿授课过程

（1）结合专业特色，创立生动情境。本次课授课对象为广播影视节目制作专业的学生，为贴近学生专业生活，激发学习兴趣，课程中采用任务驱动方式，以为阿Q拍摄一部生平纪录片为任务点，创立生动任务情境。学生分导演、编剧等不同角色，围绕阿Q从不同角度展开合作解读，在达成学习目标、深入理解阿Q人物形象的同时，贴近学生专业特点，深化学生的学习参与感，培养团队合作能力。帮助学生既提高对文学作品的鉴赏解读能力，也增强职业荣誉感和自豪感，为下一步的价值引导打下良好基础，从而达到“以文化人”的教育目标。

（2）紧跟时代热点，注重价值导向。课程旨在以阿Q这个经典文学形象为镜，结合鲁迅对青年人的呼吁以及习近平对青年一代的寄语，引导学生思考如何将个体价值与社会使命相结合，承担起时代责任。课程中，在对阿Q的“精神胜利法”及对待革命的麻木态度进行解读后，结合鲁迅对青年人的呼吁，并融入时代热点话题，选取当代“战疫”的青年医护工作者，建立北斗卫星导航系统的青年科学家，奔走在扶贫工作一线的青年干部，以及支教边陲的青年教师等典型青年事迹，引导学生在对比中得出认知：在新时代视野下，青年一代要勇做锐意进取、开拓创新的时代先锋，更要扛起爱国主义旗帜，以中华民族伟大复兴为己任，积极投身到中国特色社会主义建设中。从而充分发挥语文学科“文以载道”的特点，帮助学生树立正确的价值取向。

（3）鼓励自主探索，培养自主学习能力。课堂设计坚持以学生为主体，做到参与广度与参与深度的同步挖掘。就广度而言，学生充分参与到课堂活动中，并贯穿教学活动的各个环节。课前结合学习通平台资源自主学习，鼓励独立思考，锻炼自学能力。课上结合信息化资源，做到小组合作探究，培养团队精神。就深度而言，教学环节以学生活动为主线，通过视频导入引发学生兴趣，设立任务情境引导学生讨论，选取时代热点话题启发学生思考。综观教学全过程，要求学生积极主动地探究，教师则作为组织者、引导者与合作者，引领学生思考。

3. 课末：课程思政总结反思

本次课程贴近学生专业，将学生岗位技能知识与课程内容巧妙结合，借助任务驱动、合作探索、自主探究等方法，充分发挥学生的主观能动性，引发学生深度思考，深刻理解鲁迅在《阿 Q 正传》中体现的忧国忧民的情怀与对国民精神性的探索。通过结合鲁迅对青年一代的期望，并引入“新冠”抗疫、脱贫攻坚战等时事热点，引导学生围绕实现青年价值展开反思，在读懂鲁迅伟人情怀的同时，充分汲取习近平关于青年系列讲话中蕴含的精神力量，鼓励学生在未来学习与工作中积极进取、发光发热，在自己的岗位上志存高远、脚踏实地，将个体价值与社会使命相融合，走好人生道路，切实践行立德树人的根本要求。

第二部分　案例描述

《阿 Q 正传》

【思政导入】

一、情境导入，创设激趣

游戏：猜一猜他是谁？

他是文学巨匠，堪称现代中国的脊梁，现代中国的民族之魂。

“横眉冷对千夫指，俯首甘为孺子牛”是他最真实的写照。

他以笔作刀，解剖中国社会，解剖国民的灵魂，为沉睡的国民而高声呐喊。

在他的笔下，一个农民被当时的社会无情地吞噬了，不仅是肉体，更包括精神。

这位文学巨匠就是鲁迅。那个农民是一个怎样的农民，那个社会是一个怎样的社会，鲁迅又是要向什么方向改造国民精神的呢？今天让我们一起走进鲁迅的《阿Q正传》。

【思政贯穿】

二、回顾背景，读懂鲁迅生平

（1）教师依据预习资料设计鲁迅生平问卷。

（2）播放时代背景视频，生动直观展现鲁迅思想探索历程与小说创作背景，帮助学生追寻伟人的足迹，走进作者的宽阔胸怀与崇高心灵。

三、阅读全文，理清章节内容

1. 初步阅读

学生在课前自主阅读，并将自己对章节内容的理解概括上传学习通。

2. 互评互议

学生对其他同学的理解概括进行点赞互评，通过评价反思加深自身理解。

3. 再次阅读

课上小组讨论与教师引导相结合，达成共识，基本把握章节内容。

四、结合专业，走近阿Q其人

现在需要为阿Q拍摄一部生平纪录片，请大家分小组并自由分配导演、编剧、演员等角色，结合小说情节召开拍摄小组讨论会。

（1）阿Q生活在怎样的环境里？你会选择什么样的地点进行拍摄？

要点：阿Q生活在未庄，这里交通不便，贫苦农民不仅受着政治压迫和经济剥削，而且在精神上还长期受着思想的毒害和人格的侮辱。

（2）生活在这样环境中的阿Q有什么样的表现？你会选取他生活中的哪些经典片段进行改编与摄制？

示例：

阿Q被人揪住辫子打了，他总想，我总算被儿子打了。

当别人打他时要他说“我是畜生”，他就说自己是连畜生都不如的“虫豸”。

他的洋钱被赌徒抢走之后，擎起右手，用力在自己脸上打两个嘴巴，“似乎打的是自己，被打的是别一个自己”，于是又飘飘然得意地胜了。

（答案不一，有理有据即可）

（3）请用一些词归纳阿Q的这些性格表现。

总结：自轻自贱、自欺欺人、自尊自大、欺弱怕强、自我陶醉。

他对来自统治者的欺压麻木健忘，以自欺来自我安慰。他在现实中一次又一次地失败，可在精神上却一次又一次地“胜利”。这就是阿Q的精神胜利法。

（4）表演展示：以小组为单位，将选中的片段进行表演。

师生互评、生生互评相结合，对表演进行评价。

五、合作探究，读懂鲁迅探索的国民性

1. 合作思考，再现世情百态

（1）阿Q的精神胜利法究竟是什么？

要点：精神胜利法是阿Q性格的主要特征，用精神上的胜利掩盖实质上的失败。

产生的原因主要有两个：一是鸦片战争后统治阶级失败主义的毒害；二是被压迫被剥削的农民阶级安于现状和宿命论思想的影响。

（2）我们怎样看待阿Q的精神胜利法？

要点：阿Q总是失败，但他却总能采取一种粉饰的态度，或是在自我幻想中变失败为精神上的胜利。这种精神胜利法对中华民族的觉醒与振兴而言无疑形成了巨大的阻力，严重麻醉了中国人的思想，阻碍着社会的变革。

（3）阿Q参加革命后有着怎样的表现？

要点：阿Q最初对革命深恶痛绝。但是当现实将他压迫到走投无路时，阿Q还是产生了要投降革命党的想法。阿Q其实对革命并不了解，一个把自由党变成了“柿油党 ”的流浪汉眼中的革命，是完全根据自己的本能来确定其含义的。

（4）像阿Q这样一个对革命缺乏认识的，以精神胜利法为精神支柱的落后农民，能不能成为革命队伍中的一员呢？为什么？

要点：阿Q是个雇农，他在经济上受着残酷的剥削，政治上受到沉重压迫。由于受封建统治阶级的道德观念的毒害，并且没有受到革命思想的宣传和教育，他不可能理解革命，这就是他“落后”的原因。但是屈辱的地位和悲惨的处境决定他本能地倾向革命。

2. 拓展比较，读懂作家笔下的呐喊

鲁迅在《呐喊》自序中说：“有时候仍不免呐喊几声，聊以慰藉那在寂寞里奔驰的猛士，使他不惮于前驱。”结合《阿Q正传》与之前所学的《药》《祝福》等小说，思考鲁迅所呼吁呐喊的究竟是什么。

要点：一是为唤醒精神麻木、“熟睡”的人们起来抗争而发出的战斗呼喊；二是为了使战友“不惮于前驱”而发出的呐喊。

六、紧贴时代，树立理想情怀

1. 情境营造

(1) 榜样的力量：新时代下的青年。学生观看抗疫青年医护工作者、脱贫攻坚战青年干部、建立北斗卫星导航系统的青年科学家等事迹介绍视频。

(2) 党与国家的号召：青年的前进方向。阿 Q 的麻木让鲁迅深感痛心，鲁迅曾说，愿中国青年都摆脱冷气，只是向上走，能做事的做事，能发声的发声。有一分热，发一分光。习近平则指出，青年是国家的未来、民族的希望，青年人要不负青春、不负韶华、不负时代，为实现中华民族伟大复兴贡献聪明才智。

2. 思考讨论

观看视频后，结合鲁迅的青年论述与习近平讲话展开思考，作为新时代青年，你认为应如何将个体价值与社会使命相融合，发挥专业特长，走好人生道路？

要点：引导学生理解，青年一代作为锐意进取、开拓创新的时代先锋，更应扛起爱国主义旗帜，以中华民族伟大复兴为己任，勇于担当时代责任，为建设中国特色社会主义而不懈奋斗。

七、课堂小结

《阿 Q 正传》具有广泛的社会意义，它画出了国人的灵魂，暴露了国民的弱点。鲁迅先生笔下的阿 Q，像一面镜子，让我们在反思中前行，在前行中渐渐扛起对于时代的担当。让我们明白，青年一代要发扬求知精神与担当精神，做新时代的奋斗者，开创社会主义现代化建设新局面，为实现“两个一百年”目标而不懈奋斗。

【总结反思】

本次课程注重将学生岗位技能知识与课程内容巧妙结合，借助任务驱动、合作探索、自主探究等方法，充分发挥学生的主观能动性，引发学生深度思考，深刻理解鲁迅忧国忧民的情怀与对民族出路的探索。通过引入“新冠”抗疫、脱贫攻坚战等时事热点，引导学生围绕实现青年价值展开反思，在读懂鲁迅伟人情怀的同时，充分汲取习近平关于青年系列讲话中蕴含的精神力量，鼓励学生在未来学习与工作中积极进取、发光发热，在自己的岗位上志存高远、脚踏实地，将个体价值与社会使命相融合，走好人生道路，切实践行立德树人的根本要求。

大学英语 1：Unit3　Time Management

教师信息：叶少敏　**职称**：副教授　**学历**：本科
研究方向：英语教育
授课专业：各专业
课程名称：大学英语 1
课程类别：理论课程
课程性质：公共基础课

第一部分　设计思路

一、本次设计的课程思政目标

本次课思政目标是从价值引领着手，让学生能够了解正确的时间观，形成正确、合理的时间观，提升学生思想政治素质。本课程属于“三金”元素中的“金扣子”类型。

二、课程思政教学设计内容

1. 课前：课程思政引入

树立科学、合理的时间观念对于当代高职学生具有重要的意义。在教学中，教师从学生浪费时间的现象入手，探讨树立科学、合理的时间观的重要意义，并以此引导学生对空余时间进行合理规划，提高时间利用率，从而提升学生的综合素质。

2. 课中：课程思政贯穿授课过程

通过不同形式的课堂活动以及对课文的阅读，让学生明白为什么要合理利用时间，探讨现实生活中避免拖延症的方法，启发学生形成正确、合理和科学的时间观。教师在传授专业知识的同时，还要注重培养学生的认知能力和批判性思维能力，教会学生运用马克思主义辩证思维方法思考问题和解决问题。

3. 课末：课程思政总结反思

要求学生课后结合课堂所学，反思自己的时间管理行为，进一步思考如何科学、合理地规划、管理和利用时间，并在今后的学习生活中努力践行正确的时间观，进一步提升自己的综合素质，为国家的经济建设和发展贡献力量。

第二部分 案例描述

Time Management（时间管理）

【思政导入】

进入大学后，随着学习与生活环境的变化，可以由个人支配的时间显著增加。新鲜事物的层出不穷在给大学新生前所未有的冲击的同时也会带来不少困惑，不少学生失去了努力的目标和前进的动力，浪费时间的现象极为普遍。有研究表明，相当比率的大学生存在拖延现象，如学习拖延、睡觉拖延等，从而影响学习任务的完成、身心健康和日常行为习惯的养成。如 McCown & Johnson 的调查发现，25%的人报告拖延是他们生活中一个严重的问题；40%的人报告拖延行为已经造成自己经济上的损失。事实上，在日常的社会交往中，珍惜时间，信守时间，是社会交往的前提和基本条件，也是社会公共生活的基本准则。这看似平常的时间准则，却可以洞察出一个人的自我约束和管理的能力，同时也是时间利用率的体现。作为当代大学生，正确时间观念的养成直接影响其世界观的形成与发展，影响其自身的身体健康、学业和未来的发展，甚至还会引起“蝴蝶效应”，影响他人的生活方式，进而影响整个国家和民族的发展。

“青春虚度无所成，白首衔悲亦何及”，这句古诗是习近平在纪念五四运动 100 周年大会上发表重要讲话时所引用的。通过这首诗，习近平叮嘱当代青年要珍惜韶华、不负青春。习近平还说：“新时代中国青年要增强学习紧迫感，如饥似渴、孜孜不倦学习，努力学习马克思主义立场观点方法，努力掌握科学文化知识和专业技能，努力提高人文素养，在学习中增长知识、锤炼品格，在工作中增长才干、练就本领，以真才实学服务人民，以创新创造贡献国家!”在实现中华民族伟大复兴的背景下，加强大学生时间观的教育，增强时间管理以及自我规划的意识和能力，不仅是提高大学生素质的内在诉求，也顺应了社会的外在呼唤。

一、听对话、猜词意

听一段小对话，猜测英语习语“take time by the forelock”的意思。此语中的 forelock 表示“额前的一缕垂发”。英国讽刺作家 Swift 说过：“时间老人头上有一 绺垂发，后面光秃无发，因此只有抓住他的额发才能抓住时间。”这个引喻早在 1591 年就出现于英国作家罗伯特・格林（Robert Greene）的 *Farewell to Folly* 中。莎士比亚在好几个剧本中用过此语，称时间是 bald sexton 即“秃头的敲钟者”。

通过听对话、猜词意的活动，引导学生走近时间，在学习与掌握该习语的含义的同时，了解珍惜时间的重要性。

二、问卷调查

针对时下大学生普遍存在的拖延学习（上课迟到、超时完成学习任务）、拖延作息（平时晚睡晚起、考试周前疯狂备考等）的不良现象发起一次问卷调查，着重了解大学生的时间观念，并对其在学习和生活两个方面的拖延行为、时间规划和利用度等进行调查，重点对拖延现象产生的缘由以及“How to stop procrastinating?”（如何摆脱“拖延症”）进行发问，由此开启对学生的“Take time by the forelock”（把握时机）这一主题的思政教育。

Part 1　Lead in

1. Listen to the following short dialogue:

A: When will he be leaving the country?

B: These two days.

A: So quickly? I want to ask him something.

B: You must take time by the forelock and do it now.

2. Discuss the implied meaning of the phrase “take time by the forelock” in this dialogue.

3. Have an investigation on the topic: How do you usually arrange your study and life time? Do you think you need a schedule in your daily life ? Why or Why not? Why are we trying to cherish time?

【思政贯穿】

组织学生开展与主题相关的问答与辩论活动，逐步引导学生探究形成科学合理的时间观。尤其是在点评阶段，教师利用古今中外的名人名言，引导学生正确理解错误的时间观对学习与生活所带来的危害，探讨树立科学的时间观。如：外国有 Time is a bird for ever on the wing. There is no other misfortune that could be compared with the loss of time.（时间是一只永远在飞翔的鸟，没有一种不幸可与浪费时间相比）等等。孔子曰：“逝者如斯夫！不舍昼夜。”诗人陶渊明所感：“盛年不重来，一日难再晨。及时当勉励，岁月不待人。”近有开国领袖毛泽东的豪言：“一万年太久，只争朝夕。”而今，习近平的青春寄语更是语重心长，他说：“时间之河川流不息，每一代青年都有自己的际遇和机缘，都要在自己所处的时代条件下谋划人生、创造历史。青年是标志时代的最灵敏的晴雨表，时代的责任赋予青年，时代的光荣属于青年。”

三、阅读与思考

引导学生在学习课文的同时，展开对“拖延症”成因的探究，使学生逐步认识到“拖延症”的危害。通常导致大学生出现拖延行为的原因是为了逃避困难的任务、自信心不够或者是抗拒规律定期而采取的一种消极的应对方式。大学生的心智成熟离稳重还有较远的距离，对时间意识也比较模糊，缺少科学、合理的规划。同时，用发散性思维激发更多相关思考。在阅读过程中难免会存在大量的生词与长难句，教师要让学生明白知识即美德，鼓励学生要有攻坚克难的工匠精神，做一个有修养的人。

四、辩论赛

针对“拖延症”的利与弊问题，把学生分成正反两组进行主题辩论。通过激烈的争辩，使学生学会辨是非、知对错，更加深刻地理解本课的主题思想，从而摆脱拖延症的困扰：①正视自己的拖延问题，才能有针对性地做出改变；②端正自己的学习和生活态度；③深入了解和发展学习和生活的兴趣爱好，并持之以恒；④合理安排作息时间，严格执行日程表的规划；⑤积极主动避开一切干扰源，专注学习与生活。

Part 2 Presentation

Reading 1: How to stop procrastinating?

1. Look at the following picture. Ask students to describe the picture.

2. Introduce the topic. Read the headline aloud. If students don't know the meaning of the word procrastinating, tell them to guess what they think it means. Elicit that procrastinate means putting off doing something until a later date. Ask students to tell you whether or not they procrastinate and get them to describe the situations in which they are most likely to procrastinate.

3. Discuss (in pairs): What do you often do to stop procrastinating?

4. Give students several minutes to read the text. Encourage students to refer to WORDS & EXPRESSIONS.

5. Reread the text, helping students comprehend difficult sentences while reading. Encourage them to point out their difficult sentences in the text, and instruct their interpretations.

(1) Discuss (in groups)

* Why did the author tell us to stop procrastinating?

* Do you think procrastinating a rare phenomenon at college?

* Why should we stop procrastinating?

* How to avoid time wasting and stop procrastinating according to the author?

(2) Digging into details Difficult sentences'analysis.

6. Debate

Topic: As mentioned in the text, procrastinating happens to all of us sometime. What do you think of it? Is it good for a person's character building?

Part 3 Summary and reflection

1. So what can we learn from the reading text we learn today?

2. Procrastinating is not fit for college students.

3. Things change, friends leave, but time doesn't stop for anyone. Sometimes,

there is no next time, no second chance, no time-out. Now or never!（世事变迁，好友离散，但时间不会为谁而停。有时候，没有下一次，不能重选、无暂停键，机不可失，时不再来!）

4. To realize our lifetime dream, we must take time by the forelock!

【总结反思】

在科技迅猛发展以及人才强国战略实施的今天，当代大学生应该时刻保持着危机意识，督促自己朝着更好、更优秀的方向发展，而不应该陷入拖延的负面情绪当中惶恐度日。像习近平说的那样，把远大志向变成现实，既要求得到真学问、练就真本领，又要有锲而不舍、自强不息的奋斗精神，从一点一滴做起。要珍惜韶华、脚踏实地，把远大抱负落实到实际行动中，树立梦想从学习开始、事业靠本领成就的观念，让勤奋学习成为青春飞扬的动力，让增长本领成为青春搏击的能量。“靡不有初，鲜克有终。”希望同学们做到心中有梦想，勇于追逐梦想，管理好自己的时间，做到知行合一，善始善终。

通过本环节的教学，使学生深刻理解了坚持科学、合理的时间观的重要意义，对价值观与人生观的认识也逐渐得到了升华，从而较好地完成了本次课程的思政目标。

语文 1：《念奴娇 · 赤壁怀古》

教师信息：张华　**职称**：副教授　**学历**：硕士研究生
研究方向：中国现当代文学
授课专业：贯通语文
课程类别：理论课程
课程性质：公共基础课

第一部分　设计思路

一、本次设计的课程思政目标

中国是一个诗的国度。几千年来，诗歌的精神始终激荡在我们民族的血脉之中。中华民族以“诗礼传家”，把汉语言文字凝练成诗，又以“诗言志”的方式观照内心的精神世界。苏轼的《念奴娇 · 赤壁怀古》被誉为“千古绝唱”，是豪放词中杰出的代表。全诗意境开阔，雄浑苍凉，大气磅礴，融眼前之景、世事感慨、人生哲理于一体，具有撼魂荡魄的艺术力量。

本课的思政目标如下：

（1）体会汉语言文字的魅力，品味中国诗词文化之美，热爱中国传统文化；

（2）领会诗词豪放雄浑、大气磅礴的意境之美，热爱祖国的壮丽河山；

（3）学习诗人积极进取的人生态度，树立远大理想，济苍生、安社稷，展宏图之志；

（4）学习诗人在逆境中的乐观精神，不惧苦难，豪放洒脱，超然豁达。

思政目标（1）（2）主要采用情境设置、诵读法、品鉴法实现。教师在教学过程中，通过多媒体课件，播放音频、视频资料，指导学生诵读、品鉴，让学生感受中国诗词之美，热爱祖国的壮丽河山和华夏民族的悠久文明。

思政目标（3）（4）主要通过品鉴法、问答法、讨论法实现。教师通过提问引发学生思考，并通过讲解分析，引导学生品读鉴赏；在总结反思环节，教师组织学生讨论，学生大胆发表自己的看法和意见，理解苏轼的人生困境，感受作者豁达洒脱的人生态度，学习苏轼面对逆境时的超脱乐观。

二、课程思政教学设计内容

1. 课前：课程思政引入

首先，教师播放《三国演义》的主题曲《滚滚长江东逝水》。然后，学生倾听名家配乐朗诵《念奴娇·赤壁怀古》。教师通过多媒体资源，创设学习环境和情境氛围，引导学生遥想诗人的生命历程，理解词人复杂深沉的情感，感受中华历史，增强对中国传统文化的热爱，树立正确的历史观。

2. 课中：课程思政贯穿授课过程

第一环节：作者简介。

教师通过多媒体课件、图片、视频，讲解苏轼的人生经历、诗词成就以及他对历史文化的卓越贡献，引导学生学习苏轼积极进取、通达乐观的精神。

第二环节：深情诵读。

教师利用多媒体资源，让学生倾听名家范读，鼓励学生进行模仿，并根据自己的理解反复练习。教师通过诵读指导，培养学生诵读的良好习惯和一丝不苟、精益求精、善于学习的优秀品质。

第三环节：品读上阕。

上阕主要写景。教师通过品读，引导学生领会诗词豪放雄浑、大气磅礴的意境之美，增强对祖国壮丽山河和中国传统文化的热爱。

第四环节：品读下阕。

下阕主要抒情。词人被贬黄州的坎坷处境，同他壮志报国的情怀大相抵牾。苏轼在与周瑜的对比中，情不自禁地发出自笑多情、光阴虚掷的叹惋，并以“一尊还酹江月”进行自我解脱。教师引导学生学习词人不惧苦难、豪放洒脱的精神，并对学生进行挫折教育。

3. 课末：课程思政总结反思

教师引导学生思考讨论，从苏轼的人生经历和处世态度中，你学到了什么？如何面对人生逆境？教师通过讨论活动，引导学生理解苏轼的人生态度，并从词人身上获得生存智慧和精神力量；学习词人积极进取、不惧苦难，昂扬乐观的精神品质。

第二部分　案例描述

《念奴娇·赤壁怀古》

一、课前情境导入

1. 歌曲渲染气氛

课程思政设计：教师播放电视剧《三国演义》的主题曲《滚滚长江东逝水》，学生感受悠久的华夏文明，随着视频画面的引导，脑海中浮现无数历史英雄人物。教师利用音乐引导学生尽快进入学习情境。

课程思政效果：雄浑低沉、悲壮苍凉的音乐声会给课堂渲染出一个合适的情感氛围。在音乐的听觉体验和色彩、场面等视觉感受方面，给予学生强烈冲击，加深感受，使学生的心慢慢沉静下来，逐渐进入时空隧道，促使学生尽快进入诗歌学习的情景。

课程思政实现手段：多媒体演示法。

课程思政实现方法：情境浸润法。

2. 诵读熟悉诗词

课程思政设计：学生倾听名家配乐朗诵《念奴娇·赤壁怀古》，学习诵读技巧，进行诵读练习。

课程思政效果：学生一边倾听诵读，一边观看鼓角争鸣、英雄辈出的电视画面。在听觉、视觉方面予以强烈冲击，易于学生进入诗词情景。学生的悠悠神思来到千年之前的峥嵘岁月，感受中华历史，遥想诗人的生命历程，鉴赏诗词豪情，体会作者的思想情感。然后，学生通过反复的诵读练习，掌握诵读技巧，熟悉诗词，体会词人情感。

课程思政实现手段：多媒体演示法。

课程思政实现方法：情境浸润法、诵读法。

二、引入新课

许多文人游览名山大川，常常有所感怀，他们心为山动，情为水发，锦文华章，喷薄而出，留下许多千古绝唱。今天，我们要走进一位大诗人，他为后人留下了许多脍炙人口的佳句。

当我们欣赏庐山美景的时候，会不由自主地想他的诗句“不识庐山真面目，只缘身在此山中”；当我们走在西湖苏堤上的时候，会情不自禁地吟诵起他的诗句“欲把西湖比西子，淡妆浓抹总相宜”；当我们在中秋月夜思念远方亲人的时候，会情不自禁地想起他的诗句“但愿人长久，千里共婵娟”。这位大诗人就是苏轼。

课程思政设计：教师提问，引导学生回忆苏轼的名篇佳作，这些作品流传千古，脍炙人口，充分体现了苏轼的文学成就。通过温故将学生引入新课的学习。

课程思政效果：苏轼的名篇佳作千古流传，通过回忆背诵，调动学生的知识储备，唤起学生的记忆，引导学生认识中国传统文化，尤其是诗词歌赋的伟大成就和独特魅力。

课程思政实现手段：多媒体课件、图片。

课程思政实现方法：复习法、问答法。

三、作者简介

苏轼，字子瞻，号东坡居士。与其父苏洵、其弟苏辙并称“三苏”，有“一门三父子，同是大文豪，诗赋传千古，峨嵋共比高”的说法。

苏轼才华横溢，博通经史，有“济苍生、安社稷”、建功立业的鸿鹄之志，但在残酷的政治斗争中，却屡遭贬谪。1079 年，因“乌台诗案”险被处死，后贬至黄州。被贬期间，年近半百的苏轼来到赤壁，面对长江，登高远眺，倾慕周瑜伟业，慨叹自己一生，写下了这篇千古绝唱《念奴娇 · 赤壁怀古》。

课程思政设计：教师讲授苏轼的人生经历和文化贡献。苏轼曾经青云直上，指点江山；也曾经几起几落，生死未卜。他的人生经历似乎多了几许坎坷和折磨，但恰恰是这样的苦难经历，造就了他独特而又鲜明的魅力：青年时意气风发；中年时愈挫愈勇；老年时达观淡泊。在苏轼的作品中，我们能体会到他积极乐观的心态，无论遭受到多大的挫折和打击，他都能笑对人生。万事万物在他心里，都能得到包容；所有忧愁烦恼，他都会豁达地放下。

课程思政效果：学生从他坎坷曲折的人生经历中，学习积极进取、通达乐观、豪放洒脱的精神。

课程思政实现手段：多媒体课件、图片、视频。

课程思政实现方法：讲授法、问答法。

四、深情诵读

（1）学生倾听名家范读。学生一边倾听名家配乐诵读，一边观看鼓角争鸣、英雄辈出的视频画面，感受诗词情境，酝酿诵读感情。

（2）教师讲解诵读技巧，标注重音、轻音、停顿、延长音等，指导学生充满感情地进行诵读。

（3）学生分组，自由诵读。

（4）学生诵读竞赛。

课程思政设计：学生通过反复诵读，追溯中华历史，遥想诗人的生命历程，鉴赏诗词豪情，体会作者的思想情感，增强对中国传统文化的热爱。

课程思政实现手段：多媒体演示、教师示范。

课程思政实现方法：诵读法、练习法、竞赛法。

五、诗词品鉴

词分上阕、下阕两个部分，通过过渡句“江山如画，一时多少豪杰”我们可以知道，上阕描绘了古战场如画的风景，下阕写到了英雄豪杰，作者由周瑜的丰功伟绩联想到了自身的境遇，并引发了无限的感慨。首先，我们先看词的上阕。

1. 大江东去，浪淘尽，千古风流人物

在这幅壮美的景色图中，首先涌入我们眼帘的是：“大江东去，浪淘尽，千古风流人物”。句中有表示空间广阔和时间漫长的词语，我们一起找出来：大江、千古。浩浩荡荡的长江水，波涛汹涌，气势磅礴，大江东去的一个“大”字，体现了“空间尺度”的无限宽广，也使“大江东去”成为千古绝唱。“滚滚长江东逝水，浪花淘尽英雄”，滚滚的长江水涤荡了千古英雄。儒雅风流、指挥若定的周瑜，酾酒临江、横槊赋诗的曹操，千百年来涌现出的英雄人物，都在历史长河中消逝了。“千古”，体现了时间尺度的无限漫长。空间尺度的无限宽广。一开篇，苏轼便气度不凡，为我们描绘了一幅辽阔悠远的时空背景。古语说：无欲则刚，有容乃大。现代也有一句广告词，叫：心有多大，舞台就有多大。我们想一想，苏轼的胸怀到底有多大？长江巨浪涌入胸怀，千年历史在心中萦绕。这是一个“以兼济天下为己任、渴望建功立业”的英雄的胸怀。所以，这句不单单是写景，它还抒写了苏轼宽广博大的心胸，心怀天下和成就一番事业的渴望。

2. 故垒西边，人道是：三国周郎赤壁。乱石穿空，惊涛拍岸，卷起千堆雪

如果我们把苏轼比作一位摄影师的话，第一句，他使用了广角镜头，为我们呈现了一个辽阔的时空背景，接下来，作者逐渐把镜头拉近，最后，目标锁定在故垒西边的一块赤壁石上。“故垒西边，人道是：三国周郎赤壁”，在旧时营垒的西边，人们说，是三国时期周瑜赤壁之战的地方。赤壁的古战场，又有着怎样壮美的风光呢？“乱石穿空，惊涛拍岸，卷起千堆雪”。陡峭的山石直插云霄，汹涌的江水拍打着堤岸，激起了千万层的浪花。这一句，出现了两个形容词。第一个——乱。什么叫乱？物体摆放没有规则，忽高忽低，或东或西，它体现了山石的参差突兀、险峻陡峭。第二个形容词——惊。波涛像受到惊吓一样，不受约束，不受控制，它展现了江水雷霆万钧、势不可当、凶涌澎湃的气势。这句还有三个动词：穿、拍、卷。乱石穿空，岩石能把天捅破，给人什么感觉？山高耸入云，直插云霄。水如果没有力量，它会缓缓流过，水波不兴。一个拍字，一个卷字，体现了江水搏击江岸的力度。这一句描写了山崖高耸陡峭，刺破云霄，江水汹涌澎湃，搏击堤岸。石头与天空，波涛与堤岸，都处于一种紧张的冲突状态。作者为什么要这样写呢？

《尚书·尧典》中说：“诗言志，歌永言。”毛诗序中也提道：“诗者，志之所之也。在心为志，发言为诗。情动于中而形于言。”也就是说，中国古代的文学作品是要抒写心志、表达情怀的。即使写景状物，也是为抒发情感服务的。从这句词中，我们可以了解到作者的心绪。山石陡峭，波涛激荡，作者的内心世界又何尝不是汹涌澎湃、五味杂陈呢？因为在这如画的江山之中，他泛起了层层的思绪。

3. 江山如画，一时多少豪杰

在赤壁的古战场上，涌现出了无数的英雄豪杰。比如说，周瑜。

4. 遥想公瑾当年，小乔初嫁了，雄姿英发。羽扇纶巾，谈笑间，樯橹灰飞烟灭

小乔，周瑜的妻子，江南的美女，长得是沉鱼落雁、闭月羞花，有着倾国倾城的美貌，和周瑜琴瑟相合，夫妻恩爱。为什么写到美女？就是为了衬托英雄。当年的周瑜可谓是年少俊朗，雄姿英发，他虽为武将，却有着文士的风度，头戴纶巾，手拿羽扇，雍容儒雅。火烧赤壁时，周瑜为东吴都督，年仅 34 岁，上得主公信任，下有群僚敬畏，雄姿英发，春风得意。面对着大敌压境，他胸有成竹，谈笑自若，这种运筹帷幄、决胜千里的气度怎么能不叫人心生羡慕。

5. 故国神游，多情应笑我，早生华发

苏轼从周瑜的年轻有为，联想到自己的坎坷经历，命运坎坷，屡次被贬，乌台诗案，险些丧命，侥幸被贬到黄州，已经年近半百，还谈什么建功立业！苏轼徜徉江畔，激愤满胸。惊涛拍起了浪花，他的心中也激起了层层思绪，那是苏轼报国的理想与现实的硬壁相互撞击而形成的无限感慨，是苏轼逸气豪情、宏图大志无法施展的满腔悲怆。

苏轼想想周瑜，再想想自己，一位是青年俊才，英俊儒雅；一位是垂垂老矣，早生华发。一位是春风得意，功成名就；一位是事业无成，屡遭打击。苏轼是多么渴望能像三国时期的英雄人物一样，建功立业，一展宏图。面对着滔滔江水，注视着巍巍青山，苏轼回过神来，想到自己被贬黄州，想到自己年近半百，不由地笑自己的多愁善感，自我多情，咳，难免又要平添几许白发了。“多情应笑我”看似语意平淡，实际却饱含了苏轼的沉郁、悲愤、无奈之情。

6. 人生如梦，一尊还酹江月

但苏轼毕竟是苏轼，他不是一介悲悲戚戚的寒儒，而是参破世间宠辱的智者。所以，他在察觉到自己的悲哀后，不是像南唐李煜那样沉溺苦海，自伤心志，而是把周瑜和自己都放在整个江山历史之中进行观照。在苏轼看来，当年潇洒从容、声名盖世的周瑜现今又如何呢？不是也被大浪淘尽了吗。这样一比，苏轼便从悲哀中超脱了。所以，苏轼在与周瑜做了一番比较后，虽然也看到了自己的政治功业无法与周瑜媲美，但上升到整个人类的发展规律和普遍命运，双方其实也没有什么大的差别。成功像周瑜那样，也是一生；失落像我苏轼那样，也是一生。但在历史的长河之中，在月的阴晴圆缺面前，这些个人荣辱又算得了什么。有了这样深沉的思索，于是，苏轼发出了“人间如梦，一尊还酹江月”的感慨。正如他在《西江月·世事一场大梦》词中所说的那样：“世事一场大梦，人生几度秋凉。”既然人间世事恍如一梦，何不将樽酒洒在江心明月的倒影之中，抛弃苦闷，抛弃忧愁，从有限中玩味无限，让精神获得自由呢？这就是苏轼的生存智慧，这就是苏轼的达观态度，这就是苏轼的诗意人生。

课程思政设计：教师引导学生品读上阕，学生能够随着词人的词句在脑海中再现一幅壮丽江山图。诗词上阕主要写景。作者从汹涌奔腾的长江着笔，开篇就呈现了一个极为广阔而悠远的时空背景。作者屹立江岸，凭吊胜地，气魄宏大，笔力非凡。为读者呈现了一幅波澜壮阔、惊心动魄的奇险境界，使人心胸开阔，精神振奋。下阕由写景转入到抒情。苏轼从周瑜的年轻有为，联想到自己的坎坷经历，激愤满胸。惊涛拍起了浪花，他的心中也激起了层层思绪，那是苏轼报国的理想与现实的硬壁相互撞击而形成的无限感慨，是苏轼逸气豪情、宏图大志无法施展的满腔悲怆。但在历史的长河之中，在月的阴晴圆缺面前，这些个人荣辱又算得了什么？苏轼从悲哀中超脱，体现了他旷达乐观的精神品格。

课程思政效果：学生通过品读，热爱祖国的壮丽河山，领会诗词豪放雄浑、大气磅礴的意境之美，增强对中国传统文化的热爱。学习诗人积极进取的人生态度，树立远大理想，展宏图之志；学习诗人在逆境中的乐观精神，不惧苦难，豪放洒脱，超然豁达。

课程思政实现手段：多媒体课件、图片、视频。

课程思政实现方法：诵读法、讲授法、问答法。

【总结反思】

学完诗词后，教师引导学生进行了如何面对人生逆境的讨论。旷达的人生态度是中国文人在面对困境时的一种乐观表现，这是一笔宝贵的精神财富。历代文人都有旷达的代表，但苏轼的旷达却有着和其他文人本质上的不同之处。苏轼的旷达并非因仕途的不畅而移情别处，而是长久地保持一种积极进取和建功立业的心态，从未放弃救世济世的理想，其在儋州创办学堂就可看出这一特点。苏轼能够将旷达与积极入世有机结合，他不但留给后人众多的文学作品，也留给后人一种旷达的人生态度。拥有了这种旷达的人生态度，就可以真正摆脱俗世间的纷纷扰扰，获得一种精神上的自由，从而能够更好地认清现实，用积极乐观的态度去做事情，这也是苏轼思想闪耀今世的金玉所在。

学生通过讨论，表达了自己从苏轼身上汲取了精神力量，学会了面对挫折不自暴自弃，表示要努力调整心态，积极乐观，不做情绪的奴隶。

软件测试技术：自动化测试技术

教师信息：张萍　**职称**：讲师　**学历**：硕士研究生
研究方向：计算机应用
授课专业：计算机应用技术
课程类别：理实一体化课程
课程性质：职业技术技能课

第一部分　设计思路

一、本次设计的课程思政目标

本节课程思政的主要目标是启发学生追求卓越的科学精神和严谨细致的职业操守，通过培养学生解决问题所具备的优良品格，帮助学生更快地适应学习生活和更好地面对未来可能面临的工作压力。

本目标属于“金扣子”教学设计案例中真善美教育（科学精神、职业精神、工匠精神、职业文化、职业伦理、艺术审美、心理健康、劳动教育）中的科学精神、职业精神。

二、课程思政教学设计内容

1. 课前：课程思政引入

测试是质量的保证。国庆 70 周年阅兵典礼上，天上的飞机、地上的坦克、新式的雷达、引人注目的系列导弹，还有许多大家看不见的重要信息产品无一不是经过大量测试才能出席如此重要的场合。在为我们的国家骄傲的同时抛出问题：面对如此庞大的测试需求，手动测试能否胜任？需要开拓新的测试思路——自动化测试，这是为解决问题而不断突破的科学精神和职业精神的体现。

2. 课中：课程思政贯穿授课过程

如何进行自动化测试？介绍软件自动化测试流程，并根据流程贯穿思政案例。其对应关系见表 1。

表 1 教学内容与课程思政的对应的关系

序号	教学内容	课程思政
1	自动化测试工具讲解	“工欲善其事，必先利其器”，注重效率
2	测试用例设计	“鸟宿池边树，僧敲月下门”，严谨细致
3	录制/编写脚本	“古人学问无遗力，少壮工夫老始成”，恒心毅力
4	运行并查看结果	“长风破浪会有时，直挂云帆济沧海”，坚定信念

3. 课末：课程思政总结反思

如果想要在学习或者工作中有一番成就，就要有精益求精的科学精神和持之以恒的职业精神。鼓励学生在以后的学习或者工作中，能够“穷则变，变则通，通则久”。

第二部分 案例描述

自动化测试技术概述

【思政导入】

我国在科技方面进步飞速。比如，在国庆 70 周年的阅兵典礼上，一系列军用设备和信息产品用了中国自研芯片。“中国芯”的广泛应用见证了我国芯片的崛起，彰显我国强大的同时，也体现了科学家迎难而上的科学精神和职业操守。这使我们不得不联想到质量的把关环节——测试。但是大量的测试需要大量的人力成本，尤其在项目周期长、需求变更频繁且需要反复测试的情况下，如何提高测试效率呢？让学生思考探讨最终引出自动化测试技术。

一、引入自动化测试的内容

（1）自动化测试的概念。

（2）自动化测试的优缺点。

（3）自动化测试的适用场景。

【思政贯穿】

二、自动化测试常用工具——QTP

思政元素：“工欲善其事，必先利其器。”在学习和工作中要善于利用工具来提高效率而不能埋头蛮干。在大数据时代，测试用例数量庞大，如此反复单调的工作让人工来完成的话，根本不能保证效率和质量，所以必须借助非人工手段来实现。

课程内容：讲解 QTP 的历史、两种视图模式（Keyword View 和 Expert View）、使用的编程语言及工作原理。

三、自动化测试流程

1. 测试用例设计

思政元素：“鸟宿池边树，僧敲月下门。”通过古人写诗过程中字斟句酌的态度映射测试用例设计需要严谨细致。

课程内容：回顾黑盒测试方法，根据飞机订票系统（见图 1）需求采用对应的黑盒测试方法并设计测试用例。

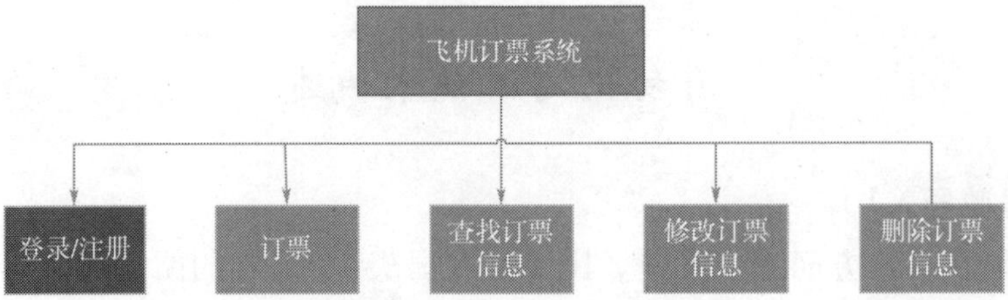

图 1　飞机订票系统模块

2. 录制/编写脚本

思政元素：“古人学问无遗力，少壮工夫老始成。”写代码的过程是枯燥的，需要一种恒心毅力来支撑我们不断去积累经验才能得到升华和质变。从发展的趋势来说，只有不断提升自己才可以追上科技进步的步伐。

课程内容：以飞机订票系统登录界面为例详细讲解有关录制/编写脚本的方法，包括加强脚本和脚本调试。熟悉关键字视图（Keyword View）和专家视图（Expert View），并演示在两种视图模式下进行自动化测试的方法（见图 2、图 3）。

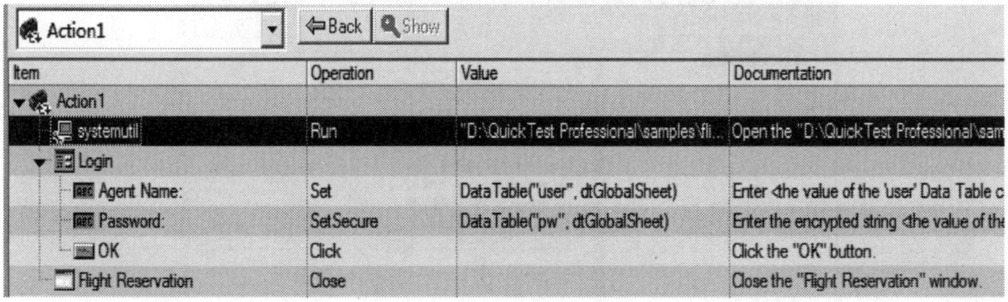

图 2　**Keyword View**

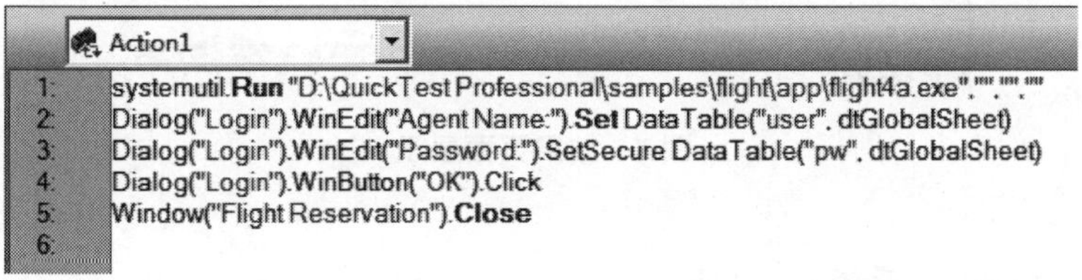

图 3　**Expert View**

3. 运行并查看结果

思政元素：“长风破浪会有时，直挂云帆济沧海。”测试的目的是发现问题并解决问题从而保证产品的质量，遇到问题要坚定信念不退缩，最终一定能取得好的结果。

课程内容：讲解常用设置和注意事项，分析结果页面的选项含义（见图 4、图 5）。

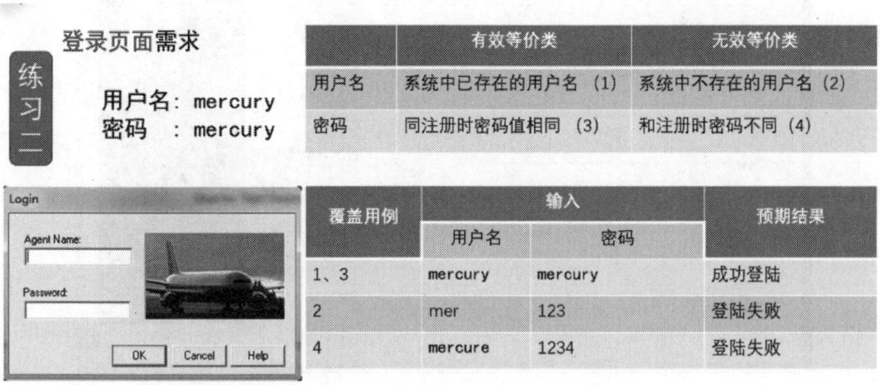

图 4　飞机订票系统登录模块实战

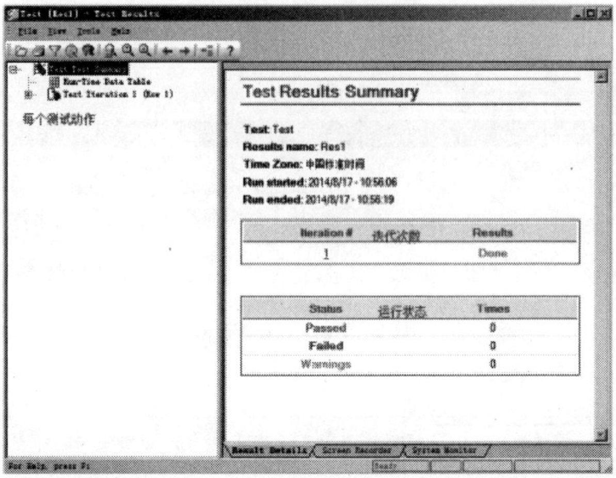

图 5　结果页面显示

四、飞机订票系统实战

实践是检验真理的唯一标准。通过飞机订票系统的界面测试完成自动化测试的实战，并针对一些学生的共性问题进行讲解（见图 6）。

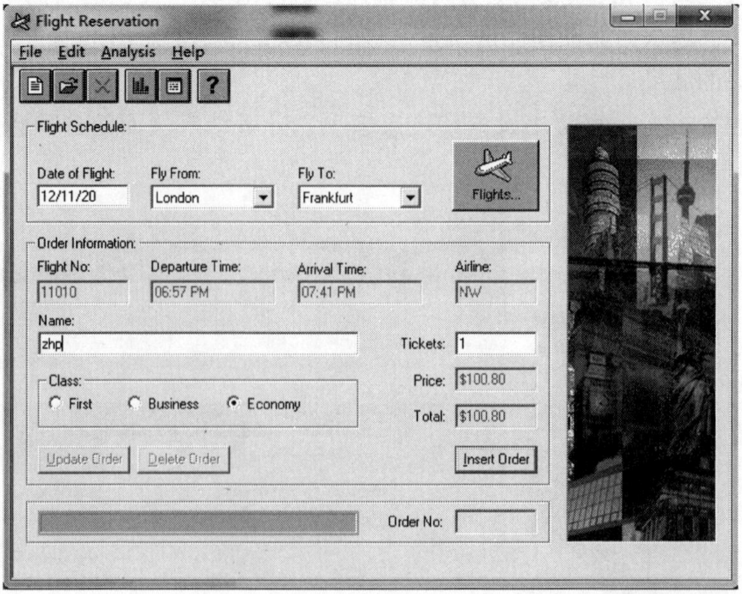

图 6　飞机订票模块实战

【总结反思】

自动化测试带来便捷的同时，也需要投入时间和精力去掌握和提高，提高效率并不意味着对产品质量的放松，因为某个设置错误有可能会使测试工程师无法检查出问题而导致灾难性的后果。因此，追求卓越的科学精神和严谨细致的职业操守是在以后的学习或工作中必不可少的高尚品格。

雅思英语 5：
Unit 6 Making money, spending money
"The way the brain buys"

教师信息： 朱晓萌 **职称：** 助教 **学历：** 硕士研究生

研究方向： 英语笔译、英语教学

授课专业： 16 贯通外培英方向 B1 层

课程类别： 理论课程

课程性质： 公共基础课

第一部分 设计思路

一、本次设计的课程思政目标

引领学生树立科学的消费观，作理智的消费者，量入为出，适度消费，避免跟风式消费和情绪化消费，发扬勤俭节约的精神。

二、课程思政教学设计内容

1. 课前：课程思政引入

课前口语作业：初步引入话题，引发学生初步审视自己的消费行为。

课堂导入小组讨论：进一步引导学生反思消费习惯，埋下理性消费的种子。

2. 课中：课程思政贯穿授课过程

显性贯穿：最开始的课堂导入和最后的头脑风暴，从引入话题最终落到引领价值、指导实践，使学生自觉做理性消费的践行者。

隐性贯穿：设置快速阅读问题、练习雅思阅读题型以及归纳主题词汇等，旨在激发学生对科学理性消费观的认同共鸣，从而树立科学的消费观，将价值观内化为自觉行动。

3. 课末：课程思政总结反思

思政教育贯穿授课的全过程，在各个教学环节逐步铺陈、一点一滴渗透，与英语知识和雅思考试内容有机融合，使学生潜移默化地接受思想教育，于润物细无声中产生共鸣，从而认同科学消费观，并将理性消费观内化为自觉行动。

第二部分 案例描述

Unit 6 Making money, spending money
“The way the brain buys”

课前任务（课外学习量）

（1）学生在课前通过超星学习通自学课文单词表（词汇准备）。

（2）学生在课前提交以 shopping 为主题的雅思口语练习录音（话题准备），见图 1。

【思政导入】

埋下本次课程思政教育的种子，引发学生审视自己的消费行为。

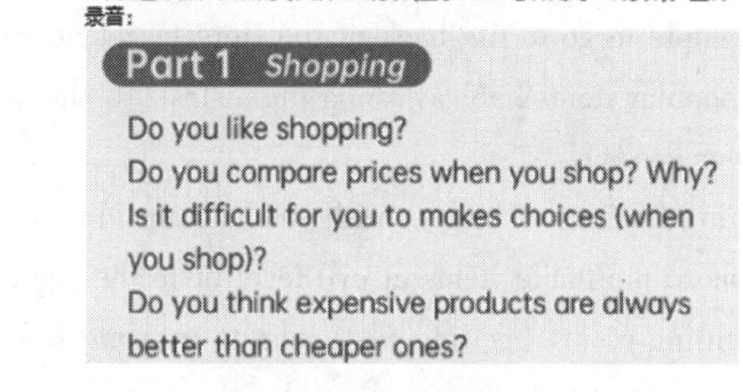

图 1 课前口语任务

第1节课

一、课堂导入

小组讨论：你属于哪类消费者？给出理由或举例说明。

Which sentence describes you the best:

（1）I only go shopping when I have to.

（2）I quite enjoy shopping when I'm in the right mood.

（3）Shopping is my favorite free-time activity.

【思政导入】

承接课外学习任务 Do you like shopping? 等提问，进一步引发学生思考自己的消费习惯。

二、快速阅读

1. 预测文章主题

Read the title "The way the brain buys" and the subheading "Supermarket take great care over the way the goods they sell are arranged. This is because they know a lot about how to persuade people to buy things." 超市通过商品分区和货架摆放来诱导人们多消费。

2. 扫读文章细节

Find three methods supermarkets use to persuade customers to spend more money. 找出超市用来诱导顾客多花钱的三种方法（每段都有），任意三种即可，可用原文表述，也可自己归纳。

（1）promoting goods near the entrance（bargains）

（2）making people feel good by offering fresh fruit and vegetables early on

（3）forcing people to go to the back of the store to get necessary items

（4）placing popular items halfway along the aisles（so shoppers have to search for them among other goods）

（5）encouraging feelings of hunger with smells from in-store bakery

（6）placing more profitable items at eye level or to the right

（7）offering fitting rooms（getting customers to try something）

（8）using decoy items to help customers decide

【思政贯穿】

通过让学生快速阅读文章查找超市的诱导消费方法，使学生初步了解商家的“小心机”，激发认同共鸣，使学生自发地萌生“抵制套路、理性消费”的想法。

三、雅思阅读

以雅思考试实战为标准，让学生在规定时间内，完成书上的 13 道阅读题。

提醒学生划关键词，找准定位句；填空题注意字数要求；注意时间和做题速度。

【思政贯穿】

学生在做地图填空题（超市布局）、判断题（门口迎宾、水果蔬菜区、超市内烘焙坊、货架摆放）、流程图填空题（烘焙坊如何吸引消费）时，加深了对商家“千层套路”的认识，进一步形成理性消费的观念。

四、核对答案

略。

第 2 节课

一、讲评问题

分组讨论，互相解答疑惑，解决不了的疑惑由教师讲解。

教师点拨生词、同义替换、考点和做题技巧，学生做笔记，整理错题分析错因。

二、精读文章

1. 解决其余陌生词汇

（1）根据语境猜测词义，如 shoplifting，dwell time 等；

（2）自主查阅词典，根据上下文选取最恰当的英文解释和中文翻译。

2. 总结主题表达 Words and phrases connected with shops or shopping

（1）regulars，customers，retailers，producers，bakery，fishmonger，butcher，deli…

（2）bargains，prepared food，ready meals，branded product，own-label product, decoy items…

（3）slow customers down, tempt unplanned purchases, get them to buy, arouse people's appetites, make the choice easier and more pleasurable…

【思政贯穿】

要求学生掌握与购物有关的英文表达，特别是描述超市诱导消费的短语，能在口语和写作相关话题中使用。

三、头脑风暴，内化于行

What can we do to become a rational consumer? 如何成为理性消费者？

学生集思广益，教师将学生的答案列出，并“修饰”语言表达：

（1）Choose what you need most, instead of what you want most. 消费时先冷静，思考是否真正需要。

（2）Choose inexpensive alternatives for your wants. 选择平价替代品。

（3）Make a spending plan and seewhere to cut costs. 制订计划，削减开支。

（4）Don't follow the crowd. 勿盲从。

（5）Don't keep up with the Joneses. 不攀比。

（6）Make ends meet. 量入为出。

（7）Learn to budget. / Make a weekly or monthly budget. 做预算。

【思政贯穿】

升华主题，强化科学消费的价值意蕴，引导学生将理性消费观内化为自觉行动。

四、课后作业（课外学习量）

完成1篇与主题相关的议论文即雅思写作Task 2过往真题（见图2）。

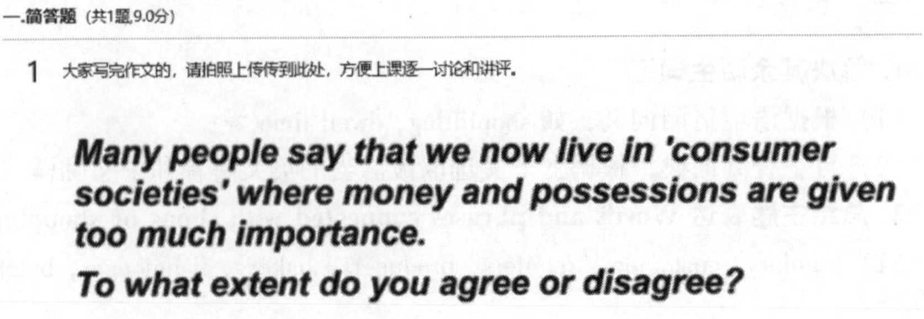

一.简答题 (共1题,9.0分)

1 大家写完作文的，请拍照上传传到此处，方便上课逐一讨论和讲评。

Many people say that we now live in 'consumer societies' where money and possessions are given too much importance.

To what extent do you agree or disagree?

图2 课后写作任务

教师点拨：Many people are victims of consumer culture and they do focus too much on money. However, many others are not money-oriented. 在拜金主义、享乐主义、消费主义盛行的时代，许多人深受消费文化侵蚀，过于关注金钱。然而，也有很多人并不以金钱为导向。

【总结反思】

（1）贯彻学生为主体、教师为主导，通过自主学习、结对讨论、小组讨论、启发式教学等方式，锻炼学生的团队协作精神和批判性思维能力。

（2）在学习通线上平台布置课外学习量，课前任务为同主题雅思口语最新考题，课后为同主题雅思写作过往考题，完美契合本次阅读课，发挥导入和延伸的作用，既很好地服务于课程教学特别是思政教学目标，又使学生通过练习真题以学促考，实用性显著。

（3）思政教育贯穿授课全过程，各个教学环节一点一滴铺垫和渗透思政教育，使其与英语知识和雅思考试内容有机融合，使得学生潜移默化地接受思想教育，从而将理性消费观内化为自觉行动。

基础语文：以工匠精神雕琢时代品质

教师信息：左文燕　**职称：**副教授　**学历：**硕士研究生
研究方向：语言文学、教育教学
授课专业：贯通语文
课程名称：语文
课程类别：理论课程
课程性质：公共基础课

第一部分　设计思路

一、本次设计的课程思政目标

（1）深刻认识工匠精神的时代意义和当代价值。

（2）深刻理解工匠精神的丰富内涵和发扬工匠精神对个人、企业、国家的重要意义。

（3）工匠精神是认真踏实的态度、一丝不苟的习惯、专心致志的境界、不断突破自我的品格。作为职业学校的贯通项目学生，要将工匠精神落实落小落细，为将来的专业学习、工作和社会实践打下良好的基础。

（4）工匠精神应当深植于各行各业，深植于每个中国人的心中。作为未来的高素质应用型技术技能人才，要坚守工匠精神，热爱专业、认真学习、掌握技能、学好本领，用实际行动为实现“两个一百年”奋斗目标、实现中华民族伟大复兴的中国梦贡献力量。

二、课程思政教学设计内容

1. 课前：课程思政引入

《我在故宫修文物》把工匠精神这件严肃的事讲得细腻、温软且富有人情味，细致入微地展示了每个人修文物时的投入和专注，展现了他们令人感动的职业精神和职业追求。该片荣获2016年度中国最具影响力的十大纪录片、2016年度优秀国产纪录片。

以《我在故宫修文物》宣传片引入，激发学生学习兴趣，同时引发学生思考：宣传片中不同职业的匠人的共同特点是什么？他们的共同特点就是“工匠精神”。党的十九大报告指出：“弘扬劳模精神和工匠精神，营造劳动光荣的社会风尚和精益求精的敬业风气。”结合时代特色和学生特点，确立课程思政目标。

2. 课中：课程思政贯穿授课过程

（1）内化于心。以学生为主体，通过创设问题，引导学生阅读、研究、讨论、发言，在生成性的学习过程中，促进学生积极思考和主动学习、自主学习，发挥学生潜能，提高课堂效率。通过研究、探讨，学生能够深刻认识工匠精神的时代意义和当代价值、深刻理解工匠精神的丰富内涵和发扬工匠精神对个人、企业、国家的重要意义。

（2）外化于行。为提高课程思政的实效性，要充分发挥先进典型的教育引导作用。榜样的力量是无穷的。榜样大体可分为两类：一类是普遍具有先进典范意义的人和事，如最美职工胡双钱；另一类是在身边的先进典范即身边的榜样。他们的“故事”具有感染、激励、启发、引领和示范作用。

为学生介绍最美职工胡双钱的事迹，引导学生坚守工匠精神，树立责任感，认准目标，执着坚守，耐得住寂寞，经得起诱惑，以匠人之心，苦练本领，大胆创新和突破，追求技艺的极致。

为学生树立“可亲、可敬、可学”的身边榜样，介绍贯通培养1803班宋文龙同学，播放他制作的瓜子脱壳机小视频，引导学生将工匠精神融入血液，融入生活、学习、工作的每个细节，将工匠精神落实落小落细。

3. 课后：课程思政总结反思

2019年9月，习近平对我国选手在世界技能大赛取得佳绩做出重要指示：“劳动者素质对一个国家、一个民族发展至关重要。技术工人队伍是支撑中国制造、中国创造的重要基础，对推动经济高质量发展具有重要作用。”“要在全社会弘扬精益求精的工匠精神，激励广大青年走技能成才、技能报国之路。”作为职业学校的学生要热爱专业、认真学习、掌握技能、学好本领，用实际行动为实现“两个一百年”奋斗目标、实现中华民族伟大复兴的中国梦贡献力量。

第二部分　案例描述

以工匠精神雕琢时代品质

【思政导入】

党的十九大报告指出：“弘扬劳模精神和工匠精神，营造劳动光荣的社会风尚和精益求精的敬业风气。”工匠精神是民族精神与时代精神的重要内容。

一、情境激趣

播放《我在故宫修文物》宣传片（见图 1）。

图 1　《我在故宫修文物》宣传片

学生观看后讨论：宣传片中的人物，他们职业各不相同，但却有着共同的精神。这些精神是什么？

明确：宣传片中的匠人对自己所从事工作和事业无比热爱。他们超脱于物质层面，不骄不躁，专注于自己热爱的工作和事业。他们择一事，终一生。这种静心、敬业、专心、坚持，就是“工匠精神”。

工匠曾经是一个中国老百姓日常生活须臾不可离的职业，木匠、铜匠、铁匠、石匠、篾匠等，各类手工匠人用他们精湛的技艺为传统生活景图定下底色。《诗经》中的“如切如磋，如琢如磨”，反映的就是古代工匠在切割、打磨、雕刻玉器时精益求精、反复琢磨的工作态度。《庄子》中庖丁解牛游刃有余，“道也，进乎技矣”。这说明，我们的祖先已经拥有工匠精神并从中获益。目前我们处于中国特色社会主义新时代，更需要发扬工匠精神。

什么是工匠精神？工匠精神的意义和内涵是什么？我们为什么要践行工匠精神？我们应该怎样践行工匠精神？这就是今天我们课上要解决的问题。

二、背景探寻

2016 年“工匠精神”一词首次写入政府工作报告。国家将“工匠精神”写入政府工作报告，一方面表示国家对“工匠精神”的重视，另一方面也体现出国家鼓励更多企业或个人要有“工匠精神”。《以工匠精神雕琢时代品质》发表于 2016 年 4 月 30 日《人民日报》，与之相关的背景就是党和政府对发扬工匠精神的倡导。

工匠精神是一种严谨认真、精益求精、追求完美、勇于创新的精神。在中国特色社会主义新时代，大力弘扬工匠精神，对于推动经济高质量发展、实现“两个一百年”奋斗目标具有重要意义。

【思政贯穿】

目前，我国处于中国特色社会主义新时代，引导学生认识大力弘扬工匠精神具有重要时代意义和现实意义。

三、文本解读

阅读、研讨课文文本。

（1）崇尚工匠精神对个人、企业和国家分别有怎样的意义？

（a）对个人：体现了人与人职业品质、专业精神的不同。

（b）对企业：工匠精神厚植的企业，一定是一个气质雍容、活力涌流的企业。

（c）对国家：崇尚工匠精神的国家，一定是一个拥有健康市场环境和深厚人文素养的国家。

明确：从个人职业品质、专业精神，到企业气质、活力，再到国家市场环境、人文素养，工匠精神对于个人、企业和国家有着重要的意义。

（2）阅读课文，把对“工匠精神”的误解和正确理解填在表 1 中。

表 1　对“工匠精神”的理解

误解	正确理解
雕虫小技	改造世界的现实力量
拜手工教	擦亮爱岗敬业、劳动光荣的价值原色，倡导质量至上、品质取胜的市场风尚，展现创新引领、追求卓越的时代精神，为中国制造强筋健骨，为中国文化立根固本，为中国力量凝神聚魂
同世界脱节 离群索居 “躲进小楼成一统”	

明确：廓清了对工匠精神的误解，指出工匠精神是改造世界的现实力量，坚守工匠精神，对于树立劳动光荣的观念、追求时代精神、对国家的发展和进步都有重要意义。

（3）阅读课文，把工匠精神的内涵填写在图 2 的方框内。

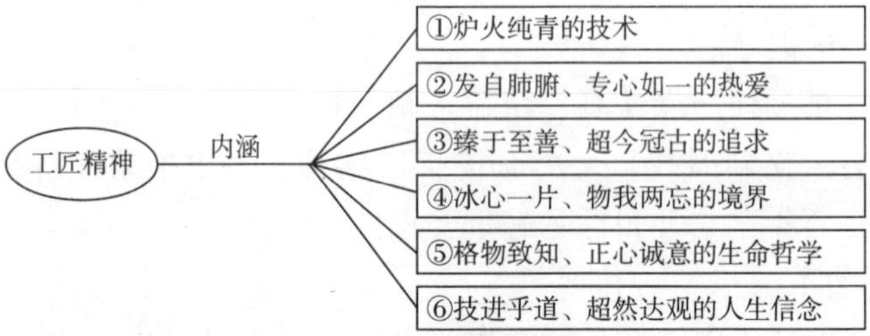

图 2　工匠精神的内涵

明确：工匠精神因热爱而付出、因追求而卓越、因有境界而淡定，具有格物致知、正心诚意的生命哲学和技进乎道、超然达观的人生信念。推崇工匠精神，对疗治社会上存在的浮躁风气和短视心态起到了重要作用。

四、整体把握

1. 段落大意

第 1 段：引出这篇文章的话题，探讨时代精神与工匠精神。

第 2 段：工匠精神对企业、国家发展的重要作用。

第 3 段：廓清了对工匠精神的误解，阐明了工匠精神的时代意义。

第 4 段：进一步探讨工匠精神的内涵。

第 5 段：进一步强调工匠精神的时代意义。

2. 课文层次

课文可分为三部分。

第一部分（1）引出话题：时代品质与工匠精神。

第二部分（2~4）对“工匠精神雕琢时代品质”进行深入探讨，论证工匠精神的作用、意义和内涵。

第三部分（5）进一步强调发扬工匠精神的时代意义。

五、主题探究

本文就“以工匠精神雕琢时代品质”的观点展开论述，从个体、企业、国家的层面论述了“工匠精神”的重要意义和丰富内涵，它关乎人生价值、生命哲学和人生信念，也关乎社会风尚、国家形象、时代精神，倡导人人践行工匠精神。

【思政贯穿】

主要解决“工匠精神是什么”的问题，学生充分认识工匠精神的丰富内涵，以及发扬工匠精神对个人、企业、国家的重要意义。

六、拓展提升

榜样的力量是无穷的。介绍普遍具有先进典范意义的最美职工胡双钱和身边的先进典范宋文龙，发挥感染、激励、启发、引领和示范作用。

1. 大国工匠胡双钱

观看视频《工匠中国访谈——大国工匠胡双钱：用匠心传承技艺》，了解胡双钱的主要事迹和他的工匠精神是如何体现的。

胡双钱，人称“航空”手艺人，曾获全国劳动模范、全国“五一劳动奖章”、上海市质量金奖、全国敬业奉献模范等荣誉称号。2019 年荣获“最美职工”称号。

他是中国大型商用飞机制造首席钳工，在 30 多年里亲手加工过数十万个精密零件，没出现过一个次品。他用手工打磨出来的零件，精密程度堪比现代化数控车床加工出来的零件。胡双钱说：“你要安得下心，耐得住寂寞，专心爱上自己的工作，我相信任何一个努力过的人都能成为大国工匠。”30 多年来，他为“大国重器”的梦想而坚守，以国家的自强为己任，这一份情怀中包含着一颗滚烫的“中国心”。

明确：无论是“两弹一星”、载人航天工程取得的辉煌成就，还是高铁、大飞机等的设计与制造，都离不开工匠精神。继承与发扬工匠精神有助于提高创新能力、有助于加快建设制造强国、有助于提升中国品牌的国际形象。

2. 身边榜样宋文龙

观看宋文龙制作的瓜子去壳机演示视频，了解宋文龙的爱好。

讨论宋文龙的所作所为是如何体现工匠精神的，并将自己在现实生活、学习中如何发扬工匠精神、如何成为工匠精神的践行者写成一个小片段，与同学进行交流。

贯通 1803 班宋文龙同学是大家的学长，他平时酷爱手工制作、机电、建筑等。他的愿望就是去机电工程学院，2020 年 9 月他如愿以偿进入机电工程学院学习。他曾制作过一台瓜子去壳机（见图 3），材质是木质、纸质以及金属；有动力系统、传动系统、控制系统等。做出来之后他又不断地改进，不断地提升。他认识到无论做任何事都要好好做，遇到难题也不要放弃，不要灰心，要想办法克服困难。

“天下大事，必作于细”。宋文龙学长在学习、实践中不断对自己提出更高的要求，不断自我提升、自我超越、自我完善，始终追求做更好的自己，他所表现出的习惯、态度、境界以及精神风貌，就是工匠精神的体现。

图 3　宋文龙制作的瓜子去壳机

在课文第四段结尾，作者说：“我们不必人人成为工匠，却可以人人成为工匠精神的践行者。”宋文龙学长就是工匠精神的践行者。那么，在现实生活、学习中，我们如何发扬工匠精神、如何成为工匠精神的践行者呢？

明确：我们应该追求并践行工匠精神。工匠精神不是口号，而是应当融入每一个人的血液里，融入生活、学习、工作的每个细节中，要落实落小落细。作为贯通项目的学生，要培养认真踏实的态度、一丝不苟的习惯、专心致志的境界、不断突破自我的品格，扩大自己的视野，为将来进入专业学习和工作、社会实践打下良好的基础。

【思政贯穿】

主要解决“如何发扬工匠精神”的问题。课程思政的效果如何关键看学生，学生通过学习大国工匠胡双钱和身边榜样宋文龙的事迹，有所感悟，并能够将其表达出来进行固化并且与大家分享，进而能够外化于行，在学习、生活、工作中践行工匠精神。

【总结反思】

迈向新征程，扬帆再出发，急需一大批具有工匠精神的劳动者。中国要从制造大国向制造强国迈进，离不开产业工人践行与发扬工匠精神。党的十九大报告指出：“青年兴则国家兴，青年强则国家强。青年一代有理想、有本领、有担当，国家就有前途，民族就有希望。中国梦是历史的、现实的，也是未来的；是我们这一代的，更是青年一代的。”站在实现“两个一百年”奋斗目标的历史交汇点上，全社会都要大力弘扬工匠精神，作为职业学校的青年学生，要只争朝夕、不负韶华、砥砺奋进，在干中学，在学中干，爱岗敬业，乐于奉献，精益求精，传承工匠精神，成就精彩人生，担负强国重任。

新能源汽车故障诊断：高低压互锁故障检测与维修

教师信息：成林　**职称**：副教授　**学历**：博士研究生
研究方向：新能源汽车分布式驱动研究
授课专业：新能源汽车技术
课程类别：理实一体化课程
课程性质：专业模块化课

第一部分　设计思路

一、本次设计的课程思政目标

本次课以新能源汽车技术专业新能源汽车故障诊断课程的“高低压互锁故障检测与维修”教学单元为载体，结合本专业及“中国制造 2025”，引导学生树立远大理想和爱国主义情怀，树立正确的世界观、人生观、价值观，勇敢地肩负起时代赋予的光荣使命，全面提高学生思想政治素质。结合知识点让学生了解新能源汽车相关技术世界最新进展，培养学生的责任感和使命感。鼓励学生寻找问题，发现问题，培养学生知难而进的意志和毅力。在故障诊断过程中，通过合理分工和有效组织，培养学生的团队合作意识。

二、课程思政教学设计内容

1. 课前：课程思政引入

课前，教师通过线上布置学习任务，安排学生通过网络及维修手册查找新能源汽车高低压互锁故障的原因，画出故障树，培养学生自主学习能力及勇于探索、善于总结的科学精神。

2. 课中：课程思政贯穿授课过程

课中，通过观看高低压互锁原理视频，教育学生要集中精力，注意观察，不断发现事物之间的联系。通过“我来当名维修技师”角色扮演，教育学生要立足岗位，学好本领，报效祖国，培养爱国主义情感。通过分组任务实施，培养学生交流能力、表达能力和团队协作意识。

3. 课末：课程思政总结反思

课末，让学生在实验室绘制并连接高低压互锁电路图，强化学生通过理论指导实践、通过实践验证理论的科学思维，尊重客观实际，学会探索，在实践中总结、升华理论知识。

第二部分 案例描述

高低压互锁故障检测与诊断

【思政导入】

如何看待特斯拉的天价维修费？

特斯拉车主姜女士，因车门把手无法弹出，被特斯拉服务中心告知需更换门把手总成，维修总价高达 1.4 万元。而姜女士从网上得知，这类问题仅需更换一个小零件即可，官方售价 10.99 元。另有车主高女士，因为一个连接管损坏而被告知需更换整个电池，费用约为 15 万元……两位特斯拉车主遭遇的“小损大修”，暴露出新能源汽车行业在维修保养领域存在的弊端。请同学们思考：为什么会造成这种“小损大修”的不良社会现象？通过以上行业乱象，教育学生养成良好的职业道德和职业精神，干一行爱一行，树立客户至上的服务理念。

【思政贯穿】

一、养成教育

教师活动：

（1）组织学生进行高压安全防护自我检查，如图 1 所示。

（2）将新能源汽车故障诊断课程安全操作注意事项告知学生。

学生活动：

（1）进行高压安全防护自我检查。

（2）阅读新能源汽车故障诊断课程安全操作注意事项。

（3）填写记录单。

思政元素：培养学生职业规范意识和安全生产意识。

图1　高压安全防护示例

二、复习导入：高低压互锁的工作原理

教师活动：

（1）组织学生观看《高低压互锁工作原理动画图解》视频，用生动的动画图解，与学生共同讨论、感受和感悟。

（2）导入本节课的主题。

学生活动：

收看视频，回顾高低压互锁的工作原理。

思政元素：通过观看动画及师生研讨，培养学生的语言表达能力，养成良好的职业道德。

三、角色扮演：我来当名维修技师

教师活动：

（1）组织学生观看短片《一位客户的困扰》。

（2）根据短片中的故障现象，请学生扮演一名维修技师的角色，帮助客户找出车辆故障的原因。

学生活动：

（1）观看短片。

（2）根据短片中客户提到的故障现象，填写记录单。

思政元素：通过角色扮演，提高学生的学习兴趣，培养学生的探究精神及责任担当；教育学生要立足岗位，学好本领，报效祖国，培养爱国主义情感。

四、查一查：读取故障码

教师活动：

（1）预先设定新能源汽车高低压互锁故障，请两组学生分别对北汽EV200和吉利帝豪EV300进行故障诊断。

（2）请两组学生代表分别在黑板上写出通过诊断仪读取的故障码。

学生活动：

（1）两组学生分别借助厂家专用诊断仪读取故障码。

（2）填写记录单。

思政元素：通过小组成员合作对不同品牌新能源汽车进行故障码读取，培养学生团结协作、友善互助的精神。

五、学一学：高低压互锁所在电路的连接关系

教师活动：

（1）通过高低压互锁电路图讲解高低压互锁所在电路的连接关系。

（2）让学生设计诊断电路故障的基本方法和工作流程。

（3）确定诊断电路的工作流程。

学生活动：

（1）参照图2和图3，学习解读高低压互锁电路图的基本思路和方法。

（2）分组讨论并设计诊断电路故障的基本方法和工作流程。

（3）填写记录单。

思政元素：让学生通过查阅维修手册和电路图，积极思考并主动参与学习，通过设计诊断电路故障的基本方法和工作流程，使学生做到知行合一、诚实守信、敬业奉献。

六、做一做：诊断电路故障

教师活动：

（1）根据学生设计的工作流程让一组学生使用万用表测量4个插脚的工

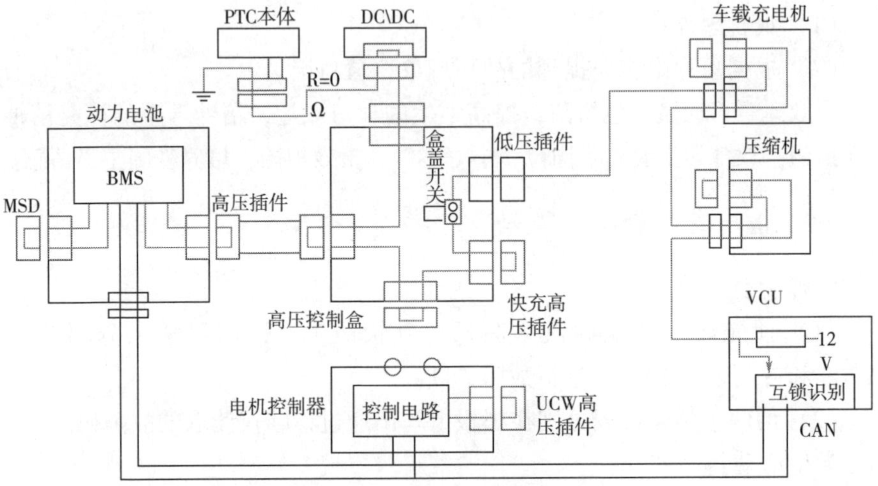

图 2　北汽 EV200 高低压互锁回路图

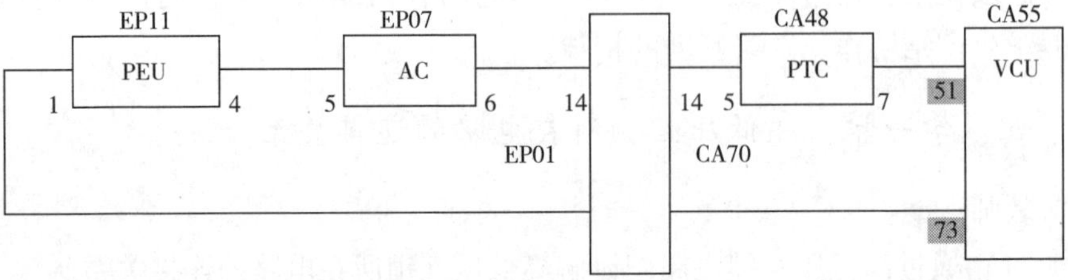

图 3　帝豪 EV300VCU 高低压互锁原理图

作参数。

(2) 另一组学生通过 4 个插脚的工作参数讨论并缩小电路的故障范围，并使用万用表进一步诊断电路的故障原因，将诊断结果输入到平板电脑中。

(3) 在实训台上演示电路处于正常状态下信号电压的变化规律。

学生活动：

(1) 按照正确的工作流程，对电路的工作参数进行测量，参照图 4。

(2) 将诊断结果输入到平板电脑中，确定判断结果是否正确。

(3) 填写记录单。

思政元素：通过实践操作，培养学生的合作能力，建立在已学知识和技能的基础上让学生进行电路故障诊断，从而获得较大的成就感，提升学生对职业由衷的热爱，增强敬业精神。

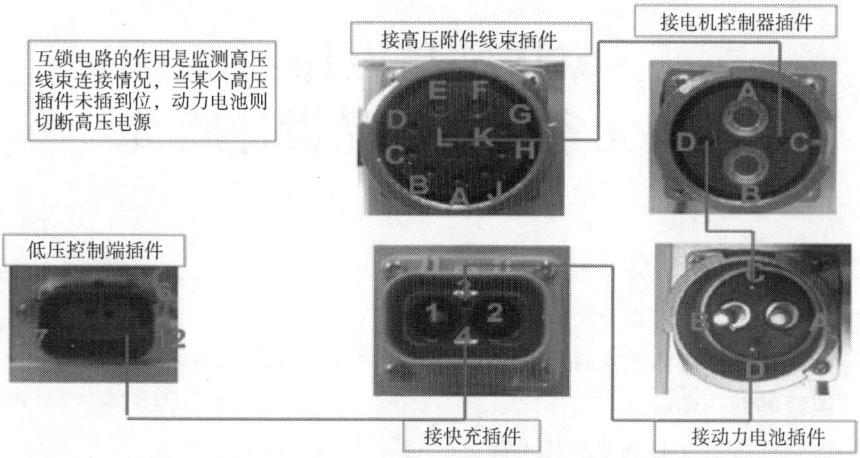

图 4　北汽 EV200 互锁电路连接图

七、说一说：解释故障原因

教师活动：

（1）通过查看高低压互锁插件的实物图，找到问题线路，和学生一同确定初步的维修方案。

（2）回到之前的短片《一位客户的困扰》中提到的故障现象，师生共同解释出现这一故障的原因。

学生活动：

（1）尝试确定初步的维修方案。

（2）同桌互相扮演维修技师和客户，解释困扰客户的故障原因。

思政元素：通过学生之间的互相操练、角色扮演，提高学生解释故障的能力、语言表达能力及专注倾听能力。

【总结反思】

以新能源汽车故障诊断课程的“高低压互锁故障检测与诊断”教学单元作为载体，充分挖掘课程中“爱国、敬业、诚信、友善”的思政元素。采用案例引入、原理动画、角色扮演、企业真实情境再现等教学手段，做到知识传授与思政教育同频共振，发挥文化育人作用。在以后教学过程中，要时刻注重对学生进行言传身教，做好示范，培养学生的职业精神。

家居饰品设计：民族元素家居饰品设计欣赏

教师信息：韩晓坤　**职称：**讲师　**学历：**本科
研究方向：室内设计、产品设计
授课专业：产品艺术设计
课程类别：实践课程
课程性质：专业群专业技术课

第一部分　设计思路

一、本次设计的课程思政目标

家居饰品设计课程属于艺术设计审美范畴，它是通过对家居产品设计的了解和对艺术品的观赏、解析与创造，以技、艺、美育人，在潜移默化的状态下通过真、善、美的熏陶，达到思想道德教育的目的。该课选取的案例属于“金扣子”元素中的以下类型：世界观、人生观和价值观教育；中国精神教育（中华优秀传统文化与美德教育、创新教育）；真善美教育（工匠精神、艺术审美）。

二、课程思政教学设计内容

1. 课前：课程思政引入

提问：（1）你了解 APEC 国礼的故事吗？

（2）你了解国礼设计者们的故事吗？

讨论：通过讨论 2014 年举世瞩目的亚太经合组织（APEC）领导人非正式会议在中国北京盛大举行时，景泰蓝技艺《繁花似锦》赏瓶第一次向世人展现了它的盛世美颜，将代表中国文化博大精深的非物质文化遗产——景泰蓝，引入家居饰品设计中，由此达到使学生对中国传统文化产生自信与敬畏之目的。

通过讲解在新中国建筑大师梁思成、林徽因的主持下成立抢救濒临灭绝的民族工艺——景泰蓝工艺的历史故事，学习新中国一代学者的爱国情怀及保护民族文化的人格魅力。

“民族元素家居饰品设计欣赏”以“古今结合”为主线，在家居饰品设计中从中国独特的历史文化出发，学习借鉴传统的工艺和风格，从传统图案中寻找灵感，将传统和现代融合在一起，同时结合与外来文化的比较、借鉴、吸收、融合，实现“古为今用，洋为中用”的设计主张，思考家居饰品设计走向，探索家居饰品设计的新思路。本次课主要解决的是学生对中国文化的不自信及对外来文化的盲目崇拜的问题，帮助学生树立文化自信。作为一个21世纪的当代大学生，我们应该了解祖国的优秀文化历史，积极地应对已经到来和将要到来的机遇与挑战。我们作为比较有觉悟、有社会责任感的群体，在弘扬优秀传统文化的同时，也应该保持一双慧眼，去发掘、吸取外来文化中闪光的精华部分，真正做到传统文化“古为今用”，外来文化“洋为中用”。以我为主为我所用。

2. 课中：“课程思政”贯穿授课过程

通过播放家居饰品图片或视频，帮助学生了解家居饰品的创作背景和艺术特点；讲述中国元素家居饰品设计的发展阶段，有哪些代表性作品？

- 家居饰品的装饰运用：纹饰应用，色彩的配置，材料的选择。
- 家居饰品工艺的探索：家居饰品中传统工艺的运用，传统与创新的融合。
- 名家优秀作品赏析：通过赏析名家设计的代表作品，实施艺术审美教育，把“课程思政”贯穿课程始终；再通过具体案例（《和平颂宝鉴》景泰蓝赏盘作品）分析，对学生实施工匠精神、创新精神的思想教育。

3. 课末：课程思政总结反思

把学习家居饰品设计课程，变成对学生进行爱国主义及创新教育的一个窗口。在欣赏非遗景泰蓝艺术作品的过程中，教导学生尊重优秀的传统文化，重视亿万人民群众的文化实践创造。传统文化是中华文明的不竭的源泉，是建设现代化大厦的雄厚根基，是我们实现文化强国的历史支撑。教导学生熟悉民族的传统文化，研究民族的传统文化，尊重民族的传统文化，真正做到取其精华，去其糟粕，继往开来，综合创新。使学生了解我国古今工艺美术取得的高度艺术成就，同时激发学生的民族自豪感和文化自信心，以此教育学生要珍惜目前的好时光，从而树立起远大的革命理想和正确的世界观、人生观、价值观。通过认真的学习，掌握专业知识与技术技能，为国家的繁荣富强贡献自己的力量。

第二部分　案例描述

民族元素家居饰品设计欣赏

【思政导入】

观名家设计作品、施美育、树立正确价值观。

一、以国礼《和平颂宝鉴》鉴赏为例

讲述中国工艺美术大师钱美华的艺术生平，引领学生树立正确的社会主义核心价值观；同时，审美教育与思想道德教育有其共同的目标，艺术创作与欣赏的最终目标就是表现真、善、美。正因为艺术之美的这种特点，在家居饰品设计课程中融合思想道德教育时就要抓住这些特点，以润物细无声式的艺术感化与德育故事的讲解启发相结合进行授课。

赏析中国工艺美术大师钱美华的作品《和平颂宝鉴》（见图 1）。

图 1　和平颂宝鉴

《和平颂宝鉴》的构图形式借鉴了敦煌壁画中的藻井，将具有象征意义的白鸽、五色花朵、牡丹花、万年青、绶带鸟、橄榄枝等，与富于装饰韵味的

石榴开光、花草纹、花草拐子、团花开光、如意云纹、回纹等有机结合起来，依序分布，错落有致，具有浓郁的民族特色。此作品中心五个和平鸽代表世界五大洲和平，“八组图案形象”“橄榄枝花环”象征世界人民团结友谊，圆盘边沿纹饰表示长城，有序的城垛组成万众一心，歌颂和平友谊。其作品技艺精湛、巧夺天工，代表了当代中国工艺美术的最高水准。钱美华大师对中国传统图案很有研究，造诣较深。她坚持人民美学理念，提倡自然简朴，反对雕琢过度，主张不照搬古人，不墨守成规，继承传统并不断探索创新。她设计的图案静中有动，采用多层次装饰手法，丰富不繁，具有浓郁的民族文化和艺术特色，形成了自己独特的艺术风格。

二、以国礼《繁花似锦》鉴赏为例

讲述中国工艺美术大师钱美华弟子钟连盛大师的学艺之路，以新中国两代人守护民族文化瑰宝的坚守和传承故事，引领学生树立正确的社会主义核心价值观；领会工匠精神以及艺术创作与欣赏的真、善、美表现。在家居饰品设计课程中融合思想道德教育时就要抓住这些特点，以润物细无声式的艺术感化与德育故事的讲解启发相结合。

赏析钟连盛大师设计作品：国礼《繁花似锦》景泰蓝赏瓶（见图2）。

图2 繁花似锦

《繁花似锦》赏瓶作品造型简洁大气，线条流畅优美，通体纹样由多种花卉、枝叶组合而成，犹如百花齐放，姹紫嫣红的花卉交缠在绿、黄色系叶片之间，瓶黑色衬底，花卉繁密遮底，寓意繁华盛世，欣欣向荣。《繁花似锦》赏瓶因其身花卉姿态万千、各展其妍，所以制作工艺相当繁复，不仅需要运用精湛的技艺将铜丝格出不同姿态的花朵，还要表现出花瓣和枝叶流畅细腻的线条，体现出花卉茂盛娇媚的品性。在点蓝工序中，更是需在纹样繁复的铜丝间反复润色，表现出花卉与枝叶层叠交错的透视关系。

作品中格桑花在绿叶丛中争相绽放，并以黑色衬底。由于花卉繁密而不易见其底色，更是突出其高贵典雅的艺术美感，这种将象征着爱与吉祥的圣洁之花完美地艺术化处理，不仅向人们传达一种幸福吉祥，也是对国家繁荣昌盛的美好祝愿！

【总结反思】

通过具体案例（《和平颂宝鉴》景泰蓝赏盘及《繁花似锦》赏瓶）分析，学习国礼在设计上既体现了传统与现代的融合，又弘扬了中国文化，使艺术性和实用性相结合的精湛工艺和创新设计焕发出鲜活的生命力。学习和借鉴案例中体现出来的工匠精神、原创设计，体现民族特点和独特的文化自信的精神内涵。以此教育学生要珍惜前辈开创的美好局面，树立起远大的革命理想和正确的世界观、人生观、价值观。通过认真学习，掌握专业的技术技能，为国家的繁荣富强贡献自己的力量。

临床医学检验：病毒核酸检验

教师信息：于然　**职称**：副教授　**学历**：博士研究生
研究方向：药物分析
授课专业：药品生物技术
课程类别：理实一体课程
课程性质：职业技术技能课

第一部分　设计思路

一、本次设计的课程思政目标

通过课程讲解，让学生了解中医药是中华民族数千年经验的积累和智慧的总结，是巨大的医药资源宝库，通过这一中华优秀传统文化实例增强学生的民族自豪感和自信心。在抗疫的过程中，中药发挥了巨大的优势，通过讲解中药相关知识，培养学生的科学精神，激励学生树立学习和继承传统中医药文化，科学创新地实现中药现代化、国际化的理想。通过课程学习，激发学生职业自豪感，利用所学专业知识投身防疫抗疫，增强服务社会的强烈的责任担当和爱国热情。

二、课程思政教学设计内容

1. 课前：课程思政引入

通过讲解新型冠状病毒性肺炎疫情现状引入本节课内容：新型冠状病毒目前在世界范围迅速蔓延，在数百个国家引发新冠肺炎疫情。面对2019新型冠状病毒（2019-nCoV）的肆虐，发现有效抗疫药物成为打赢这场没有硝烟的防疫阻击战的关键。目前临床诊疗过程中没有特效药物，传统抗病毒药物对新冠病毒治疗效果不明显，以最短的时间发现有效治疗药物成为打赢这场防疫阻击战的关键。

2. 课中：课程思政贯穿授课过程

（1）新冠治疗药物概述。目前，在抗击新冠病毒的过程中没有临床特效药，利用中国传统中医中药，进行中药治疗，中药方剂和中成药配合使用，不仅可以实现“一人一方，精准实治”，而且解决了无特效药的问题。在2003年SARS暴发之时，中药在抗病毒治疗过程中就发挥了重要作用。

让学生认识到传统中医药在现代药物研发过程中的巨大优势，培养学生利用所学知识，积极投身国家建设，服务社会的爱国主义热情。

（2）中药抗病毒处方对比分析（小组活动）。通过SARS和新冠病毒中药处方分析，让学生发现处方中的不同点，即相同成分不同含量，表现了中药组方时具体问题具体分析的特点。

培养学生秉承中医药“一人一方”的精神，科学探究，培养具体问题具体分析的工匠精神。

（3）抗病毒中药材的发现（小组活动）。利用提供的文献资料发现抗病毒中药成分。

在新冠肺炎疫情防控阻击战中，中医药疗效显著，发挥了不可替代的重要作用。在药物发现的过程中，让学生发现中国传统中医药是医药资源的宝库，作为医药学生要传承好、发掘好这笔宝贵财富，培养学生投身国家建设的爱国主义情怀。

3. 课后：课程思政总结反思

一方面，学生在课程学习过程中了解了当前新冠病毒疫情，可以更加客观和正确地认识病毒，学习了抗病毒中药材及其有效成分，掌握了药物发现的一般流程和特点，通过课程导入发现问题，根据处方对比分析问题，通过文献归纳的方法解决问题，培养学生科学思考的能力和严谨的分析问题的工匠精神。

另一方面，通过课程讲解，让学生深刻了解中医药这一中华优秀传统文化，这一中华民族数千年经验的积累和智慧的总结可以极大地增强学生的民族自豪感和自信心；而且通过讲解中药在抗疫过程发挥的巨大优势，帮助学生树立学习和继承传统中医药文化，实现中药现代化、国际化的理想；疫情实事的引入也让学生更有带入感，激发学生的职业担当和爱国热情。

第二部分　案例描述

呼吸系统疾病——传统中药“精准抗疫”

总体设计：通过新冠肺炎疫情导入课程，抗疫过程急需特效药物，以抗病毒药物发现作为主线展开课程，在讲述的各个环节宣传中华优秀传统文化，培养学生的科学精神和职业精神，同时进行爱国主义教育，培养学生的民族自豪感和自信心。

【思政导入】

一、课前准备和课程导入

1. 学生课前准备

找一种你熟悉的中药材，说一说它的用药历史。

2. 课程导入

（1）新冠肺炎疫情概述。利用5分钟小视频进行疫情概述，主要让学生了解疫情的概况。新型冠状病毒目前在世界范围迅速蔓延，在数百个国家引发新冠肺炎疫情。冠状病毒是一大类病毒，此病毒有包膜，包膜上存在棘突，形状像“帽子”，所以被称为冠状病毒。冠状病毒是正链RNA病毒，特点是结构类似mRNA可以自主作为模板进行蛋白质翻译，病毒进入宿主细胞受体ACE2，在呼吸系统、肾脏、肠道等黏膜表面都有分布。冠状病毒可以利用ACE2进入宿主细胞，引发轻微或严重的呼吸系统疾病，在2002年到2003年，引起肆虐全球的严重急性呼吸综合征（SARS）和2012年MERS的病毒均为冠状病毒。新型冠状病毒是已知第七种可以传染人类的冠状病毒。目前，新冠病毒已在世界范围内大规模传播。面对2019新型冠状病毒的肆虐，发现有效抗疫药物成为打赢这场没有硝烟的防疫阻击战的关键。目前已上市药物中没有明确的特效药物，治疗药物是有效阻击疫情的关键，尤其是在“早发现，早治疗”阶段，有效药物的及时介入对病程至关重要。抗击疫情亟须新药发现，作为中国传统文化的中医药可以通过不同的配方调整实现个体化的抗病毒治疗，发挥了抗病毒疗效。

（2）展示新闻稿——疫情下的英国：中医中药别样“红”。通过一篇新华社新闻稿展开课程。目前，英国累计确诊病例已超过5万。随着疫情日益严峻，越来越多的英国人希望通过中医抗疫，这让在线问诊、寄送中药的当地中医师忙得不可开交。接受采访的当地中医师表示，中医药在这次抗疫中表现不错，可借机推进中医在英国的发展。他们建议，中药从生产环节开始就执行国际标准，并依靠先进技术严格规定用法和用量。

学生分组讨论：看了这篇新闻稿，结合自己对中药的认识，谈一谈你对中药用药历史、中药抗疫作用和中药现代化的思考。

育人：中药是中华民族的宝贵财富，是中华民族应该继承和发扬的民族财富。中医药在我国有着悠久的历史，丰富的用药经验，这笔宝贵的财富带来了青蒿素的发现，带来了对新冠病毒的有效抗击。我们作为医药专业的学生要学习好、利用好、开发好中药资源，让中药在新时代焕发新的生机，实现现代化、全球化，助力祖国发展，让世界范围的人民可以因中药受益。

【思政贯穿】

二、提出问题

根据视频内容，进行举国抗击新冠肺炎疫情的爱国主义教育，主要讲述一线医护工作者的抗疫精神。同时，面对疫情严峻形势，在抗击新冠病毒过程中没有特效药物。

讲述：在新冠肺炎疫情暴发的关键时刻，急需特效药物，创新药物历时长，药物开发周期从临床前靶点筛选到最终上市，平均要十几年时间。这么长的药物发现周期无法满足当前抗疫需要。目前，临床快速特效药发现主要有三种途径：途径一：利用现有抗病毒药物，问题是现有抗病毒药物对新冠病毒没有明显疗效，新药瑞德西韦还处在临床试验阶段，还不能正式进入临床使用；途径二：利用其他已上市药物，开发新的抗病毒药效，问题是药物品种繁多，不确定性比较大，耗时久；途径三：利用中国传统中医中药，进行中药治疗。中药在药物使用和药物发现上具有显著的优势，中药有着几千年的用药经验积累，在药物发现的过程中更具有方向性，中药方剂和中成药配合使用，不仅可以实现“一人一方，精准施治”，而且解决了无特效药的问题。

育人：中药宝贵用药经验是中华民族勤劳和智慧的结晶，中华民族的发展一直伴随着中药的使用，经过各个阶段不断地总结归纳和提高，形成了中医药巨大的医药资源宝库。这是我们应该传承的物质财富，更是一笔民族精神财富。我们应该不断地对其有效成分进行挖掘，实现中医药的规范化和标准化，在新时代让中医中药进一步发展，在世界范围闪耀中华民族智慧的光芒。在中医药发掘的过程中，要实现中药的现代化和国际化，要从中药的药材品种和有效成分入手，利用专业知识进行探索。

三、问题讨论

以下是两个中药处方，请学生比较分析它们的相同点和不同点。

小组讨论：

1. 抗新冠病毒中药配方

基本方药：银翘败毒散。

金银花 9 克、马勃 4.5 克、葛根 6 克、牛蒡子 4.5 克、蝉蜕 3 克、连翘 6 克、石膏 15 克、僵蚕 6 克、板蓝根 4.5 克。

2. 抗“非典”病毒中药配方

贯众 10 克，银花 10 克，连翘 10 克，大青叶 10 克，苏叶 10 克，葛根 10 克，藿香 10 克，苍术 10 克，太子参 10 克，佩兰 10 克。

归纳总结：这两个配方分别是抗击新冠病毒和“非典”病毒中药组方，从治疗目的来看相同点是抗病毒药物配伍处方；从药物组方上看，两个配方中均包括金银花和连翘。其实这里面还包括了一类共同的品种菘蓝。大青叶是菘蓝的叶，板蓝根是菘蓝的根。从分析可以看出，从中医药角度，对新冠和“非典”病毒的抗病毒治疗过程存在相似性，这也和 SARS 和新冠病毒同属冠状病毒相一致。临床有效抗新冠病毒中成药连花清瘟胶囊中包含了连翘和金银花这两种药材，2020 年 2 月，连花清瘟胶囊（颗粒）列入国家卫生健康委《新型冠状病毒肺炎诊疗方案（试行第六版）》。连花清瘟胶囊是已上市的抗病毒中成药，在抗击新冠病毒中表现出了临床疗效，进一步证明了中药在防治新冠病毒的过程中确实发挥了显著作用。

提问：SARS 和新冠病毒之间在传播特性和临床特点上存在很多差异，找一找有哪些不同点呢？

SARS 和新冠病毒都属冠状病毒，但分属不同的病毒类型。中药治疗过程中能进行区分吗？答案是可以。很多抗病毒药物对冠状病毒并没有明显选择性，用药不能进行调整。而中药可以根据不同病毒特点进行适时调整，从两个处方对比中可以发现，在处方中除了抗病毒主药成分一致之外，还有很多其他药物成分并不相同，而且两种主要成分所使用的比例也是不同的。这就是根据不同病毒特点和患者情况，进行了中药处方的调整，使得治疗更加有针对性、更高效。从配方可以看出，中药讲求具体问题具体分析，讲究对症下药。根据不同的治疗目的进行配方的调整，相同药物使用量不同，或者采用了相同品种的不同药用部位。这也要求学生在学习过程中或解决问题的过程中，首先要抓住主要矛盾解决主要问题，在此过程中一定要关注细节，找出相同点和不同点，针对特点确定决策方案。

育人：中药特点是“一人一方”，也就是具体问题具体分析。学生在学习医药知识的时候对所学知识要仔细分析，归纳总结特点，做到求真务实、科学严谨。

怎么利用中医药进行抗病毒药物发现呢？

四、解决问题

小组活动：抗病毒中药材的发现。

阅读提供的文献资料，讲解连翘、金银花或其他中药材的抗病毒成分和其药理作用，其中主要的抗病毒化学成分是什么？和抗新冠病毒处方有哪些相同点和不同点？发现一至两种具有抗病毒作用的药材或药物活性成分。

提供5~10篇以连翘和金银花作为主要抗病毒药材或者其他具有抗病毒作用药材的文献，让学生展开调研，通过小组讨论和分组活动，总结归纳抗病毒中药材的种类和主要抗病毒药材中有哪些活性成分，从现代医药学的角度去分析传统中医药中的有效成分，在对传统中医药继承的基础上进行创新，用现代的技术和方式去衔接传统文化。同时，小组活动中，学生可以亲自进行药物的发现过程，以中医药作为资源发现抗病毒活性成分或具有抗病毒功能的药材，激发学生学习的兴趣，在解决问题的过程中实现思政教育和课堂教学内容的讲授。在这个活动中，学生可以切实感受到药物发现的重要性和中医药资源的宝贵，培养学生以所学知识报效祖国的远大志向。

思政元素：在新冠肺炎疫情防控阻击战中，中医药疗效显著，发挥了不可替代的重要作用。很多中成药已经纳入国家发布的第六版、第七版新冠肺炎诊疗方案中，这些中成药在中国的疫情防控中发挥了重要作用。全国31个省（区、市）的省级专家组中都有中医专家，26个省（区、市）单独设立了省级中医药专家组。截至2020年2月17日，全国中医药参与救治的新冠肺炎确诊病例共计60 107例，占比为85.20%。北京市20家定点医院中医药参与救治率为90%，服用中药患者中出院和症状改善的总有效率为81%；广东中医药参与率为93.54%，有效率达89%；四川中医药参与率为90%，有效率约70%；江西中医药参与率为95%，有效率达82%；浙江中医药参与率为95.83%，有效率约82%。中医药抗击疫情效果在全国是有目共睹的，这也将使国际社会对我国中医药发展拥有全新的认知。中国历史源远流长，传统中医药文化博大精深。传统文化经过五千年的沉淀，已成为中华民族的精神脊梁，生生不息的力量源泉，是国家和民族精神深层的自信和成熟。中医是中国的传统医学，中医药是中国的传统文化。习近平指出：“要深入发掘中医药宝库中的精华，推进产学研一体化，推进中医药产业化、现代化，让中医药走向世界。”作为即将步入社会的医药专业学生，一定要扛起发扬我国传统中医药的大旗，积极推进中药的标准化和现代化，传承民族文化，助力中药研究与开发，深入挖掘中医药传统资源宝库，让传统文明迈开创新的步伐，让世界范围更广泛的人群可以从中国中药受益。

【总结反思】

（1）利用SARS和新冠病毒同为冠状病毒的相似性进行分析，通过处方分析，让学生比较相同点和不同点，揭示中药精准抗疫的特点；同时，通过两次疫情的讲解和比较，激发学生投身医药学事业发展和建设，为祖国做贡献的职业热情。

（2）学生在案例分析的过程中，主动归纳总结出传统中医药文化的特点，培养学生的科学精神。

（3）利用提出问题—讨论问题—解决问题的思路进行课程设计，环环相扣，在思维推进的过程中完成授课内容；课程讲授过程中始终围绕“寻找抗击新冠病毒特效药物”这个中心，在解决问题的同时梳理和讲授抗病毒中药材种类、活性成分和功能等相关知识，训练学生的工匠精神。

（4）课程让学生利用所学知识，实践了抗病毒中药材或中药有效成分发掘过程，提高学生的学习积极性，同时体会到中华优秀传统文化中中医药的丰富，激发学生强烈的爱国主义热情。

（5）课程教学始终贯穿抗疫有效药物的发现，在每个环节对学生进行爱国主义教育。

工程材料：合金钢

教师信息：刘丽红　**职称**：高级工程师　**学历**：本科
研究方向：机械制造
授课专业：汽车制造与装配技术
课程类别：理实一体课程
课程性质：专业群技术基础课

第一部分　设计思路

一、本次设计的课程思政目标

结合课程教学内容融入真善美教育（科学精神、职业精神、工匠精神、职业文化、职业伦理、艺术审美、心理健康、劳动教育）中的“科学精神、职业精神、工匠精神”。

（1）认识到科学技术发展在祖国发展壮大中的重要性。

（2）体会到“鸟巢”钢材研发和“冰丝带”建设中技术人员和工人兢兢业业的职业精神，加深对职业精神的认识，并逐步形成自己的职业精神。

（3）学习“双奥总工”李久林的工匠精神。

二、课程思政教学设计内容

1. 课前：课程思政引入

通过三峡电站水轮机转轮、“鸟巢”等大型工程所需要克服的困难引入合金钢的开发和应用。技术上主要解决为什么要开发应用合金钢，思政上主要解决学生畏难、思维局限等问题。通过思政引入，使学生树立克服畏难情绪的勇气，扩展思维。

2. 课中：课程思政贯穿授课过程

在进一步介绍合金钢的分类、发展后，播放我国宝钢合金钢的相关视频，通过充满科技感的镜头、专业的讲解，激发学生对祖国的钢材技术发展的自豪感。通过图片和学生以往的参观对鸟巢的认识，讨论、分析“鸟巢”用钢材所需的特殊性能，引起学生对如何解决这些难点的好奇心，逐渐成为对科学精神和职业精神的追求。播放“鸟巢”用Q406钢材的研发视频，并对细节做补充说明，使学生体会到“鸟巢”钢材研发中技术人员和工人兢兢业业、迎难而上的职业精神。观看“双奥总工”李久林的采访小视频，并组织讨论，学习在李久林身上体现出的工匠精神。学生分组讨论绘制合金钢分类表及主要应用案例，将对职业精神、工匠精神的体会融入绘制过程。

3. 课末：课程思政总结反思

展示每组绘制的分类表，通过梳理、对比，具体分析每组中体现出来的对科学精神、职业精神、工匠精神的孜孜追求。对钢材合理的分类、选取的合适应用案例等体现了对科学精神的追求；对案例中使用材料的牌号、性能的深入分析体现了对职业精神的追求；绘制分类表过程中的反复斟酌、细节上的处理、最终的精美展现体现了对工匠精神的追求。

第二部分 案例描述

合金钢

【思政导入】

一、引入合金钢的开发和应用

通过三峡电站水轮机转轮、“鸟巢”等大型工程所需要克服的困难引入合金钢的研发和应用。

1. 三峡水电站

三峡水电站是世界上规模最大的水电站，也是中国有史以来建设的最大型的工程项目。三峡电站32台70万千瓦的大型机组和2台5万千瓦的小型机组已处在全开状态。所有的大机组水轮机在巨大水流的冲击下以每分钟75转的匀速运行。然而，含有大大小小颗粒泥沙的水流，对水轮机造成了冲蚀磨损，特别是高含沙的洪水对其影响更为严重。水轮机转轮直径10.7m，高5.4m，重达440吨，为世界最大、最重的不锈钢焊接转轮。如图1所示。

2. “鸟巢”

“鸟巢”（见图 1）被誉为“第四代体育馆”的伟大建筑作品。“鸟巢”作为大跨度体育场馆，一些梁与柱的受力十分复杂、断面很大。断面增大后，增加了施工、焊接的难度，并且容易产生焊接缺陷、降低焊接接头的质量。钢结构建筑具有优越抗震性、绿色环保、施工快捷方便、空间利用率高、设计造型别致新颖等诸多优势，现已成为国际上建筑结构的发展方向。大跨度建筑钢结构对高强度钢板的抗震、防震、抗层状撕裂、易焊接等要求极高，钢板应具备特定的性能，包括低屈强比、高延伸率、较高的厚度方向性能、低碳当量等。

图 1　三峡水电站水轮机转轮、“鸟巢”

【思政贯穿】

二、通过课堂活动贯穿思政内容

通过视频、讨论、分析、绘制分类表等活动，将思政贯穿授课过程。

1. 播放宝钢合金钢视频

在进一步介绍合金钢的分类、发展后，播放我国宝钢合金钢的相关视频，如图 2 所示，通过充满科技感的镜头、专业的讲解，激发学生对祖国的钢材技术发展的自豪感。

图 2　宝钢合金钢

2. 讨论“鸟巢”用钢材的特殊性

通过图片和学生以往的参观对“鸟巢”的认识，讨论、分析“鸟巢”用钢材所需的特殊性能。教师进一步分析当时的技术现状和开发的难点，引起学生对如何解决这些难点的好奇心，增强对职业精神的追求。

“鸟巢”革命性的设计，对钢材要求很高，如图 3 所示。包围体育场的钢梁必须弯折扭曲，在动工之前，团队必须确定钢材的强度可以承受住这样的弯曲，特别是在“鸟巢”的边缘部分，钢梁弯曲得最厉害。钢梁于建筑的顶端几乎是以直角骤然弯曲，接着贯穿到体育场的另一端，钢梁再度往下弯曲，体育场两端的距离超过了 300 米，而且环绕体育场的钢梁都是以同一面朝上，建筑团队必须做新尝试，设计打造出一种新钢材，使其有足够的强度承受弯曲，有足够的韧性抵住地震的冲击，施工团队再度进行地震测试，以改进他们的钢材设计。

图 3　“鸟巢”革命性的设计

3. 播放“鸟巢”用 Q460E-Z35 钢材研发视频

播放“鸟巢”用 Q460E-Z35 钢材的研发视频，如图 4 所示，并对细节做补充说明，使学生了解钢材研发、克服困难的具体过程和细节，进而体会到“鸟巢”钢材研发中技术人员和工人兢兢业业、迎难而上的职业精神。

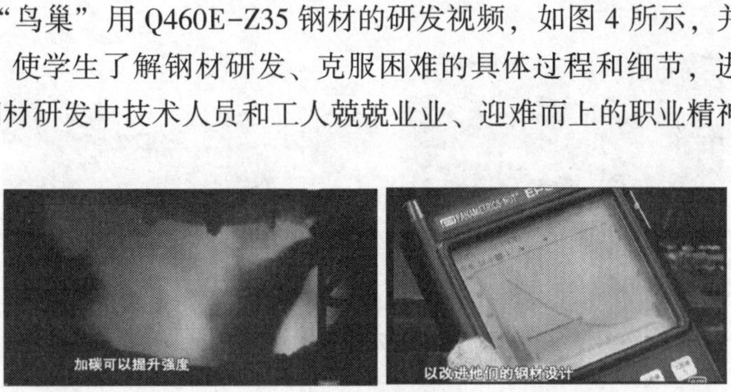

图 4　“鸟巢”用 Q460E-Z35 钢材的研发

国产攻关：舞钢实行了“精料、精炼、精轧、精整”的方针，采用了微合金化成分设计、洁净钢冶炼、大钢锭无缺陷浇铸、严格的控轧控冷、热处理等一系列工艺技术保证措施，确保钢板各项性能全部达到“鸟巢”的设计规范。

微合金元素含量增加会提高钢材强度，但同时会降低钢材焊接性，给后期使用造成巨大困难。为此，科研人员不断改进工艺，在保证低碳当量的基础上，摸索出了微合金元素的合理含量，解决了高强度与易焊性的矛盾。

为了保证一定的压缩比，Q460E-Z35 钢板全部采用钢锭成材，而钢锭厚度增大后，凝固过程中易产生偏析、疏松、气孔等质量缺陷。舞钢专门研究开发了大钢锭无缺陷浇铸工艺，大幅度改善了大钢锭的内部质量。

作为钢材的组织成分，晶粒越细，钢材的韧性越好。但随着钢板厚度的增加，轧制后冷却速度降低，不利于细化晶粒。针对这一问题，研究人员通过降低轧制温度和增加压下量，使晶粒的表面积更大并在表面再结晶，从而保证钢板的低温韧性。

第一次试制开始进行，钢板除了强度不符合标准外，其他指标全都合格；第二次试制时，强度和其他指标达到要求，但低温冲击韧性实验的结果却不能满足要求。……经过多次的试制、改进，终于 Q460E-Z35 开始批量生产，100%中国制造的目标全面实现。

4. 播放“双奥总工”李久林的采访小视频

观看“双奥总工”李久林的采访小视频，如图 5 所示。从“鸟巢”到“冰丝带”，大约 3.5 公里，李久林“走”了 10 年。讨论李久林在“鸟巢”“冰丝带”开发建设过程的艰辛与严谨。体会李久林话语中的淳朴和“鸟巢”“冰丝带”建成后的宏伟形成鲜明的对比，学习在李久林身上体现出的工匠精神。

图 5　采访李久林

5. 绘制合金钢分类表

学生分组讨论绘制合金钢分类表，并选取相应的案例。教师引导学生相互探讨、资料查询、深入分析、精细绘制，将对科学精神的追求融入钢材分类合理、应用案例筛选合适中；将对职业精神的追求融入案例中使用材料的牌号、性能的深入分析中；将对工匠精神的追求融入绘制过程中的反复斟酌、细节上的处理、最终的精美展现中。

【总结反思】

通过本次课，学生借助我国合金钢的发展、“鸟巢”用 Q460E-Z35 钢材的开发应用实例、“双奥总工”李久林的采访，进一步理解科学精神、职业精神、工匠精神。通过小组活动，分组讨论绘制合理完整、精美的合金钢分类表、选取合适的应用案例，对案例中使用材料的牌号、性能的深入分析，解决这些具体的问题，将自己对以上三方面的理解落到实处。

存在的问题：思政教育是一个循序渐进的过程，需要在后续的课程中反复训练，并鼓励学生在其他的活动中不断实践对科学精神、职业精神、工匠精神的孜孜追求。

动力电池检测与诊断：动力电池单体不一致性检测

教师信息：宋建桐　**职称**：副教授　**学历**：博士研究生
研究方向：交通新能源技术
授课专业：新能源汽车技术
课程类别：理实一体化课程
课程性质：职业技术技能课

第一部分　设计思路

一、本次设计的课程思政目标

本次课以动力电池不一致性检测的专业知识与能力为载体，通过自主学习、小组合作、多元评价、成果展示等多种教学形式与方法，重点培养学生的自主学习能力、团队协作能力及安全责任意识。通过阅读国家标准与企业标准，进一步培养学生认真负责的工作态度、吃苦耐劳的精神，以及精准检测的职业能力。在实验中要求学生认真记录，注重培养严谨的工作态度，实事求是记录与分析数据。劳动教育贯穿课程始终，树立学生正确的劳动观点，培养学生热爱劳动和劳动人民的情感，并将劳动教育贯穿于课程始终，树立学生正确的劳动观点，培养学生热爱劳动和劳动人民的情感，明确学习是学生的主要劳动，教育学生勤奋，热爱劳动，将来担负起艰巨的社会主义建设任务。此外，在知识传授、能力培养中，还要注重弘扬社会主义核心价值观，传播爱党、爱国、积极向上的正能量。

二、课程思政教学设计内容

1. 课前：课程思政引入

教师通过在学习通布置新能源汽车动力电池常见故障调研学习任务，学生以小组工作形式，通过图书馆、知网、电话等多种形式进行调研，形成调研报告。一方面，通过调研培养学生自主获取知识的能力；另一方面，培养学生凡事要以事实为根据，尊重科学，勇于探索，善于总结的科学精神。通过对比国内外动力电池发展现状，认识“中国制造2025”。在树立民族自豪感的同时，客观认识我国动力电池技术的不足，激发刻苦学习精神，为社会主义建设贡献自己的力量。

2. 课中：课程思政贯穿授课过程

通过引入新能源汽车续驶里程急剧下降的企业真实案例，学生罗列故障原因，培养学生独立思考、安全意识及责任心等职业精神。任务实施环节，学生通过自主学习，培养独立思考能力。通过角色扮演、成果展示等活动，培养学生沟通表达能力。在实施实验与实操任务时，培养学生实验、实践动手能力。引入国家标准和企业标准，培养学生精准检测能力和精益求精精神。采用过程考核，通过自评、互评等多种评价方式，培养学生树立正确的人生观、世界观和价值观。

3. 课后：课程思政总结反思

课后，学生通过到大学生创新创业工作室参与动力电池研制项目，再次强化学生通过理论指导实践、通过实践验证理论的科学思维精神，尊重客观实际，学会探索，在实践中总结、升华理论知识。

第二部分　案例描述

动力电池单体不一致性检测

【思政导入】

课前，教师在学习通上发布分组学习任务，让学生了解新能源汽车动力电池结构、原理及常见故障，总结动力电池的故障类型，对比国内外动力电池的发展现状，指导学生以小组形式编写调研报告并在课中进行汇报。

思政元素：通过对比国内外动力电池发展现状，包括技术水平、制造能力等，帮助学生深度理解专业知识中蕴含的中国制造概念，了解现今由中国制造向中国创造的迈进，潜移默化地树立民族自豪感，通过讲解国产品牌的发展历程，帮助学生深刻体会艰苦奋斗的精神，增强吃苦耐劳的意识。学生通过亲自查找并总结新能源汽车动力电池结构、原理及常见故障，教育学生尊重客观事实、尊重科学，勇于探索，善于总结的科学精神。通过课前指导学生以小组形式独立编写调研报告，重点培养学生分工协作的团队精神、为人诚信，以及重视知识产权，提高学术道德，避免学术腐败。

【思政贯穿】

一、情境导入

采用最新的典型自燃故障案例引入本次课程，由于新能源汽车动力电池不一致性故障，车辆在充电过程和行驶过程中自燃，严重影响车辆行驶安全，如图 1 和图 2 所示。2019 年 5 月 14 日，工信部、科技部等 20 个部门针对新能源汽车安全问题重点研究；2020 年 5 月至 9 月初，新闻报道了 20 余起新能源汽车起火自燃事件。教师告知学生，新能源动力电池故障可以引起车辆自燃，严重威胁司乘人员的生命，掌握本次课的内容，就可以有效减少新能源汽车动力电池故障。学生现在只有掌握好科学技术，将来才可以立足岗位，才能够为人民的幸福生活保驾护航。

图 1　新能源汽车充电过程中自燃

图 2　新能源汽车行驶过程中自燃

思政元素：通过引入新能源汽车动力电池不一致性故障案例，重视人民的生命财产；引导学生重视学习和工作中的安全问题，学会排查安全隐患，掌握新能源汽车检测与故障诊断的方法，掌握科学技术，立足本专业，努力成为中华民族伟大复兴的建设者和接班人，并传播爱党、爱国和积极向上的正能量。

二、任务分析

首先，教师从每个小组中随机挑选一名学生作为代表，汇报课前的调研情况（如图3所示），学生通过互评进行查漏补缺。然后，学生通过角色扮演的方式引导出本次课的任务，如图4所示。

图3　学生代表汇报课前调研情况

图4　角色扮演接待客户

思政元素：通过调研成果汇报，培养学生的语言表达能力和创新意识；通过角色扮演，培养学生的职业素质；通过自评、互评方式，培养学生思辨思维能力。

三、任务实施

任务一：动力电池结构与原理。

由于动力电池结构封闭，而且电化学工作原理比较抽象，难以观察，借助三维仿真软件，学生可以全方位观察各电池之间的三维结构，如图5所示。

借助 MOOC 里的视频资源，学生学习各部件的功用及工作原理，如图 6 所示。然后登录仿真平台进行测试，教师针对问题及时进行讲解。

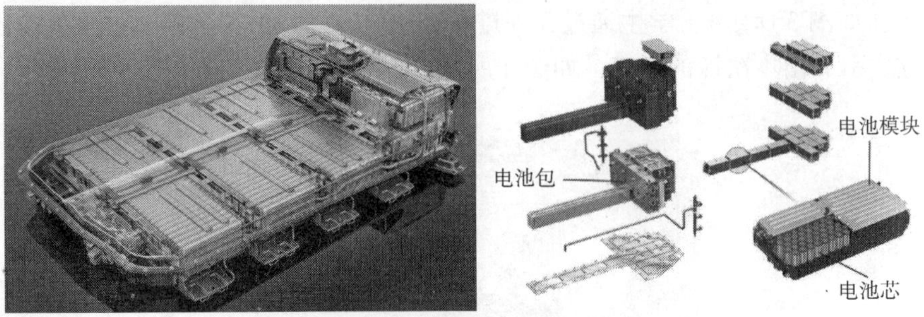

图 5　动力电池三维仿真软件

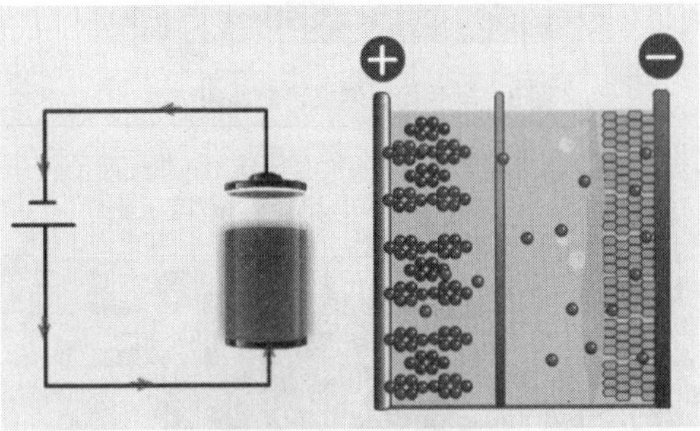

图 6　动力电池工作原理视频

思政元素：以学生为中心，通过给学生提供大量信息化资源，让学生在做中学，培养学生自主学习能力和学习迁移能力；教师针对教学重点和难点进行讲解，培养学生的职业素质及认真的工作态度。通过电动汽车节约能源的优势和动力废旧电池回收不当造成环境污染的对比讲解，提高环保意识；引导学生理解发展新能源汽车的两面性，技术既可以给人类带来福音，也可能给人们带来危害，引导学生要以辩证的方式分析问题，认识辩证唯物主义。

任务二：电池不一致性对电池组性能的影响。

采用问题导向，根据课前预习，教师通过提问什么是不一致性、不一致性对电池的影响有哪些等引入本部分内容。采用分组学习的方式，如图 7 所示，分别学习容量、电压、电阻和温度不一致性对电池组性能的影响，经过查阅资料、小组讨论，将学习成果展示在白板或海报上，同时各组进行成果展示，如图 8 所示，其他同学进行补充。最后教师进行教学重点讲解及补充，如图 9 所示，分析动力电池爆炸原因，巩固所学知识，使学生形成完整的知识体系。

图 7　学生分组学习

图 8　学生成果展示

图 9　教师讲解及补充

思政元素：通过分组学习，培养学生自主学习与独立思考的能力、团结协作能力；利用成果展示，重点培养学生语言表达及演讲能力；通过教师讲解及补充，巩固所学知识，提高专业能力；通过动力电池爆炸案例，分析爆炸原因，进一步提高学生安全意识及认真的工作态度。

任务三：动力电池单体不一致性检测。

电池不一致性源于制造过程中的误差，为了降低电池不一致性，提高电池组性能，一方面要提高制造工艺水平；另一方面要通过适当的方法将性能一致的电池分选出来，再进行组合。电压是电池不一致性最为直观，也是最容易测量的参数，电压配组法是最常见的筛选方法之一。请学生根据学习通中的国家标准和北汽新能源的企业标准（如图 10 所示），分组对给定 7 节锂离子电池进行电压不一致性检测，并完成学习通中的工作页（如图 12 所示），随后各组进行成果展示（如图 13 所示）。通过这个实验，学生基本掌握了动力电池电压不一致性检测的方法，也发现电池的一致性是相对的，不一致性是绝对的，也就是说不可能完全消除电池不一致性，但可以通过技术手段尽可能地降低电池不一致性，这对技术人员就提出了更高的要求，要求我们在电池检测过程中，一定要精益求精，发扬工匠精神。

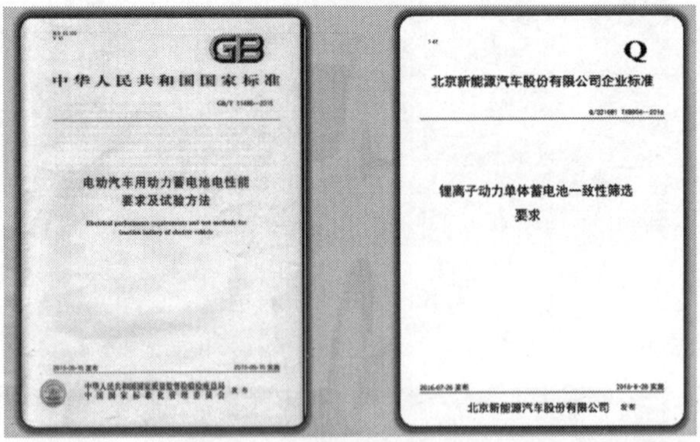

图 10　学习通中的国家标准和北汽新能源企业标准

思政元素：通过引入国家标准和企业标准培养学生的职业能力；通过分组工作，培养学生的自主学习能力、团结协作能力；在学生测量过程中，提醒学生要正确使用万用表，培养精益求精的工匠精神；通过完成工作页，培养学生办公软件操作及数据处理与分析能力；通过成果展示，重点培养学生语言表达及演讲能力。要求学生在检测前认真查阅标准，检测中精细操作、准确测量，实事求是地记录与分析数据，检测后按原样恢复工具和设备，并现场撰写、提交实验报告，杜绝抄袭现象，注重诚信、重视知识产权、提高学术道德。

图 11 分组测量电池单体不一致性

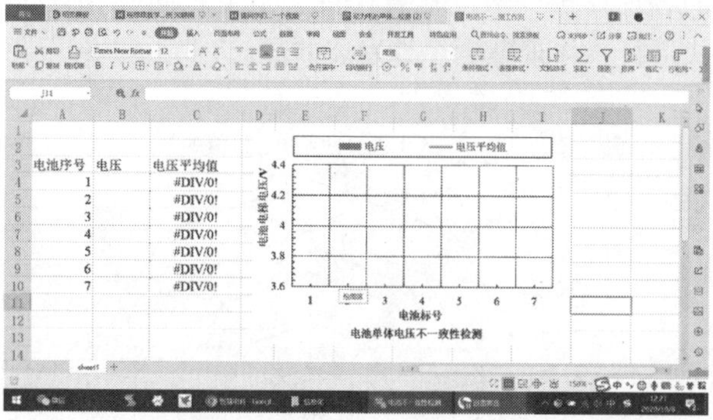

图 12 电池不一致性测试工作页

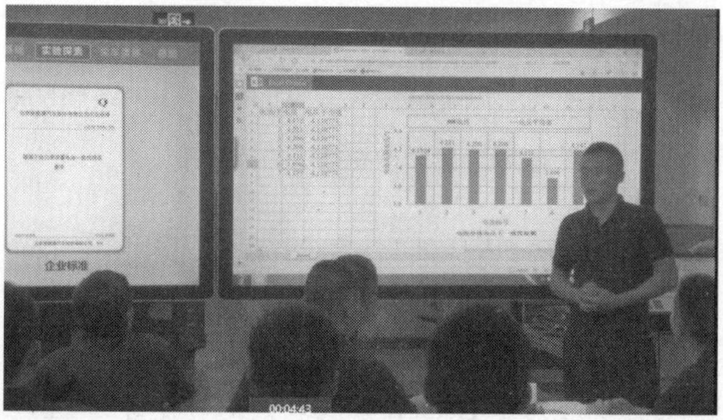

图 13 成果展示

四、教学评价

建立了以专业知识和能力为载体的非专业能力和专业能力测评模型，并通过观察法和情景模拟法对学生进行综合职业能力测评。评价内容力求全面、客观，综合评价学生的专业水平、职业素养和思想道德品质；评价标准更加重视过程学习的实际效果，注重职业素养的综合表现，鼓励开展学习过程记录，学习感悟汇报、学习成果展示等多种形式的小组活动，着重考核学生在掌握专业知识的同时，是否能拓宽视野，运用科学思维方式思考问题，是否树立了正确的人生观、世界观和价值观。

通过对每次课的评价结果进行分析，深入分析与了解学生思想政治与综合职业能力情况（如图 14 所示），确定今后教学中在教学模式、教师、学生及测评等方面的方向，同时实现对每个学生的精准教学。评价采用定量和定性相结合的方式，对于实际运用能力、思想政治表现和职业素养的考核评价，可以通过教师的客观评价、学生自我评价、学生之间互相评价以及教师和学生的访谈等方式进行，体现学生个性发展差异。

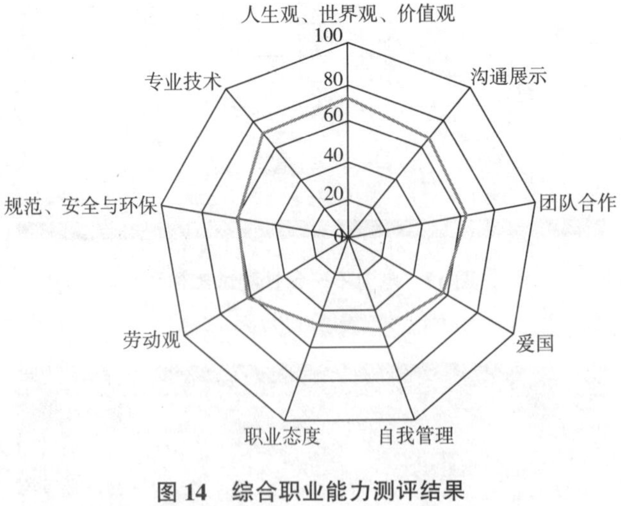

图 14　综合职业能力测评结果

【总结反思】

课后，学生进入本专业大学生创新创业工作室参与电池研制项目，教师给予学生进行全方位指导，让学生把所学知识用于实践，提升学生综合素质。

思政元素：改变教师为中心的工作模式，指导学生通过查阅文献资料提高专业知识储备，从而有能力发现并解决问题，激发学生的创新意识和欲望；

鼓励学生将创新思想付诸实践，并在科创活动中，培养学生通过理论指导实践、通过实践验证理论的科学思维能力。

课程是人才培养的重要实现途径，专业课教学是知识传播和能力培养的主渠道和主阵地。专业课教学要更加重视落实新形势下立德树人根本任务。身为专业课教师，首先要做到从教学观念上实现“思政课程”到“课程思政”的转型。应进一步重视课程思政，要以专业知识和能力为载体，以思想政治教育为重点，对教学进行重新设计与开发。动力电池检测与诊断课程富含辩证唯物主义、道德品质、人生观、价值观等方面的思想政治教育资源。专业课教师要深入挖掘蕴含在专业知识中的德育元素，以专业知识教学和能力培养为载体，找准切入点，以“润物细无声”的方式，使学生接受专业课知识的同时接受德育熏陶，寓德育于智育之中。

城市轨道交通信号系统应用与维护：城市轨道交通信号系统认知

教师信息：薛宏娇　**职称：**讲师　**学历：**硕士研究生

研究方向：轨道交通控制

授课专业：城市轨道交通机电技术

课程类别：理实一体化课程

课程性质：专业模块化课

第一部分　设计思路

一、本次设计的课程思政目标

本次设计的课程思政目标属于“金扣子”类型。主题为“城市轨道交通信号系统认知”，本次课的思政目标如下：传递作为中国人、交通人的自豪和荣誉感；埋头、专注、全力以赴地把技术做好，是成为大国工匠的必备素质；自主创新是国家、民族发展的灵魂。交通强国的发展需要科技自主创新发展的助力。科技自主创新的底层基础需要学生的努力与付出；学习知识应遵循金字塔结构，先了解知识整体结构，梳理内部逻辑关系，再详细学习各知识点的细节，做到从整体到细节。

二、课程思政教学设计内容

1. 课前：课程思政引入

学生通过阅读“国庆献礼：重温中国城市轨道交通 40 年的发展巨变”，并分享轨道交通发展为自己出行带来便捷性的亲身经历，使学生感受作为中国人、交通人的自豪和荣誉感，同时引出本节课的主题“城市轨道交通信号系统认知”。

2. 课中：课程思政贯穿授课过程

本课程的主题为城市轨道交通信号系统认知，主要目的是使学生对城市轨道交通信号系统有整体上的认知，课程内容主要包括三个部分：①城市轨道交通信号系统整体介绍；②城市轨道交通信号系统的发展历程；③城市轨道交通信号系统核心部件的组成。教师通过内容②城市轨道交通信号系统从被国外企业垄断到自主研发成功的发展过程，让学生深刻意识到自主创新对国家方方面面发展的重要性。在交通方面，实现交通强国战略，不仅需要科研工作人员的顶层设计，同时也需要工匠的底层实施，激励学生有成为大国工匠、立志为交通事业贡献力量的远大抱负。教师通过内容③城市轨道交通信号系统核心组件的组成，概述性地介绍后续课程的内容，使学生对本门课的知识有概述性的了解，同时告诉学生一个学习认知规律——学习知识应遵循金字塔结构，先了解知识整体结构，梳理内部逻辑关系，再详细学习各知识点的细节，做到从整体到细节。

3. 课末：课程思政总结反思

根据课上课程思政点的学习，培养学生热爱自己的国家、自己的职业，具有强烈的民族自豪感。注重培养自身埋头、专注、全力以赴的专业素质，力求成为大国工匠。同时，通过布置课后作业，把课程思政问题留给学生去思考，引发学生反思升华，达到教育的效果。

第二部分　案例描述

城市轨道交通信号系统认知

【思政导入】

一、中国城轨发展的伟大成就

1. 城轨已进入突飞猛进的发展期

目前，我国城市轨道交通发展较为迅速，但是由于经济实力和技术水平的限制，我国城市轨道交通建设相较于西方国家整体起步较晚。20 世纪 50 年代，北京首先提出修建地下铁路，并于 1965 年正式开始动工建设，1970 年天津开始进行地铁建设。80 年代到 20 世纪末，改革开放的进行使我国经济发展水平迅速提高，上海、广州开始进行以解决交通问题为主的城市轨道交通建设，随后内地省会城市开始进行地铁项目规划。

2008年以来，受到全球金融危机影响，我国推出“四万亿”计划，同时在经济条件以及城市化发展的要求下，城市轨道交通建设进入突飞猛进的发展时期。

2. 2018年中国城轨交通客运量突破200亿人次

从我国城市轨道交通客运量来看，随着近年来城市轨道交通运营线路长度的增加以及城市人口的增多，城轨交通客运量在不断上升。中国城市轨道交通协会发布的《城市轨道交通2018年度统计和分析报告》显示，2018年全国城轨交通累计完成客运量210.7亿人次，比上年增长25.9亿人次，增长13.9%。其中，北京2018年累计完成客运量38.5亿人次，其次是上海、广州、深圳。这4个一线城市的城轨客运量占到全国总客运量的58%。

3. 运营城市及里程10年增长3倍

2009年，中国内地开通运营轨道交通的城市仅10座，运营里程仅952.8千米。截至2019年上半年，运营城市已达35座，包含地铁、轻轨、磁悬浮等系统在内，运营总里程激增至5 463.2千米，开通城市数和运营里程在短短10年间分别增长了2.5倍和4.7倍。

4. 80、100速度等级最受青睐

从线路最高运行速度上看，截至2019年上半年，在运行线路及运营里程中，80、100和120这三个速度等级占有领先优势，运营里程占比分别为64.4%、20.8%和9.5%，线路数量占比分别为68.5%、19.4%和6.1%。

5. 未来城轨需求超过2万千米

根据各城市发展规划，中国城市轨道交通协会统计，我国共有70个城市规划了超过700条城市轨道交通线路，总里程超过2.8万千米。

现如今，中国城轨已成为一张国家名片。沙特阿拉伯的麦加、俄罗斯的莫斯科……都有着来自中国的“轨交艺术”。

通过上述材料的分享，对学生提出两个问题：①轨道交通的发展巨变，为自己的出行带来哪些便捷？②如今，地铁80、100速度等级最受青睐，那么，大家是不是很好奇地铁是如何在地下安全运行的？通过问题①的回答，学生分享自身乘坐高铁、地铁的经历，感慨祖国的蓬勃发展、轨道交通的快速发展提升了人民出行的舒适性、准时性、便利性。对比其他国家地铁发展的历程，以及我国向其他国家伸出援手帮助修建轨道交通，不仅使学生感受到生活在中国、作为中国人，是非常幸福和自豪的，而且让学生了解我们国家是一个包容、大气，具有构建人类命运共同体责任的大国，引出思政点。通过问题②的回答，引出本节课程的主题——轨道交通信号系统认知。

【思政贯穿】

二、城市轨道交通信号系统整体介绍

城市轨道交通信号系统是指挥列车运行，保证列车安全，提高运输效率的关键设备。信号系统通常由列车运行自动控制系统和车辆段信号控制系统两大部分组成，用于列车进路控制、列车间隔控制、调度指挥、信息管理、设备工况监测及维护管理等，由此构成了一个高效的综合自动化系统（见图1）。

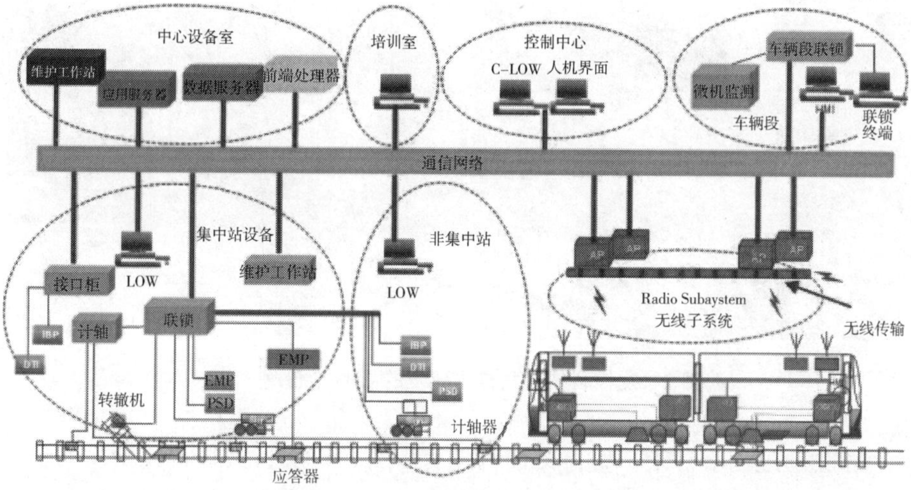

图1 城市轨道交通信号系统

三、城市轨道交通信号系统的发展

1. 国外垄断阶段

城市轨道交通信号系统的关键技术长期被国外所垄断，第三代信号系统CBTC的核心技术在过去的100多年中被以西门子（德国）、阿尔斯通（法国）、泰雷兹（法国）、阿尔卡特（加拿大）为代表的国外厂商所控制。

引进国外的CBTC系统缺点很多，比如，工期长、造价高、运营维护成本高，由此带来很多问题。

2. 自主研发阶段

2007年10月，党的十七大报告提出，提高自主创新能力，建设创新型国家。这是国家发展战略的核心，是提高综合国力的关键。明确要求坚持走中国特色自主创新道路，把增强自主创新能力贯彻到现代化建设各个方面。在这种背景下，中国轨道交通（高铁、地铁）自此走向了真正的自主创新之路。

（1）交控科技股份有限公司。2010 年 12 月 30 日，交控科技股份有限公司自主研发的 CBTC 信号系统在北京地铁亦庄线示范工程开通运营（见图 2），标志着我国摆脱国外的技术垄断，成为世界上第 4 个成功掌握 CBTC 核心技术并开通运营的国家。

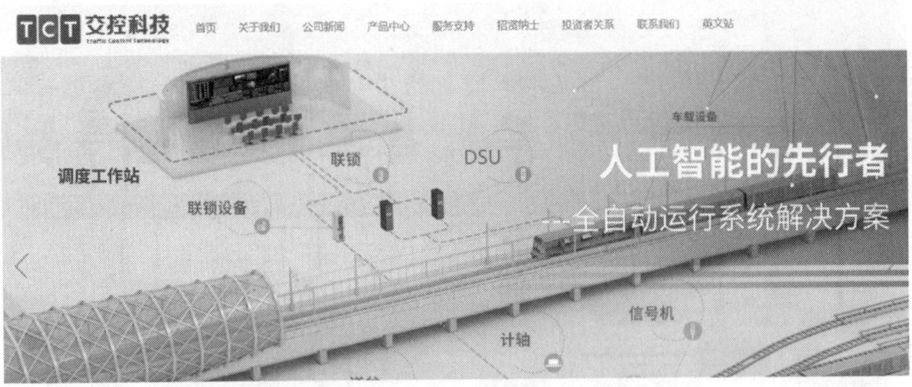

图 2　交控科技公司自主研发的 CBTC 信号系统

学生通过网络自主了解：交控科技有限公司概况，交通科技研发的信号系统产品，交控科技董事长郜春海的创业故事。郜春海名人名言：只要埋着头去做技术，真正把技术做好，十年寒窗苦之后，总有一天会得到回报的。

学生通过学习交控科技的发展历程、郜春海董事长的创业经历，通过教师的点拨与引导，引出课程的思政点二：对于职业院校的学生，未来会走向各种各样的工作岗位，要成长为大国工匠，靠的是埋头、专注、全力以赴地把技术做好。

（2）中国中车。2016 年，中国中车成功研制出整套 CBTC 信号系统。中国中车从 2009 年开始城市轨道交通 CBTC 信号系统自主研发，并通过自主创新的发展道路，攻克 CBTC 技术极复杂、可靠性和安全性极高，研发难度极大等难题，并在 2016 年中标长沙市轨道交通 4 号线一期工程信号系统项目，实现首单突破。2019 年 5 月长沙地铁 4 号线 CBTC 信号系统成功开通试运营。

学生通过网络自主了解信号系统产品，在中国中车网址首页（见图 3），查找并观看中国中车信号系统产品宣传视频。

图3 中国中车网址首页

（3）中国铁路通信信号集团有限公司（中国通号）。2018 年 10 月，中国通号自主研发、具有完全自主知识产权的自动列车控制系统——FZL300 型 CBTC 系统通过验收。该系统是基于 LTE 无线通信的移动闭塞系统，是中国通号完全自主 CBTC 系统在东北地区的首次应用，也是中国通号在东北严寒地区应用 CBTC 信号系统的又一次重大突破。

学生通过网络自主了解信号系统产品，在中国通号网址首页（见图 4），查找并观看中国中车信号系统产品宣传视频。

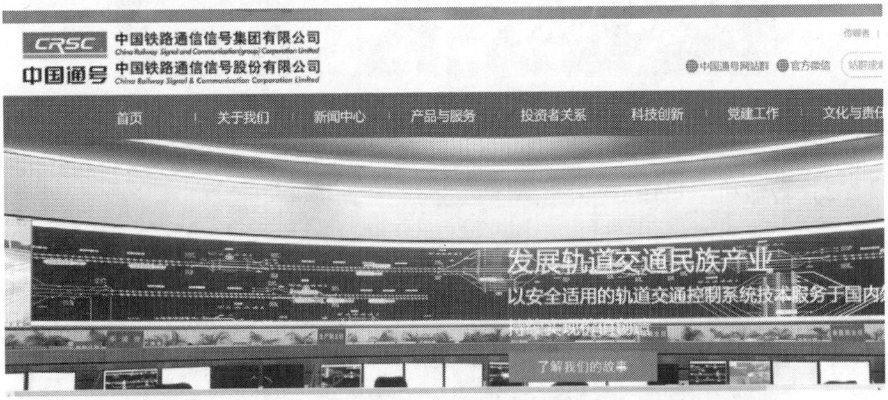

图4 中国铁路通信信号集团有限公司网址首页

通过对城市轨道交通信号系统发展历程的回顾与总结，我国成功地从国外垄断的局面，到靠国人自己的努力，实现了轨道交通信号系统的自主创新，引出课程思政点三，自主创新是中华民族发展的灵魂，是我国兴旺发达的不竭动力，是国家战略的重要组成部分。2019 年颁布的《交通强国战略纲要》，也需要科技创新发展助力强国梦。科技的创新既需要科研人员的顶层设计，也需要工匠的底层实施，未来的交通强国建设中，也会有我们同学的加入。

三、城市轨道交通信号系统的组成（重点和难点）

城市轨道交通信号系统包含信号机、转辙机、计轴器、应答器等信号基础设备，这些设备数量多、分布广，其运用质量和可靠性是信号系统正常运行和充分发挥效能的保证。本部分是本门课程后续内容的总体介绍，通过这部分的介绍，引出课程思政点四，学习知识应遵循金字塔结构，先了解知识整体结构，梳理内部逻辑关系，再详细学习各知识点的细节，做到从整体到细节。

1. 信号系统基础设备

（1）信号机。见图 5。

图 5　信号机

（2）转辙机。见图 6。

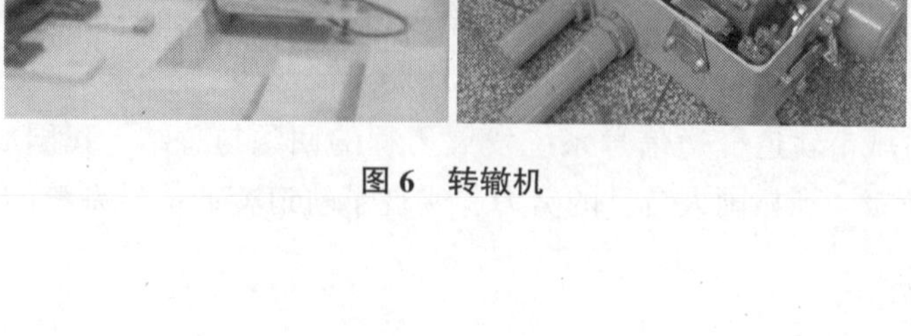

图 6　转辙机

（3）轨道电路。见图7。

图7 轨道电路

（4）计轴器。见图8。

图8 计轴器

（5）应答器。见图9。

图9 应答器

（6）车载信号系统。见图10。

2. 列车自动控制系统（ATC）

列车运行自动控制系统（ATC）包括列车自动防护系统（ATP）、列车自动运行系统（ATO）、列车自动监控系统（ATS）。信号系统设有行车控制中心，沿线各车站设置区域性联锁区间，设备一般放置在有道岔的控制站，列

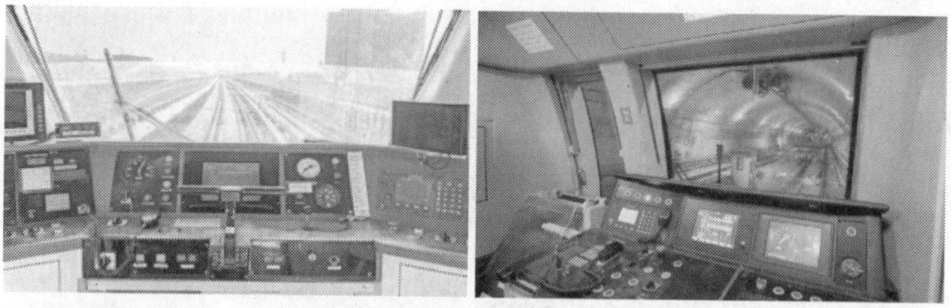

图 10　车载信号系统

车上安装有车载控制设备。控制中心与控制站通过有线数据通信网连接，控制中心与列车之间采用无线通信进行数据交换。

（1）列车自动防护系统（ATP）。ATP 系统主要进行超速防护，监控与安全运行相关的设备。该子系统具有列车位置检测、保证列车间的安全运行间隔、确保列车在安全速度下运行、信号显示、故障报警、降级提示、输入列车参数和线路参数等功能，与 ATS、ATO 及车辆系统有接口并且同步数据交换。ATP 系统连续不断地将从地面获得信息（前行列车的位置信息、线路信息、前方目标点的距离、允许速度信息等），通过无线传输系统上传至列车上，再由车载设备计算出当前所允许的运行速度，将此速度同列车的实际速度做比较，以此对列车速度进行实时监督（见图 11）。

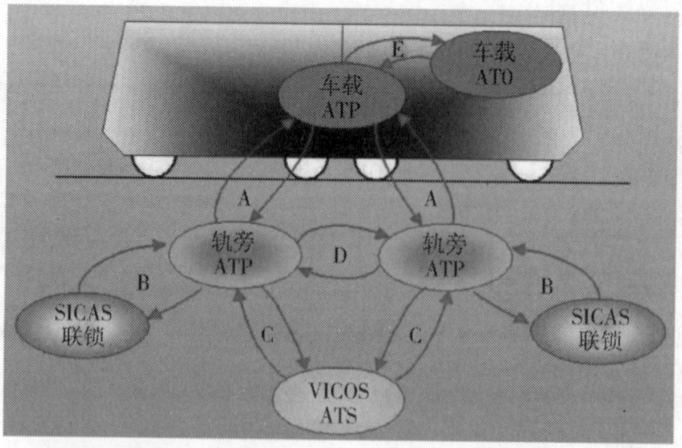

图 11　ATP 系统

（2）列车自动运行系统（ATO）。ATO 系统主要通过地面传送控制信息实现对列车驱动、制动的控制，包括列车自动折返。此系统会根据控制中心的指令使列车按最佳工况正点、安全、平稳地运行，自动完成对列车的启动、牵引、惰行和制动。

（3）列车自动监控系统（ATS）。ATS 子系统主要实现对列车运行的监督和控制，辅助调度人员对全线列车进行管理。其功能包括：集中检测与控制调度区段内列车运行；检测进路、列车间隔控制设备；按行车计划自动控制轨旁信号设备；自动记录列车运行实迹；自动生成、显示、修改和优化时刻表；统计运行数据及自动生成报表；记录调度员操作流程，管理运输计划及自动传递列车车次号等。ATS 子系统包括中央和车站 ATS 设备、车辆段 ATS 分机。中央 ATS 设备中有中心计算机系统、工作站、显示屏、绘图仪、打印机、UPS 等。每个控制站设一台 ATS 分机，用于采集车站设备的信息和传送控制命令，并实现车站进路自动控制功能。车辆段 ATS 分机用于采集车辆段内库线的列车占用情况，以及进/出车辆段的列车信号机的状态（见图 12）。

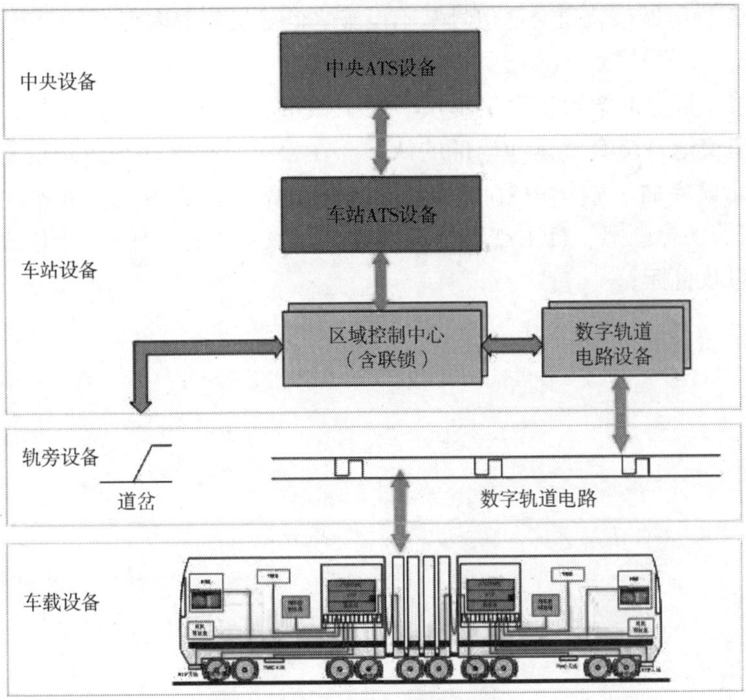

图 12　ATS 系统

学生通过教师讲解与自主学习的形式，完成城市轨道交通信号系统的主要组成部分的学习，并完成学习页的填写。

四、总结评价

1. 课堂小结

（1）知识点总结。城市轨道交通信号系统的整体认知；了解城市轨道交通信号系统的发展；掌握城市轨道交通信号系统的组成，为后续课程的学习提供框架性的结构。

（2）学法总结。线上线下相结合，教师引导为辅，自主学习为主。

（3）课堂评价。采用"*N*+2"的综合评价方式，即成绩的评定由过程性考核和终结性考核相结合完成。"*N*"为过程作业：本节课主要采用回答问题、自主学习成果分享、学习页填写。"2"为随堂笔记。

2. 布置作业

（1）搜索轨道交通线路中所使用的城市轨道交通信号系统型号，并制作介绍 PPT。

（2）预习城市轨道交通信号基础设施之信号机相关内容。

【总结反思】

通过本次课的学习，学生不仅了解了城市轨道交通系统的发展，而且对城市轨道交通系统有整体和局部的认知。在教学过程循序渐进地讲解中，课程思政元素穿插于教学内容中，通过课程思政元素的落实，培养学生发扬"中华民族的自豪感、自主创新的民族魂、大国工匠的责任感"，达成本课程的课程思政目标。

自动控制系统：自动控制系统概述

教师信息：张春晓　**职称：**讲师　**学历：**博士研究生
研究方向：智能控制、自动化等
授课专业：机电一体化课程
课程类别：理论课程
课程性质：专业群技术基础课

第一部分　设计思路

一、本次设计的课程思政目标

本次课程围绕“金扣子”目标进行课程思政设计，注重激发学生的家国情怀，树立爱岗敬业的理想信念；培养职业精神和工匠精神，养成良好的职业习惯；培养科学精神和创新精神，引导学生树立正确的价值观。

二、课程思政教学设计内容

1. 课前：课程思政引入

通过播放与专业相关的先进自动化生产线视频，激发学生对专业和岗位的热情，培养学生对本课程的学习兴趣。

2. 课中：课程思政贯穿授课过程

通过国产大飞机、航天飞船、高铁、港珠澳大桥等“中国名片”的案例介绍，激发学生的家国情怀，坚定开拓创新、科技兴国的理想信念，树立爱岗敬业的职业意识；介绍自控的发展历程以及钱学森等科学家的先进事迹，培养科学精神和创新精神，引导学生树立正确的价值观。

3. 课末：课程思政总结反思

引导学生进行反思回顾，总结本次课的收获和体会，养成良好的学习习惯；认识并规划自己的职业目标，培养职业精神和工匠精神；整理机房和学习用品，引导学生养成良好的职业习惯。

第二部分　案例描述

自动控制系统概述

【思政导入】

借助于工业自动化生产线视频（见图 1）引出课程，同时结合岗位需求激发学生对本课程的学习兴趣，培养职业精神。

图 1　中国长安汽车自动化生产线

一、课程概述（课程内容、学习方法、考核方式等）

1. 为什么学？

（1）借助于工业自动化生产线视频，引出自动控制系统，激起学生对课程的学习兴趣。

（2）解读专业课程体系及就业岗位能力需求，引出课程的定位与性质。

2. 学什么？

依据课程标准，引出本课程的课程目标与学习内容。

3. 怎么学？

（1）学习方法。

（2）考核方式。

二、自动控制基础

1. 自动控制的应用领域

【思政贯穿】

借助自控在国产大飞机、航天飞船、高铁、港珠澳大桥等“中国名片”中的应用案例（见图2），激发学生的家国情怀，坚定开拓创新、科技兴国的理想信念，树立“大国工匠”的奋斗目标。

图2 中国名片

2. 自动控制的优势

结合自控应用实例引导学生总结：

（1）比人工做得更好、更快、更准。

（2）把人从繁重危险的工作中解放出来。

（3）完成人无法完成的工作。

3. 自动控制系统的基本概念

以液位的人工控制和自动控制为例，引导学生归纳自动控制的定义。

（1）自动控制：在无人直接参与的情况下，利用控制装置操纵受控对象，使被控量自动地按照期望的规律（给定值或按给定信号的变化规律）去运行或变化。

（2）自动控制系统：为达到某一目的，由相互制约的各个部件按一定规律组织成的具有一定功能的整体，一般由控制装置和被控对象组成。

（3）常用术语。

4. 系统框图

结合液位控制实例分析系统组成，并画出系统框图。

（1）分析为何建立组成框图。

（2）建立组成框图的步骤。

（3）建立组成框图的原则。

（4）例题与练习。建立由教师和学生组成的教学自控系统框图。

5. 自动控制理论的发展历程

略。

6. 小结与作业

自动控制的基本概念；自动控制系统的组成。

调研作业：“中国名片”中的自控，自控的发展历程，钱学森等科学家的事迹。

【思政贯穿】

调研我国的自控专家钱学森克服阻挠回国、一生致力科研的事迹（见图3），引导学生树立正确的价值观、人生观，培养爱国精神和科学精神。

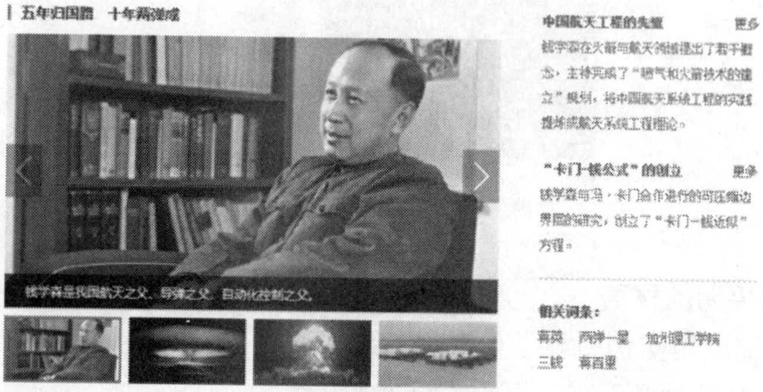

图3　钱学森事迹

机房整理：整理学习实验用品，打扫卫生、关门关窗、断电等。

【思政贯穿】

引导学生严格遵守机房5S管理规定，养成良好的职业习惯，培养工匠精神。

【总结反思】

本次课通过“中国名片”的介绍，激发学生的爱国情怀和学习动力，引导学生树立爱岗敬业的理想信念；通过学习方法和整理习惯的培养，引导学生养成良好的职业习惯，培养职业精神和工匠精神；通过调研自控专家的先进事迹，引导学生树立正确的价值观，培养科学精神和创新精神。

附　录

北京电子科技职业学院关于课程思政教学设计优秀案例评选（二期）结果的通知

为全面贯彻党的教育方针，落实党的十九大精神和习近平在全国高校思想政治工作会议上的重要讲话精神，扎实推进习近平新时代中国特色社会主义思想进教材进课堂进学生头脑，进一步落实立德树人根本任务，全面推进课程思政建设，提升全体教师的课程思政意识，充分发掘课程育人功能，构建专业、思政、创新三位一体、深度融合的三全育人体系，培养学生正确的世界观、人生观和价值观，涵养家国情怀，提升人文素养和责任意识，根据学校《关于征集课程思政教学设计案例的通知》（北科院院〔2019〕63号）的通知要求，学校组织开展了课程思政教学设计案例（二期）评选活动，即“金扣子”“金种子”“金点子”，简称“三金”的评选活动。

各二级学院高度重视此项工作，各学院参与课程思政建设的积极性显著提升，教师参与课程思政建设的主动性明显提高，课程思政案例的实践性越来越强。二期评选经过各专业系（部）推选、二级学院遴选和学校聘请专家公开、公正评选，共评选出课程思政教学设计优秀案例50个。现将评选结果公布如下：

课程思政教学设计优秀案例评选（二期）结果名单

序号	申报类别	二级学院	专业名称	课程名称	教学单元名称	授课教师
1	金扣子	电信工程学院	大数据技术与应用	数据分析与机器学习算法	支持向量机	韩伟
2	金扣子	经济管理学院	国际商务	物流概论	企业物流认知	严霄蕙
3	金扣子	机电工程学院	机械制造与自动化	机械制造技术基础	机械的生产过程和工艺过程	张景黎

续表

序号	申报类别	二级学院	专业名称	课程名称	教学单元名称	授课教师
4	金扣子	机电工程学院	电气自动化技术	自动控制系统装调综合实训	光伏电源控制单元接线	张丽荣
5	金扣子	基础学院	语文	基础语文	第二单元　劳动光荣	左文燕
6	金扣子	机电工程学院	电气自动化技术专业	机械工程基础	单元五　认识连接与轴系零部件	张娜
7	金扣子	机电工程学院	物理	物理 3	核聚变	林惠莉
8	金扣子	汽车工程学院	新能源汽车技术	动力电池检测与诊断	动力电池单体不一致性检测	宋建桐
9	金扣子	经济管理学院	文综	商务沟通与礼仪	服饰礼仪	刘新萍
10	金扣子	基础学院	英语	雅思英语 5	Unit 6 Making money, spending money	朱晓萌
11	金扣子	机电工程学院	机电一体化技术	液压与气压传动	液压泵与液压马达	赵堂春
12	金扣子	基础学院	英语	大学英语 1	Unit 1 The Pursuit of Dreams（II）	胡昊
13	金扣子	基础学院	英语	大学英语 3	Unit 2 Eureka	高岩
14	金扣子	汽车工程学院	城市轨道交通机电技术	城市轨道交通信号系统应用与维护	城市轨道交通信号系统认知	薛宏娇
15	金扣子	生物工程学院	药品生物技术	临床医学检验	病毒核酸检验	于然
16	金扣子	经济管理学院	地理	地理	信息技术在防灾减灾中的应用	刘晓煜
17	金扣子	基础学院	英语	英语 3	Unit 3 A True Friend Listening	仇小萌
18	金扣子	汽车工程学院	汽车制造与装配技术	工程材料	合金钢	刘丽红
19	金扣子	基础学院	语文	语文 5	第一单元　先秦文学	张宏武
20	金扣子	汽车工程学院	机电一体化	自动控制系统	自动控制系统概述	张春晓
21	金扣子	电信工程学院	计算机应用技术	软件测试技术	自动化测试技术	张萍
22	金扣子	艺术设计学院	产品设计	家居饰品设计	民族元素家居饰品设计欣赏	韩晓坤

续表

序号	申报类别	二级学院	专业名称	课程名称	教学单元名称	授课教师
23	金扣子	机电工程学院	机电一体化技术	机电设备故障诊断与维护	电动机 PLC 控制电路的组装与调试	李勇
24	金扣子	机电工程学院	飞机电子设备维修	电工电子技术 2	直流稳压电源电路	周澄宇
25	金扣子	机电工程学院	建筑智能化工程技术	建筑供配电与照明	电力系统基础知识	张莉莉
26	金扣子	机电工程学院	飞机机电设备维修	涡轮发动机结构 1	涡轮结构与冷却	赵丹
27	金扣子	电信工程学院	通信技术	移动通信全网建设	交换设备运行与维护	王莹
28	金扣子	机电工程学院	机电一体化技术	工业自动化设备安装调试	S7—300PLC 的认识与应用	庄严
29	金扣子	机电工程学院	飞机机电设备维修	飞机维修手册查询	WDM（线路图手册）概述	曲鸣飞
30	金扣子	经济管理学院	国际商务	跨境贸易实务	恰当的价格构成	赵静
31	金扣子	电信工程学院	通信技术	通信原理	通信系统认知	刘丽华
32	金扣子	汽车工程学院	新源汽车技术	新能源汽车故障诊断	高低压互锁故障检测与诊断	成林
33	金扣子	机电工程学院	飞机机电设备维修	民用航空概论	民用航空发展史	陈楠
34	金扣子	基础学院	高职	文史概论	第七单元　民国：德先生与赛先生新文化运动	武若克
35	金扣子	基础学院	语文	语文 1	第三单元　念奴娇·赤壁怀古	张华
36	金扣子	基础学院	英语	大学英语 1	Unit 3　Time Management	叶少敏
37	金扣子	机电工程学院	供热通风与空调工程技术	电机与电气控制技术	三相异步电动机点动控制电路	邱利军
38	金扣子	基础学院	语文	基础语文	第二单元　百家争鸣	杜鹃

续表

序号	申报类别	二级学院	专业名称	课程名称	教学单元名称	授课教师
39	金扣子	经济管理学院	电子商务	互联网商业模式	B2C 平台商业模式	刘静
40	金种子	经济管理学院	国际商务	全球商业环境分析	认知经济全球化	张彤
41	金种子	经济管理学院	国际金融	个人理财规划	智选教育理财工具	张春辉
42	金种子	经济管理学院	国际商务	物流概论	运输认知	彭爽
43	金种子	生物工程学院	食品质量与安全	微生物实用技术	微生物的分离纯化技术	汪洋
44	金种子	机电工程学院	物理	大学物理 1	火箭飞行原理	苏丹
45	金种子	经济管理学院	国际金融	国际金融实务	国际收支平衡表	边海宁
46	金种子	电信工程学院	电子信息工程技术	信号与系统	连续信号的频域分析	杨秀清
47	金种子	汽车工程学院	汽车制造与装配技术	信息技术基础	编码和比特运算	芮静敏
48	金点子	经济管理学院	商务英语	跨文化商务沟通	Individualism Vs Collectivism	唐伟
49	金点子	经济管理学院	会计	财务管理	筹资管理	张晖
50	金点子	机电工程学院	机电一体化技术	工业机器人编程与调试	示教编程——工业机器人搬运工件	黄敦华

希望全体教师向一期、二期评选出的优秀案例教师学习，能够结合所讲授课程实际，因课制宜，深入思考，科学挖掘课程所蕴含的思政元素，积极探索符合课程实际的“课程思政”模式，将我校全员、全过程、全方位育人工作落到实处，落实好立德树人，推进职业教育内涵建设和科学发展，为推动学校教育教学和人才培养质量稳步提升发挥积极作用。

教务处

2020 年 12 月 7 日